憲法のいま

―日本・イギリス―

【補訂版】

倉持孝司／小松　浩 編著

執筆者（50音順）

愛敬　浩二／岩切　大地／植村　勝慶／江島　晶子

大田　肇／河合　正雄／倉持　孝司／小松　浩

杉山　有沙／成澤　孝人／C.Himsworth／J.McEldowney

松井　幸夫／松原　幸恵／宮内　紀子／村上　玲

柳井　健一／K.Ewing

敬文堂

補訂版はしがき

　2015年に本書初版が出てから5年が経過した。本補訂版は、この5年間の憲法状況の変化について一定の加筆・修正を行ったものである。

　なお、この5年間におけるイギリス憲法の大きな変化としては、いうまでもなくイギリスがEUから離脱したことである。以下、この「はしがき」で、イギリスのEU離脱について簡単に触れておくことにする。

　保守党は、2015年5月総選挙のマニフェストにおいて、2017年末までにEU離脱をめぐってレファレンダムを実施することを表明した。総選挙の結果は、保守党330議席、労働党232議席、スコットランド国民党56議席、自民党8議席で、総議席650議席中、保守党がわずかに過半数を4議席上回り、単独政権に復帰した。

　2015年12月にはEUレファレンダム法（European Union Referendum Act 2015）が成立し、2016年6月23日に投票が行われた。レファレンダムの結果は、離脱17,410,742（51.9％）、残留16,141,241（48.1％）で、僅差で離脱派が勝利した。このEUレファレンダムの結果は衝撃的で、果たして熟慮された意見なのか疑問も残るともいえる。EUを離脱し、EUの縛りがなくなれば、労働規制などの規制「緩和」がなされる恐れがあり、労働者階級にとってデメリットとなる。しかし、他方、庶民、労働者階級のグローバリゼーションから何らの恩恵も受けていないという反発、EU主導の緊縮財政、それに伴う社会保障の後退などに対する反発、さらには、移民の増加に伴う低賃金化、社会保障、教育、公営住宅などへの圧迫、EUの「反民主主義的な権威主義的逸脱」に対する反発、英国議会の主権回復の欲求が背景にあったことも間違いない。保守、労働、自民の既成政党がこうした国民の不満を反映していない、そのことに対する怒りがあったともいえる。

　レファレンダムの結果を受けてキャメロン首相が辞任し、後任となったメイ首相は、自らは残留派であるにもかかわらずレンファレンダムの結果を受けて、EUとの離脱交渉に臨んだ。しかし、18年11月に合意された離脱協定案は、19年に入り三度議会で否決されるに至った。穏健離脱派（soft Brexit）

i

は、残留派、離脱強硬派（hard Brexit）に挟まれ、身動きがとれない状態にあり、議会は機能不全に陥った。2019年7月には、メイ首相が辞任し、「合意なき離脱も辞さない」と主張するボリス・ジョンソン氏が首相に就任した。「英国のトランプ」とも称せられるジョンソン首相の登場により、「合意なき離脱」もいよいよ現実的になり、混乱にはますます拍車がかかった。

　ジョンソン首相は、過半数議席の獲得を目指し、任期固定制議会法（Fixed-term Parliaments Act 2011）の早期解散制度を用い、解散・総選挙の実施を試みた。早期解散するには、庶民院の総議席の3分の2以上の賛成が必要であるが、ジョンソン首相は、9月に2度、10月に1度の計3回の早期解散を行う動議を提出したが、3度とも否決されるに至った。そこで、ジョンソン首相は、2019年12月12日に総選挙を実施するとする早期議会総選挙法案（Early Parliamentary General Election Bill 2019）を提出した。同法案は、通常の法律であるため、出席議員の過半数の賛成で可決、成立し、任期固定制議会法の3分の2というハードルを回避する、ある意味「脱法」的、「奇策」ともいえる。同法案は、労働党の賛成も得て、438対20の賛成で可決され、2019年12月に総選挙が実施されるに至った。

　2019年12月の総選挙の結果は、離脱騒動に嫌気をさした国民の投票行動もあり、保守党が過半数の326議席を大幅に上回る365議席を獲得したことにより、「合意なき離脱」は何とか回避されることとなった。そして、2020年1月31日、イギリスはついにEUを離脱するに至った。しかしながら、離脱・残留をめぐる国民間の分裂は相変わらず深刻であるといえる。

　2021年6月30日

執筆者を代表して

編著者記す

はしがき

　本書は、元山健＝倉持孝司編著『現代憲法－日本とイギリス』（1997年初版、2000年新版）の15年ぶりの改訂版として企画されたものである。同書は、「イギリス憲法研究会」のメンバーを執筆者として、「日・英比較憲法」を柱に企画されたものであった。そのため、ある意味強引に項目ごとに必ず日・英憲法を半々ずつ扱うことを執筆者に要求する企画となった。しかし、今回は、諸般の事情から入門的（日本の）憲法教科書を目指しつつ、「イギリス憲法」にも各所で言及する企画とすることになった。したがって、前著とは大きく構成・内容が変わり、執筆者も「イギリス憲法研究会」の新たなメンバーを加えることになったため、前著の改訂版ではなく新版とすることになった。

＊　　　＊　　　＊

　ここ数年、「イギリス憲法研究会」は、「日・英比較憲法セミナー」を開催し、日・英の憲法研究者の交流をはかってきた。その時の友人とともに年来の友人にも執筆者として参加してもらいたいと考え相談をしたところ、快諾が得られ原稿を寄せていただくことができた。ロンドン大学キングズ・カレッジのK・Ewing教授、ウォーリック大学のJ・McEldowney教授およびエディンバラ大学名誉教授のC・Himsworth教授の友情に感謝したい。

＊　　　＊　　　＊

　以上のようなことから、本書は次のような特色を持っている。
　第一に、憲法の初学者を対象にして、日本国憲法を概観し、それに関する基本知識を修得するのに適した教科書であることを目指すものとなっている。そのため、簡にして要を得た記述をするよう心がけた。第二に、執筆者が「イギリス憲法研究会」のメンバーであることから、前著同様「日・英比較憲法」の試みも取り入れ、「コラム」を含めて各所で「イギリス憲法」についても触

れ、最新の情報を提供するものになっている。また、第三に、イギリスの憲法研究者から寄せていただいた、最新のかつ重要な憲法問題を扱った論考を各所に配置するものとなっている。なお、教科書の性格上、執筆にあたり参照させていただいた文献からの引用を（一部を除いて）記すことはしなかった。この点につきご了解をいただきたいと思う。

＊　　　＊　　　＊

　ところで、本書の出版を準備しているとき、2014年7月1日の集団的自衛権行使を容認する「閣議決定」をふまえて、いわゆる「安保法制」の整備が進められる政治情勢となっていた。例によって国内の「安保法制」整備に先立って、日米安全保障協議委員会（いわゆる「2＋2」）によって2015年4月27日「新たな日米防衛協力のための指針」が合意され、「安保法制」の方向性が定められた後に、5月15日、日本の国会に「安保関連2法案」が提出された。それは、「日米同盟」を「グローバル化」し軍事協力を拡大することを目指している。この「安保関連2法案」を、憲法研究者を含む各方面からのほとんどの声が違憲であると指摘しているのにもかかわらず、強引に整備しようとしている政治家の姿をみて、あらためて「憲法学習」の必要性・重要性を痛感させられた。本書が、「市民」の（特に新たに「有権者」となられる皆さんの）「憲法学習」に少しでも役立つことがあれば、こんなにうれしいことはない。
　敬文堂の竹内基雄社長には、改訂版のご提案をいただくとともに企画の相談にも乗っていただき、格別のかつ行き届いたご配慮をいただいた。記して感謝を申し上げる次第である。

2015年7月16日

執筆者を代表して
編著者記す

目　次

第Ⅰ部　総　論

第Ⅱ部　人　権

第Ⅲ部　統　治

第I部　総　論

セントジェームズパークから望むバッキンガム宮殿。ロンドンでの国王（女王）公邸であり、執務も行われる。例年9月には一般公開されている。（撮影、柳井健一）

第1章　立憲主義と憲法
―イギリス憲法を学ぶ意味―

1．日本国憲法を学ぶための比較憲法

　本書の特徴は、「日本国憲法とイギリス憲法との比較」という視点を重視している点にある。そこで、次の問題提起から始めることにしたい。日本国憲法を学ぶうえで、なぜ諸外国の憲法を学習する必要があるのか。とりわけ、イギリス憲法を比較の対象とするのはなぜか。

（1）立憲主義憲法の嫡流としての日本国憲法

　日本国憲法第10章「最高法規」の冒頭の条文（97条）は次のように定めている。「この憲法が日本国民に保障する基本的人権は、人類の多年にわたる自由獲得の努力の成果であつて、これらの権利は、過去幾多の試練に堪へ、現在及び将来の国民に対し、侵すことのできない永久の権利として信託されたものである」。

　憲法の「最高法規」性とは、国法体系上、憲法というのは法律、命令などに対して上位にあり、憲法に違反する法律等は違憲無効であることをいうが、このことを明文で定めているのは98条である。この条文の直前に97条が置かれているのは、「基本的人権の保障を目的とするからこそ、憲法は最高法規である」との考え方を、日本国憲法が採用しているからである。

　97条はさらに、日本国憲法の保障する基本的人権が「人類の多年にわたる自由獲得の努力の成果」であると定めることで、日本国憲法がアメリカ独立宣言（1776年）やフランス人権宣言（1789年）等の歴史的文書の精神を受け継ぐものであることを高らかに宣言しているのである。

> アメリカ独立宣言（抜粋）
>
> 　われらは、次の事柄を自明の真理であると信ずる。すべての人は平等に造られ、造物主によって一定の奪うことのできない権利を与えられ、その中には生命、自由および幸福の追求が含まれる。これらの権利を確保するために人びとの間に政府が組織され、その権力の正当性は被治者の同意に由来する。いかなる統治形態といえども、これらの目的を損なうものとなるときは、人民はそれを改廃し、彼らの安全と幸福をもたらすものと認められる諸原理と諸権限の編制に基づいて、新たな政府を組織する権利を有する。
>
> フランス人権宣言（抜粋）
> 第1条　人は、自由かつ権利において平等なものとして生まれ、生存する。社会的差別は、共同の利益に基づくのでなければ、設けられない。
> 第2条　あらゆる政治的結合の目的は、人の、時効によって消滅することのない自然的な諸権利の保全にある。これらの諸権利とは、自由、所有、安全および圧制への抵抗である。
> 第16条　権利の保障が確保されず、権力の分立が定められていないすべての社会は、憲法をもたない。
>
> 　　　　　（初宿正典・村みよ子編『新解説世界憲法集（第5版）』三省堂、2020年）

　日本国憲法を学ぶ際に諸外国の憲法（史）に関する知識が必要とされるのは、日本国憲法が、アメリカ独立宣言やフランス人権宣言に示された憲法のあり方・考え方（これを「立憲主義」という。詳細は4を参照）の正統な系譜のうえに存在しているからである。比較憲法（史）の学習は、日本国憲法の基本原理を理解するうえで必要不可欠であるのみならず、理念的な性格が強く抽象度の高い憲法学の議論を具体的に理解するためにも有用である。もちろん、自国の憲法の制度や運用の問題点を広い視野から検討し、改善の方策を考えるためにも役に立つ。

（2）なぜイギリス憲法との比較なのか

　比較憲法の学習の有用性を認めるとしても、「他の国の憲法ではなく、なぜ

イギリス憲法を学ぶのか」という疑問が残る。もちろん、日本とイギリスの憲法の類似性・親近性を部分的に指摘することは容易である。たとえば、議院内閣制がその代表例であるし、イギリス国王の地位・権限と日本の象徴天皇制を比較することにも意味があろう。しかし、歴史的文脈を軽視した「つまみ食い」的な比較は、憲法学習の観点からみて無益だし、憲法政治や制度改革に対して有害な場合もある。1990年代の日本の「政治改革」の正当化論として使われた「ウェストミンスター・モデル」がその例である。

　「ウェストミンスター・モデル」とは、イギリスの議会制度とその運用をモデル化したものだが、当時の日本では次のような議論として利用された。「政権交代を実現し、国民が選挙を通じて内閣総理大臣の選択をできるようにするためには、イギリスのように小選挙区制の下で二大政党が政策綱領（マニフェスト）を示して選挙を闘い、（連立政権ではなく）単独政党が過半数の議席を得て政権を担当するのが望ましい」。1994年の衆議院議員選挙への小選挙区制の導入（小選挙区比例代表並立制への変更）は「政治改革」の「成果」の一つであるが、自由民主党が唯一の大政党として君臨する現在の日本の政治状況はその（必然ではないにしても、きわめて自然な）「帰結」である。

　「政治改革」の頃の論客の一人は、当時の議論を次のように総括している。

　「イギリスのイメージから類推した小選挙区制と二大政党制との連結という安易な図式を、いわゆる『改革派』の政治家や学者が十分な吟味を欠いたまま信じ込み、選挙制度を変更し、結局政党政治そのものの改革にはつながらなかったということになろう。実際、イギリスの総選挙の実態を見ると、小選挙区制と二大政党制を呼号した日本の改革論者がいかにイギリス政治の実態を知らなかったのかを痛感させられる」（山口二郎『イギリスの政治　日本の政治』ちくま新書、1998年、7頁）。

　本書が、イギリス憲法の歴史と現状に注意を払いつつ、イギリスの憲法学者の論稿をも収めるかたちで、日本とイギリスの憲法の比較を試みたのは、イギリス憲法の「つまみ食い」は、日本国憲法の学習にとっても、日本の憲法政治の改善・改革のためにも、「百害あって一利なし」と考えるからである。

2．イギリスに「憲法」はあるのか

　ロンドン市内のパブで二人の紳士が熱っぽく議論している。バーク氏「イギリスは近代憲法の母国である」。ペイン氏「そもそもイギリスに憲法は存在しない」。さて、どちらの意見が正しいのだろうか。

　ジョン王が封建諸侯との間で、「古来の自由」を確認するものとして結んだマグナ・カルタ（1215年）以来、イギリスでは、「国王は何びとの下にあるべきではないが、神と法の下にあるべきである」（中世の法律家ブラクトン［Bracton］の言葉）という「法の支配」の考え方が、統治の基本原理として受け入れられてきた。チャールズ1世の強権政治と強制公債に対抗するため、著名な法律家であるエドワード・クック（Edward Coke）の指導の下、「古来の自由・権利」と「法の支配」を要求する「権利の請願」（1628年）を国会が採択したのも、その一例である。

　フランス型絶対王政の導入を疑われたジェームズ2世が、国会の決議によって王位から排除された名誉革命（1688年）の結果として、「国会主権の原理」が確立され、近代議会制の基礎が固められた。国会の制定した「権利章典」（1689年）を承認するかたちで、オレンジ公ウィリアムとメアリが共同君主として即位したが、権利章典は、国会の同意なしの法律の停止、金銭の徴収、常備軍の募集・維持等を禁止する一方、請願権、自由な選挙、議会での自由な討論、陪審裁判などを、「イギリス臣民の古来の自由と権利」の名の下で保障している。また、王位継承法（1701年）は裁判官の身分保障を規定した。

　このような憲法史を踏まえると、バーク氏の意見が正しいようにも思える。しかし、ペイン氏にも言い分がある。イギリス出身でありながらアメリカ独立革命を支持し、フランス革命をも擁護したある思想家は、「憲法」が備えるべき基本的特徴として、①憲法は文書のかたちをとっていること、②憲法を制定する権利は人民に属し、政府は憲法によって作られること、③憲法は政府の権限と責務を包括的に定めるものであること、④憲法は根本法であり、法律（議会制定法）に優位すること、を挙げた（トマス・ペイン［Thomas Paine］『人間の権利』1791年）。

　日本国憲法を前提にして考える私たちにとって、①から④の特徴は違和感

なく受け入れられるものであろう。しかし、イギリスには一つの法典という
かたちでの憲法は存在しない。もちろん、統治の基本原理を定める法律は多
数存在するが（前述した権利章典、王位継承法のほか、スコットランドとの
連合法（1707年）、国会法（1911年）、国民代表法（1918年）、ECに関する法
律（1972年）、最高法院法（1981年）、1998年人権法、スコットランド法（1998
年）等）、政府の権限と責務を包括的に定めたものはない。よって、①と③の
特徴を備えていない。また、国会主権の原理の下、「国会はいかなる法律でも
制定（廃止）できるし、国会制定法の効力を否定できる国家機関は存在しな
い」（A・V・ダイシー［A.V. Dicey］『憲法研究序説』［初版、1885年］にお
ける国会主権の定義）と考えられてきたから、④の特徴も備えていない。さら
に、イギリスにおける統治の基本原理は、国会制定法、裁判所の判例、そし
て、国会と政府の関係を規律する重要な政治慣行（憲法習律［constitutional
convention］）の中に存在しているので、②の特徴も備えていない。以上のと
おり、ペイン氏の意見にもそれなりの説得力がある。

　ところで、「〇〇国には憲法がある」との言明は、そもそも何を意味してい
るのだろうか。たとえば、A国が植民地支配から独立し、政府の権限と責務を
包括的に定めた「憲法」という名前の法典を定め、その憲法の中で、支配者の
恣意的な権力行使を正当化し、人々の自由や権利を厳しく制約し、少数民族や
性的マイノリティーへの差別を合法化した場合、それでも「A国には憲法があ
る」というべきなのだろうか。日本国憲法の教科書・概説書が巻頭で、「憲法
の意味（意義・語義）」という問題を論ずるのは、このような問題意識に基づ
いている。

3．憲法とは何か

(1) 憲法の意味

　「憲法」という言葉は、Constitution（英語・仏語）やVerfassung（独語）
の訳語である。日本語で「憲法」と聞くと、日本国憲法や大日本帝国憲法を直
ちに思い出しがちであるが、その程度の理解で満足していたら、「イギリスに
憲法はあるのか」、「A国に憲法はあるのか」という問いに答えることはできな
い。憲法の概念は通常、形式的意味の憲法と実質的意味の憲法に分類される。

①形式的意味の憲法：「憲法」という名前で呼ばれる成文の法典（憲法典）を意味する場合の用法。憲法の内容は問わない。よって、この用法による場合、イギリスに憲法はないが、A国には憲法がある。

②実質的意味の憲法：「国家の統治の基本を定めた法」という憲法の内容（実質）から定義する用法。ただし、憲法の内容の捉え方によって、(a)固有の意味の憲法と(b)立憲的意味の憲法（近代的意味の憲法）とに分類される。

(a)固有の意味の憲法：古代日本の律令体制であれ、近世ヨーロッパの絶対王政であれ、国家（政治社会）であれば必ず、政治権力の組織・作用・相互関係等を規律する規範が存在する。この意味での憲法はいかなる国家にも存在するので、「固有の意味の憲法」と呼ばれる（この意味での憲法は当然、イギリスやA国にも存在する）。

(b)立憲的意味（近代的意味）の憲法：国家権力を制約して国民の権利・自由を保護することを目的とする政治原理（立憲主義［constitutionalism]）に基づく憲法のみを「憲法」と呼ぶ用法。「権利の保障が確保されず、権力の分立が定められていないすべての社会は、憲法をもたない」と定めるフランス人権宣言16条は、この憲法観の端的な表明である。この意味での憲法はイギリスには存在するが、A国には存在しない。

（2）憲法の分類

（i）成文憲法と不文憲法

　成文憲法とは実質的意味の憲法が成文の形式で存在するものをいう。不文憲法とはそれが判例や慣習などの形式で存在するものをいう。イギリスはしばしば「不文憲法の国」と呼ばれるが、前述したとおり、実質的意味の憲法の重要部分が法律によって定められているので、正しくは「不成典憲法の国」というべきであろう。

（ii）硬性憲法と軟性憲法

　通常の法律よりも厳格な手続きによらなければ改正できない憲法を硬性憲法と呼ぶ。通常の法律と同様の手続きで改正できる憲法を軟性憲法と呼ぶ。国会主権原理を維持するイギリス憲法は、軟性憲法の代表例である。一方、衆参両院の総議員の3分の2以上の賛成による改正案の発議と国民投票における過半

数の賛成を求める日本国憲法は比較的に硬性度の高い憲法であるといわれる（96条1項を参照）。

（3）イギリス憲法の特殊性

　日本国憲法は、立憲的意味の憲法という実質を、形式的意味の憲法という形式で制定したものであることがわかる。そして、硬性憲法としての性格をもつ成文憲法である。一方、イギリス憲法は立憲的意味の憲法としての実質は備えているが、形式的意味の憲法には該当せず、軟性憲法としての性格をもつ不成典憲法であると説明できる。このように説明すると、イギリス憲法の特殊性ばかりが目につくが、このように表面的な比較で満足していたら、日本国憲法とイギリス憲法を同時に学ぶ意味は乏しいといえよう。

4．立憲主義とは何か

　立憲主義の考え方がフランス人権宣言16条に端的に示されていることは前述した。立憲主義の核心にある政治的価値は、「個人の尊重」と「権力の制約」である。近年では、グローバルなレベルで「立憲主義の復権・興隆」という憲法動向を観察することができるが、そこには、「人権価値の擁護を眼目とし、硬性憲法による立法権への拘束を裁判的方法によって確保する」という共通の方向性がある（樋口陽一）。ただし、立憲主義の理解を平板なものとしないため、その発展過程を学んでおく必要がある。

（1）近代立憲主義―典型としての「議会による立憲主義」―

　近代立憲主義の原理を典型的に確立したとされる19世紀のイギリスとフランスでは、モンテスキュー流の三権分立ではなく、議会主義（議会中心主義）の統治構造が採用されていた。よって、近代立憲主義憲法における「権力の制約」の眼目は、議会（立法権）による行政権の制約にあったといえる。英・仏の議会主義は人権保障の場面では、「法律による人権保障」というかたちで定式化された。イギリスの国会主権の原理やフランスの「一般意思としての法律」（人権宣言6条）という考え方は、裁判所を含めて他の国家機関が、議会制定法の違憲性を審査することを許さなかった。だからこそ両国では、人権の

裁判的保障のシステムの導入・確立が遅れたことに注目しておこう。

　英・仏の憲法にみられる議会主義の統治構造と法律による人権保障を近代立憲主義憲法の典型とみる場合、アメリカ合衆国憲法（1788年）は厳格な三権分立を採用した点において、非典型的なものとして評価できる。なお、違憲審査制は合衆国憲法に明文で規定されているわけではないが、マーベリー対マディソン判決（1803年）以降、判例法として確立された。

(2) 現代立憲主義―「人権の裁判的保障」の普遍化―

　第2次世界大戦後の各国における違憲審査制の導入・活性化は、「違憲審査制革命」と呼ばれるほどのものだった。1989年の東欧社会主義体制の崩壊以降、人権の裁判的保障というシステムは普遍化しており、違憲審査制（憲法裁判所）を立憲主義の核心と考える憲法観が広がりつつある。

　人権の裁判的保障の制度化に消極的であった英・仏でも、変化が生じている。イギリスは、ヨーロッパ人権条約上の権利を国内法化するかたちで、1998年人権法を制定した。同法の下で裁判所は法律を可能なかぎりヨーロッパ人権条約上の権利と適合的に解釈することが要求されるが（3条）、それができない場合には不適合宣言を出すことができる（4条）。不適合宣言は法律を無効とするものではないが、国務大臣に不適合性を除去するための立法修正権限を与える点で一定の法的効果がある。フランスでは1971年以降、人権保障との関係で憲法院が事前審査型の抽象的規範統制を行ってきたが（法律の審査は、議会で採決されてから大統領の審署を得て発効するまでの間のみ）、2008年憲法改正により、コンセイユ・デタと破棄院からの移送決定によって事後的に法律の審査を行うことが可能になった（フランス第5共和国憲法61条の1）。

(3) イギリス憲法と立憲主義
(i) イギリス憲法の基本原理と立憲主義

　「硬性憲法による立法権への拘束を裁判的方法によって確保する」という現代立憲主義の手法を非歴史的に固定観念化すれば、国会主権原理を維持するイギリス憲法は「非立憲主義」あるいは「不十分な立憲主義」として評価されることになろう。他方、「議会による立憲主義」を近代立憲主義憲法の典型と考

えるのであれば、「イギリスは近代憲法の母国」と評することも許されるだろう。

　ただし、「人権の裁判的保障」という観点から、「イギリス憲法は不十分な立憲主義である」と論評するのも、過度の単純化に陥っている。イギリス憲法を学問的に体系化したダイシーは、イギリス憲法の基本原理として、国会主権と法の支配の両方を挙げた。そして、法の支配の意味として、①通常の裁判所で明確に法律違反と判断されないかぎり、何人も身体や財産を侵害されないこと、②階層・身分にかかわりなく、すべての人は通常の法と通常の裁判所に服すること、③憲法の一般原則は具体的な争訟における裁判所の判決の結果であること、の３点を挙げた。ダイシー学説は20世紀後半まで、「成文憲法典の代替物」と称されるほどの影響力をもっていたが、同学説において裁判所の機能・役割が重視されていることは明らかである。

　日本におけるイギリス憲法研究の先駆者の一人であり、戦後の早い時期にダイシー学説を精力的に紹介した伊藤正己はこう論じていた。国会主権原理の下で国会の専断が露骨に現れていれば、その原理はイギリス近代市民社会に根付かなかっただろうし、法の支配の伝統こそイギリスの人権保障を支える基盤であり、この伝統によってイギリス国民は人権の擁護に強い関心と意欲をもつようになった、と。伊藤の議論は少々、法の支配の原理のほうを優先しすぎの感はあるが、それにしても、「イギリス憲法は不十分な立憲主義である」との評価が一面的であることは了解できよう。

(ii) 現代イギリス憲法と立憲主義

　1979年、マーガレット・サッチャー（Margaret Thatcher）を首相とする保守党政権が成立すると、イギリス憲法と憲法学説は動揺の時期に入る。サッチャー政権による国会制定法を利用した市民的自由の抑圧は、国会主権と法の支配の関係の再考を余儀なくさせたからである。たとえば、世界的に著名な法哲学者で当時はオックスフォード大学教授であったロナルド・ドゥオーキン（Ronald Dworkin）が、イギリスはかつて「自由の砦」であったが、サッチャー政権の下で「自由の文化」は顕著に弱体化したと論じて、「イギリスに権利章典を導入しよう」と訴えたのもそのためである（1990年）。

　1998年人権法の制定により、イギリスも限定的ではあるが、現代立憲主義に

共通する「人権の裁判的保障」のシステムを導入した（裁判所は国会制定法を違憲無効とする権限をもたないことは前述した）。ただし、それ以前から、個人申立権を認めるヨーロッパ人権条約の下でイギリス国民は、政府による人権侵害をヨーロッパ人権裁判所で争うことができたし、1990年代以降、裁判所は従来の態度を改め、司法審査（judicial review）を積極的に行って、行政権による人権侵害の抑止に取り組み始めていた。

　また、1998年人権法は、裁判所に対して法律を違憲無効とする権限（違憲立法審査権）を与えなかった点において、「不十分な立憲主義」と評することも可能であるが、国会に設置された人権合同委員会（Joint Committee on Human Rights）が立法段階で、ヨーロッパ人権条約上の権利との適合性を精査する制度が導入されたため、民主主義の要請と調和した「新たな立憲主義のモデル」として高く評価する意見もある。1998年人権法の制度設計と運用を厳しく批判しながらも、人権合同委員会の活動を肯定的に評価する論者もいる（本書に寄稿しているユーイング教授など）。

5．なぜイギリス憲法を学ぶのか

　日本の憲法学は、欧米憲法の制度・運用・思想から「普遍的な憲法原理」を抽出し、それを日本に「輸入」するという発想を根強くもってきた。そのこと自体を批判することはできない。立憲主義という政治原理に基づく憲法が生まれたのは近代西欧社会においてであり、日本国民は（少なくとも建前としては）、立憲主義憲法の正統な系譜のうえに立つものとして、日本国憲法を制定したからである（前文第１段、11条、13条、97条等を参照）。だからこそ、日本国憲法の教科書・概説書はその冒頭で、「憲法の意味（意義・語義)」について詳述し、「立憲的意味の憲法」という捉え方の画期的意義を強調するのである。

　一方、イギリス憲法の教科書・概説書は、理論に先行して展開する憲法の制度・運用を、客観的かつ体系的に「記述」することを課題としている場合が多い。成文憲法典が存在しないため、まず憲法学の対象となる法の範囲（制定法・判例法）を確定する必要があるし、国会・内閣・裁判所等の統治機構について説明する場合にも、日本国憲法を解説するときのように、該当する憲法条

文を引用し、その制度趣旨を述べ、さらに解釈上の問題点を指摘するというかたちにはならず、関連するさまざまな法律や判例を取捨選択して、体系的かつ明快に示すことが課題とされる。

　あえて単純化すれば、日本国憲法の議論が「理論から実践へ」というベクトルをもっているとすれば、イギリス憲法の議論は「実践から理論へ」というベクトルをもっている。ただし、サッチャー政権の経験と「立憲主義の復権・興隆」という時代状況の下、イギリスでも近年は、立憲主義や権力分立のように従来は疎遠であった基本概念についても詳述する教科書・概説書が増えた。以前とは異なり、外国憲法の制度・運用や政治哲学・政治思想の理論動向（公民的共和主義など）に言及する教科書・概説書も現れてきている。その意味で、日本とイギリスの憲法学者が共通の問題関心をもって議論できる環境も整いつつある（本書はそのような変化の賜物ともいえる）。

　とはいえ、日本国憲法に対する私たちの「思考癖」を問い直すためにも、日本とイギリスの議論のベクトルの差異を意識しつつ、イギリス憲法を学ぶことの意義は大きい。戦後の代表的な憲法学者の一人である長谷川正安は、イギリス憲法研究の意義について、成文憲法典がないからこそ、政治の実態に即して「近代憲法とは何か」という問題を考えることができると論じた。すなわち、「憲法政治の実態に即して憲法を理解する」という問題意識をもつ場合、イギリス憲法は格好の比較研究の対象となる。日本国憲法とイギリス憲法を比較する私たちのねらいも、そこにある。

参考文献

愛敬浩二『立憲主義の復権と憲法理論』（日本評論社、2012年）

長谷部恭男『憲法とは何か』（岩波新書、2006年）

トマス・ペイン（西川正身訳）『人間の権利』（岩波文庫、1971年）

第2章　世界における憲法の歴史
―近代憲法から現代憲法へ―

1．近代憲法成立の背景

　近代憲法は、絶対王政を打倒するアメリカ独立革命（1776年）、フランス革命（1789年）などの典型的な近代市民革命の結果として成立した。絶対王政は、国王主権、国王への権力集中、不自由かつ身分制による不平等な体制であった。近代市民革命はこれを打倒しようとするものであり、その結果成立する近代市民憲法は、いわば絶対王政の裏返しとして、国民主権、権力分立制、自由・平等を掲げることとなった。1789年のフランス人権宣言16条は、「権利の保障が確保されず、権力の分立が定められていないすべての社会は、憲法をもたない」と規定し、自由・平等といった権利の保障と権力分立を近代憲法の必要条件としている。

　近代憲法は、ロックやルソーの自然法思想をその思想的基礎としている。すなわち、国家が成立する以前の自然状態において、人は本来自由で平等であり、生来の権利、自然権を有していた。そして、この自然権を確実なものとするために社会契約を結び、政府を作る。それゆえ、政府はこの自然権を守るために権力を行使することが許されているのであり、この権力を濫用して人民の権利・自由を侵害する場合には、人民は政府に抵抗する権利、抵抗権を有するとするものである。アメリカ独立革命、フランス革命はこの自然法思想に基づく抵抗権の行使として正当化されるのである。

2．近代憲法の特徴

　近代市民革命は基本的には封建的所有制度を否定し、資本主義経済体制の確立を展望するものであった。それゆえ、経済活動の自由は何よりも大切な自由として考えられた。フランス人権宣言は、17条において「財産は、神聖かつ不可侵な権利である」と規定し、財産権、経済的自由権は最も重要な人権と考え

られていた。

　近代憲法は、経済的活動の自由を全面的に承認する「自由放任」（レッセフェール）を基盤とするものであった。すなわち、各人の自由な利益の追求が、「見えざる手」に導かれて、結局は、自分では意図しなかった社会全体、国家全体の利益になるとするものである。このような「自由放任」、予定調和説を説く代表的論者であるアダム・スミスは「社会の利益を増進しようと思い込んでいる場合よりも、自分自身の利益を追求するほうがはるかに有効に社会の利益を増進することがしばしばある」（『国富論』1776年）と説く。

　「自由放任」によれば、できるだけ自由に経済活動ができることが理想となり、国家の介入は最小のものとすべきこととなる。すなわち、「最小の政府は最良の政府である」ということになり、警察・国防などの最小の役割を果たす「夜警国家」が理想的ということになる。国家が活動する領域は少なく、その活動は消極的である（「消極国家」）。省庁の数、公務員の数も少なく（「小さな政府」）、税金も安い「安価な政府」ということになる。

　憲法典のレベルにおいても、何よりも自由が尊重され、精神的自由権、人身の自由、経済的自由権が保障される。「人権の中の人権」として経済的自由権をほぼ野放しに保障することによって、逆に労働者の団結権などは経済的自由権を侵害するものとして否定された。

　1776年のバージニア権利章典は、1条において、「全ての人は生まれながらにして等しく自由で独立しており、一定の生来の権利を有している」とし、1789年のフランス人権宣言も、1条において、「人は、自由かつ権利において平等なものとして生まれ、生存する」と規定し、生来の権利として自由と平等を掲げる。しかしながら、近代憲法における平等権は、個々人の相違を考慮せず、抽象的に1人の人間として機械的に平等に扱う形式的平等であり、機会の平等を保障するものに過ぎず、実質的な不平等、貧富の差は放置されることとなった。さらに、「生まれながらに平等」とはいっても、黒人奴隷の温存、植民地差別、女性差別も当然のものとされていた。

　近代憲法においては国民主権原理も不徹底であった。国王主権を否定するゆえに国民主権原理を採用せざるを得なかったが、ブルジョワジーの支配を貫徹するため国民主権でありながら制限選挙を採用し、労働者、農民、民衆を議会

制から排除するものであった。それゆえ、国民主権とはいっても、少数者（ブルジョアジー）による多数者（労働者、農民）の支配であった。1831年当時のイギリスでは全成年男女における有権者の割合はわずか5％程度であり、そののち形成される自由党・保守党の二大政党による政権交代とはいっても、ブルジョア二大政党による「シーソー・ゲーム」（エンゲルス『イギリスにおける労働者階級の状態 I 』ドイツ語版［1892年］への序言）に過ぎないものであった。

3．外見的立憲主義の憲法

　フランス、アメリカなどの典型的な市民革命を経て成立する近代憲法とは異なり、近代憲法の「亜種」ともいいうる憲法、「外見的立憲主義の憲法」がドイツ（1850年プロイセン憲法）、日本（1889年大日本帝国憲法）に成立する。当時のドイツや日本は後発国であり、民衆レベルからの下から盛り上がる市民革命という形態ではなく、支配層による「上からの近代化」によって資本主義経済体制が確立する。したがって、旧体制の原理が温存され、国王主権、法律でいかようにも制限できる臣民の権利、国王への権力集中の体制で、「近代国家」としての体裁を整えるだけの、外見だけの立憲主義憲法であった。

4．現代憲法成立の背景

　近代憲法下において「自由放任」、「自由競争」の資本主義経済が展開することとなる。そして、「契約の自由」の名のもとで、長時間労働、低賃金労働、「児童」労働など労働者に対して劣悪な労働条件が強制されることとなり、労働者の平均寿命は大きく低下するほどであった。労働者は貧困や失業の恐怖にさいなまれる一方で、一部の資本家には富が集中し、資本家と労働者との格差は拡大の一途をたどった。こうした中で、労働者階級の自覚と闘争が起き、1830年代のイギリスのチャーチスト運動はその先駆けとなった。1917年には、資本主義経済それ自体を否定する世界初の社会主義革命、ロシア革命が起こることとなった。

5．現代憲法の特徴

　以上のような資本主義経済体制の危機に対応し、資本主義を防衛する必要性が生じた。ケインズに代表される「修正資本主義」が採用されることになる。「修正資本主義」は、国家が経済活動に介入し、公共投資、累進課税、社会保障などを通じて有効需要を創設するとともに、労働者の不満を一定程度解消しようとするものである。

　以上のような「修正資本主義」の採用に伴い、国家観も「福祉国家」、「積極国家」、「大きな政府」に転換することとなる。

　「修正資本主義」を基盤とする現代憲法の典型は、1919年のドイツのワイマール憲法である。現代憲法は、近代憲法とは異なり、経済的自由権の制限を所与の前提とする。ワイマール憲法151条は、「経済生活の秩序は、すべての者に人間たるに値する生存を保障する目的を持つ正義の原則に適合しなければならない。この限界内で、個人の経済的自由は確保されなければならない」と規定し、そのことを明らかにする。資本家などの経済的強者の経済的自由権を制限することによって、労働者などの社会的経済的弱者の人権を保障しようとするものである。

　経済的自由権の制限と「表裏一体」のものが、社会権の保障である。生存権、教育を受ける権利、勤労権、労働基本権などがそれである。イギリスでは、「ゆりかごから墓場まで」といわれる社会的経済的弱者を国家的に保護する福祉国家体制が確立した。

　社会権の保障にともなって、平等の捉え方にも変容がみられる。すなわち、近代憲法においては形式的平等が保障されるに過ぎず、事実上の大きな格差が存在していたが、現代憲法においては各人の具体的差異を前提にして、社会的経済的弱者保護の観点から社会権を保障するという別異取扱を許容するという形で実質的平等が志向されている。憲法14条１項はあくまで形式的平等を保障しているとされるが、以上のような別異取扱を「合理的な区別」として許容するという範囲で実質的平等の理念が反映しているといえる。

　労働者階級への選挙権付与という形で、まずは男子普通選挙が実現し、そののち女性選挙権も付与されるにいたり、現代憲法下において国民主権原理の一

定の実質化もみられる。これは一方で「選挙権をよこせ」という労働運動の成果であるといえるが、労働者階級の取り込み、体制内化を意図したものであったともいえる。男女普通選挙制が第1次、第2次世界大戦の前後に導入されたのも労働者階級を「1人前の国民」として処遇し、戦争に動員する目的があったことも否定できない。

　なお、現代憲法においては、福祉国家理念を採用することによって行政権の拡大が不可避的で、行政権の優位がみられ、権力分立制の形骸化がみられる。

6．現代憲法の現在

　以上のような歴史的な経緯を経て現代憲法は誕生したが、この間の世界や日本、イギリスでは、新自由主義的な「改革」が席巻し、民営化、労働規制の「緩和」、社会保障の後退など、「福祉国家」が破壊される方向がみられる。イギリスのサッチャー首相、日本の小泉首相による「改革」はその典型的なものであった。自由競争、自己責任が強調され、まるで「19世紀に戻れ」とでもいわんばかりであるが、近代憲法から現代憲法へという憲法の歴史を振り返ってみれば、「自由放任」、「レッセフェール」、「裸の自由競争」が失敗したことは明らかである。我々はこうした教訓を歴史から学ばなければならないといえよう。

参考文献

永田秀樹・和田進編『歴史の中の日本国憲法』（法律文化社、2002年）

浦部法穂『世界史の中の憲法』（共栄書房、2008年）

杉原泰雄『憲法と資本主義』（勁草書房、2008年）

第3章　イギリスからみた日本国憲法

1．はじめに

　第二次世界大戦の終結および朝鮮戦争以後、日・米の研究者は日本における法の役割、特に日本国憲法の重要性について少なからぬ関心を示してきた。これに対して、イギリスの憲法研究者の関心は、イギリス連邦諸国の他の諸国、とりわけニュージーランドやカナダ、あるいはアメリカに向けられ、日本に対してはそれにふさわしい関心を払って来なかった。しかしながら、この直近20年は、イギリスの法律家もかつてよりは日本とその法制度に大きな関心を示すようになっている。多くの日本企業がイギリスに進出しており、日本の法制度、法律および文化についての理解は日本の契約法および会社法の理解にとって不可欠である。日本は、その成文憲法においてコモン・ローと大陸法をうまく調和させてきた。1972年以降、イギリスのEC（EU）への加盟は、今まで以上の大陸法制度との密接な協同をイギリスにもたらしてきた。日本は、アメリカからもたらされた憲法の下で、ドイツやフランスの法制度を含む多くの影響を受けながら独自の法制度を築いてきた。日本の統治は、発展し続けてきており、司法権の役割と限界に関する多くの議論がなされている。日本は、日本国憲法の下、立憲政府としてのウェストミンスター・モデルの様々な側面を受け入れてきた。この側面には議会の二院制、特別委員会制度、内閣および内閣総理大臣が含まれている。イギリスの法律家は日本の最高裁判所の役割についても関心を抱いている。日本はイギリスと共有できる多くの教訓と経験を有しており、日本国憲法は重要な出発点をもたらす。

2．大日本帝国憲法から日本国憲法へ

　日本国憲法は第二次世界大戦後、大日本帝国憲法（以下「明治憲法」という）に代わって制定された。この憲法は主権を日本国民に存するものとして定

義しており、天皇大権を規定していた明治憲法からの完全な離脱を定めている。日本国憲法は、天皇の権力を廃止し、ポツダム宣言に見られる国民主権と国際的合意を主張することで、明治憲法の主権を根底から変更した。ポツダム宣言は「日本国国民ノ自由ニ表明セル意思」たる憲法の実施について一切の障害を取り除くことも含めて降伏条件を定めていた。日本は国民主権を享受しており、衆・参各議院の総議員の３分の２以上の賛成による国会の発議を必要とする日本の憲法改正は困難であることを含意している。日本の国会は二院、すなわち、衆議院および参議院から成っており、アメリカによる草案において提案され、日本の立法者によって拒否された一院制議会とは対照をなしている。二院制の日本の国会はイギリス国会の両院と類似しており、有用な考察をもたらすいくつかの類似点・相違点がある。特別委員会の活動と日本における内閣の役割はウェストミンスター・モデルを参考にしたものであり、二つの法制度間の議論に格好の題材と考察を提供する。日本の内閣制度は、日本の内閣総理大臣の役割と権限を含む、イギリスの内閣制度において見出された主要な原則のうちのいくつかに倣ったものである。日本における主要な問題の一つは、政治上の説明責任をどのように強化し、効果的で十分な国会の統制をどのように確保するかということである。

　第二次世界大戦以降の日本国憲法は、憲法76条１項に基づき、独立した最高裁判所を下級裁判所とともに設置し、これにすべての「司法権」を与えている。憲法は、憲法および法律によってのみ拘束される司法権の独立性を規定している。司法権の独立は裁判官の地位並びに報酬およびその他の手当の支払いにおいてみられる。裁判官の罷免権限に対する厳格な統制も存在し、付加的規則制定権限を最高裁判所に与えている。この権限は多くの同等の最高裁判所よりも射程が広く、検察官を拘束する規則制定権限および下級裁判所の監督を含んでいる。後者は裁判官の配置および地方裁判所への指名を含んでいることから、個々の裁判官の独立を抑圧する。より高い職への昇級と昇進も最高裁判所によって統制されている。そして、先例に関する日本の大陸法的慣習は厳格な拘束力を有するものではないが、しばしば下級裁判所によって踏襲されるがゆえに、日本の最上告審として、最高裁判所は先例を形成しうる。

　最高裁判所は、裁判所法52条１項が定める裁判官による政治活動の禁止とい

う規定違反への警戒については事前対策的である。この規定は幅広い解釈が可能であるものの、最高裁は狭義で厳格な解釈を行っており、この規定は審議中の法案に関する議論または公的関心事もしくは公共の利益に関する議論への司法的関与を禁止してきた。この目的は、個々の裁判官の自律ではなくむしろ最高裁判所という制度を保護することにある。これは司法権内部における個々人の裁判官の独立に対して疑念を投げかけ、個々の司法的独立が脆弱であるとの懸念をもたらす。現行憲法下において、近年の有権者は自由民主党に懐疑的であったが、実際には日本の政府は長らく自由民主党に支配されてきた。この50年間の支配は2009年に民主党が第一党に選出されたことによって終結し、自由民主党は一時的に野党となったが、その後、再び第一党に返り咲いた。日本の政治制度は、直近の6代の内閣総理大臣がおよそ1年で交代していることからも分かるように、急激な政変に左右されやすい政権という結果に一般的にはなっている。政治的麻痺状態は、一つの政党または派閥が法の支配に異議を唱えることを可能にし、国会の権限を簒奪または支配することによって民主主義の働きを失わせるという危険を現実のものにする。これは、最高裁判所は強力な政府に対する抑制・均衡として行動しあるいは政治システムにおける欠陥を埋めることができるのかという問題を提起し、または埋めるべきか否かという問題も提起する。日本の最高裁判所は、自身が保護することを求められている憲法規範を、政治権力に対する抑制と均衡を補強するような方法で解釈しようとしているかどうかは確かではない。本章はイギリスの憲法研究者にとって関心のある領域をイギリスの視点から概説することで日本国憲法を考察している。まず、国会および日本政府から始め、ウェストミンスター・モデルの諸側面を概説する。そして、最高裁判所およびそれが執行府に対し説明責任を確保する可能性について考察したい。

3．大日本帝国憲法から日本国憲法への移行の背景

　封建的な日本から民主的な政府の形態への移行を示した明治憲法の背景にある影響にイギリスの法律家は関心を持つかもしれない。明治憲法は天皇に権限を集中させており、権力分立原理も認められてはいたものの、当時の政府においては強い抑制と均衡が生ずるには至らなかった。明治憲法は大審院の役割

について明白な規定をおいていなかった。天皇の統帥権または天皇の権威は明治憲法の根幹をなしていた。故に、明治憲法は本質的に権威主義的であったので、明治憲法57条は「司法権ハ天皇ノ名ニ於テ法律ニ依リ裁判所之ヲ行フ」と明記している。天皇が「統治権ヲ総」していた（4条）。

　日本の降伏および連合国による日本占領直後、明治憲法に対する再考が提起された。明治憲法は日本の戦争期を支配した憲法であったが故に、多くの研究者はこの憲法を部分的に深刻な欠陥があるものと考えていた。新憲法に対する要求は、非民主的な軍事的支配と密接に関係していた天皇の権限を取り除くことを目的としていた。そして、新憲法は強力な民主的保護を導入するために規定すべきと意図されていた。この民主的保護は、権利章典による市民的自由、民選議会といった民主的な国家組織並びに戦争に関する権限の禁止（憲法9条）および司法審査権限を備えた独立した最高裁判所を伴った法の支配を含むものであった。

　イギリスの法律家は、1947年の施行以前の日本国憲法の草案作成における議論についても興味を示すだろう。日本国憲法の草案は連合国軍の最高司令官であるダグラス・マッカーサー元帥の下で起草された。最高裁判所および国会により設立された下級裁判所に与えられた「すべての司法権」には憲法76条の下で司法審査権限が含まれている。憲法9条が規定する平和条項の背後にある示唆および当時の日本政府は最終草案に影響を及ぼすことが可能であったか否かという点については特に争いがある。日本の法制度をどのように解釈し認識するかということに関するアプローチについては様々な違いが存在する。幾人かの研究者は法規範の受容並びに手続きおよびプロセスの適用における日本文化の特徴的な様式を強調することを好む。別の研究者らは、輸入した外国法を受容してきた他の法制度とほとんど異ならない法体系であると日本法をみなし、法規範とその実施における一般的な性質に注目する。これは法とその受容に関する長い議論に道筋をもたらしてきた。

4．国会、内閣および内閣総理大臣

　参議院および衆議院という上下二院制構造の国会はそれぞれ貴族院および庶民院というイギリスの憲法上の制度のいくつかの側面を反映している。日本に

おける両院は選挙により選出される。参議院の任期は6年であり、衆議院の任期は4年である。日本では両院に対して一つの党が優位性を持つことが可能であり、今日のイギリスにおいてこれは、不可能なことである。日本では、内閣総理大臣および関係各大臣が法の公布前に法律に署名する。イギリスでは国会の両院を通過した後、女王が法案に署名しなければならない。国会は唯一の立法権を有している。しかし実際においては、政権にある党の影響下にある。日本国憲法は社会権を含む一定の権利を保障しており、国家はこれらの価値を促進しなければならないと解釈されることもある。

　国会は行政をコントロールする限定的な権限を有する。衆議院に与えられた権限として、予算を承認する権限が存在する。両院協議会において意見が一致した場合を除いて、この権限は参議院に優越する。国会は条約の承認権も有している。内閣は条約に関して事前に、時宜によっては事後に、国会の承認を経なければならず、条約承認に関する究極的な権限は国会にある。

　多くの民主主義体制と同じように、国会は課税権および予算の決定権を有している。これは解釈と司法による監督に服している。宗教組織や宗教施設の利益となる公的支出も規制されている。これには教会と国家を分離するという重要な意義がある。行政機関は政令を制定する権限を委任されているが、法律による委任について憲法は明示的には規定していない。国会は行政機関に包括的権限を認めるかもしれないが、行政機関が許可されている委任の範囲の詳細について憲法は漠然としている。このような委任された権威の結果としての包括的権限は制限に服し、広範な権限を行政に与えることはない。

　法案が国会を通過する過程は、多くのコモン・ローシステムの特徴およびウェストミンスター・モデルと共通している。それにもかかわらず、日本の制度にはいくつかの異なる特徴が存在している。両議院には定足数があり、少なくとも総議員の3分の1の出席がなければならない。衆議院は優越的権限を有している。衆議院の出席議員の3分の2以上の賛成により再可決した場合、法案は成立する。決案の承認はかなり型通りの作業となっており、ほとんどの法案は時の内閣により作成された内閣提出法案である。国会の両院は国政について調査することができ、証人の出頭および記録の提出を求めることができる。両院の議員は共通の特権と免責を有している。内閣提出法案は、主管官庁の官僚

によって立案される。日本は行政の強さについて長い伝統を持っており、これ
は過去から長く続く確立された遺産である。

　内閣は、その決定が全会一致でなければならないと仮定される、重要な合議
体である。国会に対する全体としての内閣の連帯責任は、個々の大臣が反対意
見を述べる、または表明することを抑制する。憲法は内閣に行政権を与えてい
るが、権限の本質については定義していない。日本の内閣総理大臣は、内閣制
度によって弱体化していた。理論上、内閣総理大臣は国務大臣を指名する権限
を有しているが、実態においては、政党内の様々な派閥のために指名権が用い
られてきた。日本の内閣総理大臣は政治生命の移行および政治制度の長期間の
安定性の欠如のため、長期間在職する傾向にはなかった。

　日本国憲法は政治制度が良好であるように努めてきた。しかし、一層の説明
責任が求められているだけでなく、国民の政治生活においてより多くの市民参
加の機会の必要性も増している。国会の個々の議員は、特に、内閣への登用の
機会が制限される場合、自己の役割に対する不満を抱きうる。国会の特別委員
会が効果的な調査を行うための能力について、日本では十分に検討される必要
がある。

5．日本国憲法と最高裁判所

　日本の最高裁判所は、長官および14人の裁判官によって構成される、日本に
おける最上級審である。(4)最高裁判所裁判官は、一般的に60歳台で任命され、70
歳で定年退官する。最高裁判所は、15人全員で構成される大法廷または5人の
裁判官による小法廷のうちの1つが事件を審理する。憲法問題に関して、事件
は通常、全員参加の合議体によって審査されるが、審査はしばしば時間がかか
り複雑であるため大法廷での審査を避けるということがある。最高裁判所に
は30人前後の調査官が所属している。彼らは、最高裁判所裁判官を支援するた
め、通常、裁判官として少なくとも10年の職歴のある経験豊富な裁判官が調査
官を担当している。調査官の役割および最高裁判所における彼らの支援は、調
査されておらず、公の監視の対象にもなっていない。

　日本国憲法は、人権の尊重、選挙された国会、権力分立原理および交戦権を
放棄し政府に戦力の保持を原理上禁止するという他に類を見ない論争的な憲法

9条に基づく平和条項を通して日本の民主主義を補強している。人間の尊厳の保護、個人主義並びに天皇大権に代わる国民主権を通じた世論および政治的責任に敏感な政府といった核となる原理は、日本の伝統的社会または文化と容易に互換性を持つものではないかもしれない。最高裁判所の役割については批判を受けてきた。なぜなら、立法府の行為に対して憲法規範を通じて最高裁判所が無効を宣言することは一般的には抑制的であり、1946年以降たった9件のみに無効を宣言している。また、司法審査に際しての厳格な要件を発展させることについても抑制的であるため批判を受けている。いくつかの理由は手続きに関するものであり、日本の弁護士が相対的に少数であることに関係している。(5)すなわち、時間のかかる手続きおよび訴訟終結の遅延、法的救済の欠如、集団訴訟の利用不能並びに行政訴訟の抑制傾向である。これは相対的な社会の安定、終身雇用および首尾一貫した社会的価値といった日本が経験した、1970年代および80年代の高度経済成長という過渡期の日本において都合が良いものであった。(6)現在の日本では経済的な将来の確実性が減少しており、雇用における多くの変化が存在している。この変化には終身雇用制の終了および女性がいまだ雇用における平等闘争にあることが含まれている。

　重要な事件のうちの1つは、最高裁判所による砂川事件判決である。(7)この事件は駐留米空軍基地の拡張提案に対する反対者への刑事訴追により発生した。地方裁判所において、刑事訴追に対する主たる防御は日本国憲法9条に基づき駐留米軍は憲法に違反するということであった。憲法9条は以下のように規定している。

> 第9条　日本国民は、正義と秩序を基調とする国際平和を誠実に希求し、国権の発動たる戦争と、武力による威嚇又は武力の行使は、国際紛争を解決する手段としては、永久にこれを放棄する。
>
> 　前項の目的を達するため、陸海空軍その他の戦力は、これを保持しない。国の交戦権は、これを認めない。

起訴の正当性は、空軍基地の合憲性に疑問を呈した地方裁判所によって考慮された。しかしながら、最高裁判所への跳躍上告において、地方裁判所が判示した論旨は、最高裁によって適切ではないと判断されている。この判決は、米軍の駐留は憲法違反には当たらないと結論付けたが、司法審査に関する裁判所

の権限の限界を示し、同時に、最高裁判所の役割における活動範囲も示している。最高裁判所は判決の本案審査を拒否し、「統治行為論」を採用することによって裁判所の役割を制限している。

　多くの点で未解決のまま残されている問題は、日本の自衛隊は9条という憲法規定と両立しうるか否かということであった。最高裁は、この問題に直面することを避けてきたが、それを象徴するのが統治行為論である（なお、苫米地事件において、ある衆議院議員は憲法69条に基づく適切な不信任決議および内閣の助言と承認なしに行われた衆議院の解散について異議申立てを行った。この解散の争点は「統治行為論」に当たるとされ、最高裁判所の司法権の外にあるとされた）。

　憲法9条の改正における問題は両院の総議員の3分の2以上の賛成を要求していることであり、これにより日本政府はあらゆる憲法改正を今日まで抑制されてきた。この問題は2014年12月に行われた総選挙によって与党自由民主党が衆議院における3分の2の議席を獲得し、参議院においても過半数を獲得していることによって変わろうとしているかもしれない。憲法9条の再解釈は困難であり、僚軍である国連平和維持軍が他国から攻撃された場合、自衛隊による同軍への支援活動を禁止している。同様に、アメリカの艦船が攻撃下にある場合、日本の艦船はアメリカの艦船を救援することはできないだろう。憲法改正は一つの手段かもしれないが、あらゆる憲法改正の成功可能性は推論の域を出ないものである。

　統治行為論の解釈は、最高裁判所の判例において重要な要素となっている。この解釈は、政府の決定に関する監視および権限の濫用に対する司法の能力を制限してきた。消極的な司法審査によるいくつかの最高裁判例は、国会の違憲立法を追及する機会がめったになかったことを示す良い証拠である。

　集団訴訟は利用できず、裁判所は行政に対する審査について制限的であり、そして、法律扶助の範囲は制限されている。日本の最高裁判所の限定的な役割は多くの重要な判決によって描き出されている。これらの判決は憲法問題について解釈した場合の最高裁判所の役割について問題を提起している。そこでは日本国憲法が日本の一般的な社会的、法律的および経済的問題について適合するよう対処している場合に、最高裁判所および立法府それぞれの役割はいくつ

かの再考を要求されるか、ということが議論されている。立法府が民主的代表の価値に関して主導権を有しているとはいえ、日本の最高裁判所が究極的には法の支配および人権の価値に優位性を与えうる抑制と均衡を設定する点で継続した重要性を有していると議論されている。日本国憲法およびその日本社会への将来的関与に対して重要な効果を持ちうる日本の最高裁判所の将来に関して、日本の研究者の間では健全な議論が交わされている。⁽⁹⁾

　日本国憲法は政府による憲法違反行為に干渉するため、裁判所に対して実体的および手続的機会を規定している。憲法81条は、最終審として最高裁判所は「一切の法律、命令、規則又は処分が憲法に適合するかしないかを決定する」ことを明らかにしている。最高裁判所によって本来は幅広く解釈され用いられうるこれらの権限は、多くの事件においては抑制されてきた。最高裁判所は「保守的な判例法」を構築しているという見解については、政府または立法府の権限が司法判断により侵害されるのを見たくない多くの研究者間で支持が見られるかもしれない。違憲審査の熱心な信者は、司法の見解は憲法を補強し、権利と自由を支持していると主張する。この2つの主張間の議論は、しばしば、司法の慣行と解釈に優先する政治選択の正当性に関する緊張を生じさせる。政治家と裁判官の間の憤りは、憲法とその解釈が議論の焦点となることで高まるかもしれない。圧力団体は、法的論争を法廷へ持ち込む重要な手段として活動しうる。「国権の最高機関」としての日本の国会が「国の唯一の立法機関」である、と規定している憲法41条の文言もあいまいな状態にある。これは「立法」にまで及ぶかもしれない憲法解釈を展開するのを抑制するのに仕えるかもしれない。

　松井茂記は、最高裁判所のアプローチに作用しているのは「保守主義」であるとする主張を補強する多くの説明を行っている。最高裁判所の裁判官は法源としてよりはむしろ政治的および道徳的原理の表出として憲法を見なしていると彼は主張する。彼の主な主張は、法原理の解釈および裁判所がその役割と振る舞いにおいて示してきた相対的に狭い解釈に焦点を当てている。この分析は、日本の政治的、文化的または経済的文脈よりも法原理に基づいた説明を強調している。松井の関心は、最高裁判所の判例法の解釈に関して、同裁判所によってなされた規範的判断と関係している。彼によって提起された問題点は最

高裁判所の役割に関する議論の関心に向けられている。最高裁判所の保守主義に対する説明を見極めることは、司法審査の正当性と政府、立法府および裁判所に対して適切に設定しうる境界を定義することを通じた適切な応答に関する考察においても役立ちうる。

　日本国憲法81条は司法審査というコンセプトを認めており、「一切の法律、命令、規則又は処分が憲法に適合するかしないかを決定する」権限を最高裁判所に与え、最終審としている。これは法律の憲法適合性を決定する権限の本質に関する問題を提起するだろうか。日本の最高裁判所は最終審であり、憲法解釈を求められた場合、憲法裁判所として活動することが期待されている。日本において、最高裁判所の権限の本質に関するさらなるあいまいさが存在している。すでに指摘したように、憲法41条は日本の国会を「国権の最高機関」であり、「国の唯一の立法機関」であると規定している。法律を解釈する場合の「立法」能力は推測に対して開かれている。この点は、極少数の事件においてのみ違憲判決がなされていることを想起した場合とくに重要である[10]。

6．おわりに

　第二次世界大戦以降の民主主義国家としての日本の出現は、急速な経済発展と工業化によって成し遂げられてきた。これらは全て日本国憲法に基づき形成されてきた。第二次世界大戦という歴史的過去と折り合うことを通じてこれらは成し遂げられてきたのである。J・ダワー（John Dower）は、これは危険性を有すると警鐘を鳴らしてきた[11]。変化に順応するための選択的な記憶は歴史という神話の一部であり、問題への対応の失敗の正当化として、あるいは今日の現実を覆い隠すために用いられうる。儒教および仏教が合わさった禁欲を伴う日本の豊かな文化的遺産は、自由または独立した思考の抑制を引き起こすかもしれない全ての脅威に不十分な注意しか存しない場合、未来を危険にさらしうる。この文脈において、政府の説明責任という枠組みを通じて国民と国家との権限のバランスを設定するために優先権は与えられなければならない。国会は執行府に説明責任を負わせるよう努め、最高裁判所は判例法の正当性についての異議申し立てに立ち向かわなければならない。J・ヘイリー（John Haley）は『日本法の精神』[12]のなかで、要約すると、究極的な責任は日本の司

法部に存すると述べている。

　より確かなことは、日本の裁判官は法を通じて生じるかもしれないいかなる変化についても責任の大きな部分を引き受けるであろうという主張が存在しているということである。彼らは責任を避けたり、他者にその責任を転嫁したりすることはできない。法という領域内では、彼らは最終決定権をなお持つであろう。

注

(1)　日本の法制度の移行に関する有用な研究成果には多くのものがある。以下を参照されたし。

　　Thomas L. Blakemore, 'Postwar Developments in Japanese law' (1947) 8 Wisconsin Law Review 632-53. Alfred C. Oppler, 'The reform of Japan's Legal and Judicial System under Allied Occupation' (1949) 24 Washington Law Review 290-324 and Alfred C. Oppler, 'Japan's Courts and Law in Transition' 21(1) (1952) Contemporary Japan 241-63.

(2)　Harald Baum (Ed.), *Japan: Economic Success and Legal System* (Walter De Gruyter 1997), L. Beer & H. Itoh, *The Constitutional Case Law of Japan, 1970 Through 1990* (University of Washington Press 1996), Herbert Bix, *Hirohito and the Making of Modern Japan* (London: Duckworth 2000), Kent E. Calder, *Crisis and compensation: public policy and political stability in Japan, 1949-1986* (Princeton University Press 1988), Ron Dore, *Taking Japan seriously: a Confucian perspective on leading economic issues* (London: Athlone Press 1987), John O. Haley, *The Spirit of Japanese Law* (Georgia: University of Georgia Press 1998), Dan Fenno Henderson, *Conciliation in Japanese Law, Tokugawa and Modern* (Washington: University of Washington Press 1965), John Maki, *Court and Constitution in Japan* (Washington: University of Washingon 1964), A. Von Mehren (ed.) *Law in Japan* (Michigan: Ann Arbor 1963), Chie Nakane, *Japanese Society* (Revised Edition, London: Penguin 1973).

(3)　C. Gluck, *Japan's Modern Myths: Ideology in the Late Meiji Period* (Princeton N.J. : Princeton University Press 1985). M. Ramseyer, 'The Costs of the Consensual Myth: Antitrust Enforcement and Institutional Barriers to Litigation in Japan' (1985) 94 Yale Law Journal 604.

(4)　最高裁判所長官は、内閣の指名に基づき天皇によって任命される。他の裁判官は、内閣により任命される。

(5) 総人口1億2千700万人であるのに対し、弁護士は2014年で35,045人である（［訳注］2004年の20,224人からすると10年間で相当数増加した）。

(6) M. Ramseyer & M. Nakazoto, *Japanese Law: An Economic Analysis* (Chicago: University of Chicago Press 1999), Koseki Shoichi, *The Birth of Japan's Postwar Constitution* (New York: Westview Press 1998), Hideo Tanaka, *The Japanese legal System* (Tokyo: Tokyo University Press 1982), Ryusaku Tsunoda, *Sources of Japanese Tradition* (Columbia: Columbia University Press 1958), R. Ward & Y. Sakamoto, *Democratizing Japan* (Hawaii: University of Hawaii Press 1987).

(7) 最大判1959年12月16日刑集13号13号3225頁。

(8) 最大判1960年6月8日民集14巻7号1206頁。

(9) Shigenori Matsui, *The Constitution of Japan* (Oxford: Hart Publishing 2010) p. 147.

(10) 法令を憲法違反として判断した事件は少なく、記録上9件となっている。すなわち、選挙権の平等に関する3件、経済的自由に関する2件、尊属殺と通常殺人とを比較した場合のその取扱いに関する1件、郵便事業に対する国家賠償の制限に関する1件、国籍法に関する1件および法定相続人に関するものが1件である（［訳注］2015年に再婚禁止期間に関する1件が加わったため、現在は10件となっている）。

(11) John Dower, *Ways of Remembering: Japan in the Modern World* (New York: The New Press 2012).（［訳注］邦訳としてジョン・W・ダワー（外岡秀俊）『忘却のしかた、記憶のしかた―日本・アメリカ・戦争』（岩波書店、2013年）がある。）

(12) John Owen Haley, *The Spirit of the Japanese Law* (University of Georgia Press 1998) p. 212.

第4章　日本からみたイギリス憲法の特色

1．憲法に対する二つのアプローチ

　日本の場合には、『六法』（代表的な法律を集めたもの）の冒頭に掲載されている「日本国憲法」という名の成文憲法典が存在するので、憲法を学習しようとする場合、それを手がかりとすることができる。これに対して、イギリスの場合には、そのような手がかりとなる成文憲法典が存在しない。したがって、イギリスの憲法を学習しようとする場合、憲法政治の実態に目を向けることが必要となる（第1章参照）。ただし、「日本国憲法」も、日本の憲法の実質をすべて書き尽くしているわけではないし、「日本国憲法」の条文を読んだだけでは憲法政治の実態をとらえることはできない。しかも、「日本国憲法」の規定と憲法政治の現実は一致していないことが多い。したがって、日本の憲法を学習しようとする場合も、「日本国憲法」という「形式的意味の憲法」だけでなく、憲法政治の実態にも目を向ける必要があり、その点でイギリスの場合と本質的な違いがあるわけではない。

　しかし、何故、イギリスには成文憲法典が存在しないのか。

　日本で「憲法」の語は、英語でいうと「constitution」の訳語として使われている。この「constitution」をOED（Oxford English Dictionary）で引いてみると、「構成する行為」等の他に第7番目の意味として次のように述べられている。

　「ある国民、国家あるいは政治体が、それに従って構成され統治される基本的諸原理の体系または集合。これは、第一に、イギリス憲法におけるように主権の側での連続的譲歩の中で具体化され、長い間受け入れられた制定法に含まれ、または先例によって漸次的に確立され、第二に、合衆国憲法、1790年以降の種々のフランス憲法およびそれらを模倣し制定された他の諸国の憲法におけるように、共和国の構成員あるいはその代表によって特定の機会に立案・採択

された一つの文書に正式に規定されうる」、と。

「成文憲法は、まず、アメリカ・フランス両革命の子としてうまれた」といわれるように、成文憲法典は、18世紀後半の北アメリカ諸州およびフランスでまず制定された。このように憲法を成文憲法典として意識的・自覚的に制定するアプローチを成文憲法典アプローチと呼ぶとすると、このアプローチはその後世界的に普及して行った。

成文憲法典は、革命の成就、植民地からの独立、独立国家同士の結合、世界大戦後の国家の再構築など政治体制に何らかの「根本的変革」をもたらすような「政治的大事件」の後に制定されるのが通例である。日本の場合も、最初の成文憲法典である「大日本帝国憲法」は、明治維新の後に制定され、「日本国憲法」は、第二次世界大戦敗戦後に制定された。

イギリスの場合、17世紀、国王チャールズ1世処刑（1649年）という「政治的大事件」の後の共和政期にクロムウェル（Oliver Cromwell。当時の革命の指導者）の「統治章典」（Instrument of Government, 1653）が制定され（1660年王政復古の際に廃止）歴史上最初の成文憲法典の試みといえることを経験したが、それ以後は成文憲法典アプローチを拒否してきた。

それでは、その後のイギリスにおいて成文憲法典制定の契機となるような「政治的大事件」はなかったのかといえば、必ずしもそうではない。そのような「政治的大事件」の例として、①1688-89年の名誉革命、②1707年のイングランドとスコットランドとの「合併」（連合）、③1800年のグレイト・ブリテンとアイルランドとの「合併」（連合）、④1832年の庶民院改革、⑤1911年の貴族院の危機、⑥1936年の王位放棄の危機、⑦1973年のEC加盟などがあげられる。そして、イギリスの場合、これら「政治的大事件」に次のような国会制定法を制定することで対応してきた。①1689年権利章典（Bill of Rights）、②1707年スコットランドとの連合法（Union with Scotland Act 1707）、③1800年アイルランドとの連合法（Union with Ireland Act 1800）、④1832年選挙法改正法（Reform Act）、⑤1911年国会法（Parliament Act 1911）、⑥1936年国王退位宣言法（His Majesty's Declaration of Abdication Act 1936）、⑦1972年ECに関する法律（European Communities Act 1972）である。

このように、イギリスの場合、「政治的大事件」に際して、一定の政治的原

理に基づき統治のシステム全体を再編成して、それを意識的・自覚的に成文憲法典に書き記すという先の成文憲法典アプローチにはよらずに、それぞれの「政治的大事件」の個々の帰結を国会制定法によって個別具体的に確認するという対応がなされた。これをプラグマティックな経験主義的アプローチと呼ぶと、それはコモン・ローの展開にもみられるアプローチとなっている。

　ただし、イギリスの憲法を不文憲法（unwritten constitution）と呼ぶのは正確ではない。イギリスの憲法は、制定法あるいは判例法という形でその一部を成文化しているからである。したがって、「一部成文化されているが、法典化されていない憲法（a part written but uncodified constitution）」と呼ぶのが適当である。なお、近年、イギリスの憲法の成文化を主張する声は大きくなっており、実際に憲法の成文化が一層進展していることが注目される（1998年人権法［Human Rights Act 1998］、地域的権限移譲法［Devolution Acts］あるいは政治領域の準則の成文化［Ministerial Code］などを通して）。

2．成文憲法典を持つ国（日本）と持たない国（イギリス）

　では、成文憲法典を持つか持たないかの違いは、法システムにいかなる違いをもたらすのであろうか。

　日本の場合、日本国憲法の改正には通常の法律改正の場合とは異なって特別の手続が要求されており（96条）、形式的効力の点で通常の法律に優位しているが、人権保障を根拠にして（97条）実質的にも「国の最高法規」であるとして、「その条規に反する法律、命令、詔勅及び国務に関するその他の行為の全部又は一部は、その効力を有しない」とされている（98条1項）。そして、日本国憲法は、「天皇又は摂政及び国務大臣、国会議員、裁判官その他の公務員」に対して憲法尊重擁護義務を課し（99条）、裁判所に「法律、命令、規則又は処分が憲法に適合するかしないかを決定する権限」すなわち違憲審査権を付与して（81条）憲法の最高法規性を守ろうとしている。

　イギリスの場合、日本のように「国の最高法規」として統治・法システムの基礎をなす成文憲法典が存在しないということから、法的には次のようなことになる。

　第一、国会の立法至高性および法の支配という二つの原理が重要な役割を

演じる。両者の関係をどのように理解するかは論争的であるが、「基本的な権利」の保護の究極的な担い手は、国会であって裁判所ではない。そして、権力の行使に対する正式の制約は存在しない。

第二、憲法的に重要な位置を占める国会制定法も、通常の国会制定法と同様の改廃手続きに服する（だからといって、統治・法システムが不安定だということにはならない）。ただし、日本国憲法の場合も、たとえば選挙制度のような憲法的重要性を有する事項も「法律でこれを定める」とされており（47条）、選挙制度の変更は通常の法改正手続きによって行われる。他方で、イギリスにおいて、広範な憲法上の変更（constitutional change）を行う場合、事前協議を行うことなどの必要性が指摘されている。

第三、法的準則よりも非法的な準則や制度・慣行に依存する度合いが大きい。

憲法の「源」は、まずは、法的準則であり、立法（制定法）と司法的先例（判例法）である。判例法は、判例集に権威ある形で述べられた上位裁判所（superior court、一般的管轄権を有する裁判所）の判決であり、先例拘束性原理（stare decisis）の下で下位裁判所（inferior court）および審級の上下に従い他の上位裁判所を拘束する。この「裁判官作成法」（judge-made law）には、二つの形式がある。一つは、コモン・ローであり、裁判官が面前に提出された個々の訴訟における判決でこれが法であると宣言してきた準則から成る。二つは、制定法の解釈である。これとは別に、非法的準則として憲法習律（constitutional convention）がある。これは、国王、首相およびその他の大臣、国会議員、裁判官その他の公務員によって遵守される準則であるが、「主権的権力の構成員の行動を規制し得るけれども、裁判所によって強行（enforce）されないので実際は法律（laws）ではなく、慣習（convention）、了解（understandings）、習慣（habits）あるいは慣行（practices）」（Dicey）と定義される。イギリス憲法の主要な部分の多くは、この憲法習律によって規律されている。例えば、内閣や首相職などの重要な憲法上の制度は憲法習律によって作り上げられてきたものである。

3．日本とイギリスの憲法教科書

成文憲法典アプローチからすると、憲法は、一定の原則に基づいて意識的・

自覚的に制定されることになるが、日本国憲法の場合、敗戦を機に、ポツダム宣言をふまえて、先行する大日本帝国憲法を原理的に否定して成立した。それ故、二つの成文憲法典の間には原理的・歴史的断絶性が顕著である。

大 日 本 帝 国 憲 法	日 本 国 憲 法
天皇が制定した憲法（欽定憲法） ―「朕カ祖宗ニ承クルノ大権ニ依リ現在及将来ノ臣民ニ対シ此ノ不磨ノ大典ヲ宣布ス」（憲法発布勅語） 天皇の制定した憲法への臣民の従順を要求 ―「朕カ現在及将来ノ臣民ハ此ノ憲法ニ対シ永遠ニ従順ノ義務ヲ負フヘシ」（上諭）	国民が制定した憲法（民定憲法） ―「日本国民は、…ここに主権が国民に存することを宣言し、この憲法を確定する」 　　　　　　　　　　　　　　（憲法前文） 公務員の憲法尊重擁護義務 ―「天皇又は摂政及び国務大臣、国会議員、裁判官その他の公務員は、この憲法を尊重し擁護する義務を負ふ」（99条）
天皇主権	国民主権
「臣民」	個人
「臣民権」 ―「朕ハ我カ臣民ノ権利及財産ノ安全ヲ貴重シ及之ヲ保護シ此ノ憲法及法律ノ範囲内ニ於テ其ノ享有ヲ安全ナラシムヘキコトヲ宣言ス」（上諭）	永久不可侵の基本的人権
戦争に関する規定	平和主義

　日本の場合、憲法の教科書において、フランス人権宣言16条の規定（「権利の保障が確保されず、権力の分立が確立されていないすべての社会は、憲法をもたない」）に端的に表現された「近代的意味の憲法」概念が「立憲主義」との関係で重視され、その憲法は、人権保障と統治の仕組みを二つの要素とし、前者が目的であり、後者が手段であるとされる。そして、憲法を大きく人権と統治に二分し、それぞれにつき日本国憲法の条文に即して体系的に説明しようとする。概して、教科書では、日本国憲法の条文の解説（解釈）を中心にして「あるべき憲法」が体系的に説明され、それと場合に応じて憲法判例などの参照を通して「ある憲法」が対比される。

　イギリスの場合、プラグマティックな経験主義的アプローチからすれば、憲法は一定の原理に基づいて「作られた」ものではなく歴史的に「成長してき

　た」ものだとされ、歴史的継続性が顕著である（ただし、君主制が典型的であるが、形式は継続しているが、実質は断絶していることに注意が必要である）。

　イギリスの場合、憲法教科書は、日本のように体系的であるわけではなく、政府の諸制度についての記述的説明が主になっている（したがって、憲法と行政法が一冊の教科書で説明される場合が多い）。概して、教科書では、「あるべき憲法」よりむしろ「ある憲法」が重視され、政府の諸制度および市民的自由の実際が記述的に説明される（「人権」は、伝統的には、「市民的自由」と呼ばれて限られた範囲で扱われてきたが、近年では、1998年人権法制定にみられるように、「基本的権利」の保護の必要性が広く承認され、憲法において重要な位置を占めるようになっている。また、近年では、「立憲主義」、「権力分立」など基本原理を詳述することが多くなっている［第1章参照]）。

　イギリスにおける憲法は、1970年代以来「変容」し続けているが、とくに1997年に成立したブレア（Blair）首相率いる労働党政権の下で憲法は目に見える形で変化した。たとえば、代表的な事例として、1998年人権法の制定（イギリスには「人権」を包括的に規定した法律はなかった）、スコットランド、ウェールズおよび北アイルランドへの権限移譲（イギリスは単一国家であり、ウェストミンスター［イギリス国会の所在地］によって一元的に支配されてきた）、貴族院改革（貴族によって構成される一つの議院である貴族院から世襲貴族を排除した）、新たな最高裁判所の設置（貴族院の中に最高裁判所に該当するものが存在していた）などである。

　今日、イギリスの憲法について、「立憲主義」の現代的展開という観点からすると、1998年人権法や権限移譲立法などによって裁判所の権限が拡大強化されたことを強調して、「政治的立憲主義」（国会など政治部門に焦点を当てる）から「法的立憲主義」（裁判所など法的部門に焦点を当てる）への移行が論じられていることが注目される（第1章参照）。また、地域的権限移譲の進展（さらにスコットランドにおける独立問題）に伴い「連邦制」への移行が論じられると、憲法の成文化が必要になってくると指摘されている。

　イギリスの憲法は、「変容」し続けており、その行方が注目される。次の2つの章で、2010年成立の「連立政権の下での市民的自由」および「スコットランドにおける権限移譲」という近年の重要な憲法問題を論じておく。

日本とイギリスそれぞれの代表的憲法教科書の目次

芦部信喜（高橋和之補訂）『憲法（第6版）』
（岩波書店，2015年）

A.W.Bradley, K. D. Ewing & C. J. S.
Knight, Constitutional & Administrative
Law, 16th ed. (Pearson, 2015)

第一部　総論
　憲法と立憲主義
　日本憲法史
　国民主権の原理
　平和主義の原理
第二部　基本的人権
　基本的人権の原理
　基本的人権の限界
　包括的人権と法の下の平等
　精神的自由権　内心の自由
　　　　　　　　表現の自由
　経済的自由権　職業選択の自由
　　　　　　　　居住・移転の自由
　　　　　　　　財産権の保障
　人身の自由
　国務請求権と参政権
　社会権　生存権
　　　　　教育を受ける権利
　　　　　労働基本権
第三部　統治機構
　国会　権力分立の原理
　　　　国会の地位
　　　　国会の組織と活動
　　　　国会と議院の権能
　内閣　行政権と内閣
　　　　内閣の組織と権能
　　　　議院内閣制
　裁判所　司法権の意味と範囲
　　　　　裁判所の組織と権能
　　　　　司法権の独立
　財政・地方自治
　憲法の保障　憲法保障の諸類型
　　　　　　　違憲審査制
　　　　　　　憲法改正の手続と限界

第一部　源、構造および諸原則
　憲法－意味と源
　連合王国の構造
　国会至高性
　法の支配
　責任政府
　連合王国とEU
第二部　政府の諸制度
　国会の構成
　国会の役割
　国会の特権
　王冠と国王大権
　内閣、政府省庁、公務員制度
　公的機関および公的任命
　裁判所および司法の運営
第三部　個人の自由と人権
　人権法
　自由に対する権利と警察権
　プライバシーに対する権利と監視権限
　表現の自由に対する権利
　結社および集会の自由
　国家安全保障と公的秘密
　緊急権
第四部　行政法
　行政法とは何か
　委任立法
　行政的正義
　司法審査－審査の根拠
　司法審査－手続と救済手段
　公的機関の責任

第5章　イギリスにおける連立政権の下での　市民的自由

1．はじめに

　2010年の総選挙は、どの政党も過半数を取れないという未決定なものだった。これは珍しいことだが、先例がないわけではない。保守党は最大多数党となり、自由民主主義党と協力することにより1945年以来連合王国で初めての連立政府を形成した。新たな政府は連立2政党間の合意に基づいていたが、人権・市民的自由に関する論点はこの合意の重要な特徴の1つであった。

　人権・市民的自由の論点は2010年選挙運動でも目立っていたが、これは部分的には、ブレア（Blair）・ブラウン（Brown）労働党政権が国際テロリズムの問題を扱うに当たり多くの人が権威主義的衝動とみなしたような事柄への反応であった。連立政権の「政府合意」（Programme for Government）の条項では、以下のようなことが宣言されていた。

> 　我々は自由の保護に十分に取り組むだろう。政府は、イギリス国家（British state、以下 Britain をイギリスと訳する）があまりにも権威主義的になりすぎ、過去10年の間に権力濫用のために基本的自由と歴史的な市民的自由が浸食されてきたと信じている。我々は、イギリスの自由と公正の伝統に沿って、侵害的な国家権力に直面する個人の権利を回復しなければならない。（イギリス政府『連立―私たちの統治計画』（2010年）11頁）

　これらは挑戦的な主張であった。これらを実行するために、政府は、「市民的自由への大幅な侵害を取り消し、国家による侵入を元に戻すための手段の完全な計画を実施する」（同上）から始まる14個の計画を示した。このリストの中で目立つのは、労働党政府によるイギリス市民への強制的IDカードや国家ID登録の導入といった不人気な計画を廃止するという約束に加え、「自由法案」を提出するという約束であった。IDカード制度の消滅を嘆いた者はほとんどいなかっただろう。

　しかし、政治的対立の両極による連立の多くの場合と同様、この独特の連立は矛盾の上に成り立っていた。自由民主主義党からは市民的自由の浸食についての懸念があったのに対し、保守党の側には1998年人権法とヨーロッパ人権裁判所の役割に対する懸念があったのである。一部の保守党議員も労働党政権の下での自由の浸食に懸念を表明していたものの、その他の議員はむしろ、イギリス政治へのストラスブール判例を基礎としたヨーロッパ人権裁判所の影響を懸念していた。これらの懸念に対応するため、連立の両者は次のように約束した。

　　　ヨーロッパ人権条約の下でのあらゆる義務を取り入れ、これに基づいて作り上げられ、これらの権利がイギリス法の中で引き続き保障され、そしてイギリスの自由を保護し拡大するようなイギリス権利章典の創設を調査するための委員会の設置〔を約束する〕。我々はこれらの義務の真の範囲についてよりよい理解を促そうとするだろう（同上）。

　したがってこの計画は市民的自由・人権に関する限り 2 つの矛盾するテーマを持っていた。第 1 は自由の保護であり、もう 1 つは自由の保護に責任を有する裁判所の抑制である。問題は、新たな諸問題——イラクの廃墟からISISが発生したことやアフガニスタン戦争やシリア危機などのような——が政府に対して新たな安全保障上の挑戦を提示した中で、これらの矛盾する衝動のうちどちらが優位に立つかであった。結局のところ、政府の権威主義的衝動が優位し、市民的自由・人権の擁護者自由民主主義党も、政府の中に入れば、彼らが追い落とした政権と比べてもわずかにましな程度にすぎないということを証明した。実際のところ、後で見るように、自由民主主義党は、ここ数年で提出された中でも最もひどい政治的自由への制約の 1 つを支持したのであった。

2．個人の権利の回復か―2012年自由保護法―

　連立政権によるイギリスの自由の回復にとって目玉となる法律は2012年自由保護法（Protection of Freedoms Act 2012）であった。しかし実際は、これはそのタイトルの勇ましさにふさわしくない、弱気な法律であった。確かに、この法律は幅広く諸問題に言及しているが、しかしそれは断片的になされるにすぎず、典型的なところでは古来の人身の自由に対する制約を、取り除くので

はなく希釈しただけであった。さらにその希釈も非常に限定されたものであって（広範囲にわたる公的機関による捜査の例にみられるように）、他方でヨーロッパ人権条約はどちらにしてもその他の自由化措置を要請していたのであった（警察の停止・捜検の権限［stop and search］の事例のように）。

　この法律は、警察によって逮捕された者から採取されたDNA型（DNA profile）の保管と使用に対するコントロールを導入した。従来、連合王国は世界で最大のDNAデータベースを誇っており、その中にはたとえ起訴または有罪判決を受けなくとも、警察によって逮捕されまたは起訴されたすべての者のDNA型を含んでいた。貴族院はこれらしくみが人権条約上の義務に違反しないとしていたが、しかしヨーロッパ人権裁判所は*S and Marper v United Kingdom*（［2008］ECHR 1581）事件でこれに同意しなかった。つまり、DNAデータベースに関する2012年法の規定は*S and Marper*事件判決の直接的な結果である。

　DNA型の保管に対する新たな規制枠組みを導入するにあたり、2012年法は、逮捕されたが起訴されなかった者だけなく無罪と判断された者の記録の保管を許容し続けている。そして「記録可能な犯罪」（recordable offence）で有罪となったいかなる者のDNA型は永久保管することができ、「条件的犯罪」（qualifying offence）で起訴されたが有罪とならなかった者の記録は3年まで保管することができ、さらに「条件的犯罪」で逮捕されたが起訴されなかった者の記録は、新たに作られた、オーウェル風の名称の機関、生体認証資料保管コミッショナー（Commissioner for the Retention of Biometric Material）の承認によって保管される。

2012年自由保護法

2012年自由保護法の主要規定は下記の通り。

・ヨーロッパ人権裁判所の判決を履行するため、DNAデータベースの規制。

・CCTVカメラ（イギリスではこれが広範囲に稼働している）の使用に対する行動規範の策定。

・地方自治体による捜査活動に対する司法的承認（しかし他の公的機関は対

象ではない）。

・国家公務員による私有財産に対する立入権限の廃止（しかし同時にその他の立入権限を導入）。

・テロ容疑者の起訴前拘束を28日から14日へ縮小。

・性的又は強制労働的搾取の目的による人身取引に対する新たな刑罰の新設。

・ヨーロッパ人権裁判所の判決を履行するため、警察による停止・捜検権限を廃止、変更。

S and Marper 事件判決を履行するためのDNAデータベース規制以外の、2012年自由保護法にみられる他の新しい方策は、警察によって行われる、論争的な停止・捜検権限を除去することである。連立政権はこの新しい方策について栄誉を受けるべきではあるものの、これもまたストラスブール裁判所判決への直接の応答でもある。*Gillan and Quinton v United Kingdom*（[2009] ECHR 28）事件では、裁判所は、2000年テロリズム法に含まれる停止・捜検の恣意的な権限は条約上の義務に反すると判断した。これは広範囲に用いられている権限で、2008年には月に8,000から10,000回用いられている。

　特筆すべきは、──DNAデータベースと同様──停止・捜検の権限は貴族院によってヨーロッパ人権条約上の権利に違反しないと判断されていたことである（*R (Gillan) v Metropolitan Police Commissioner* [2006] UKHL 12）。ストラスブールの裁判所は、再度、国内裁判所よりも強い見解を採用した。しかし停止・捜検の権限が廃止されても、この権限は完全には不要となっているわけではなく、代替的な権限によって、テロ行為が生じるとの合理的疑いがある場合で、かつそのような行為の発生を防止するためにその権限を発動することが必要と合理的に考えられる場合には、警察は停止・捜検ができるようになっている。

　一度これらの新たな権限が発動されると、これら権限は警察に、通行人や車両（および車両の中のあらゆる人）を停止させて、テロの目的で使用されうる所持品を捜検することを認める。この権限は、停止・捜検される個人がテロ目的で使用されうる所持品を携帯しているとの疑いを持つことが必要でないとい

41

う意味で、ランダムに行使される。貴族院は元々の権限が条約上の権利に違反しないと結論付けていたものの、それにもかかわらず後者の、停止させられる個人について疑いを必要としない停止・捜検の権限は、貴族院によって「警察権限の限界に対する我々の伝統的な理解」を超えたものであるとして批判されていたのであった。

3．ヨーロッパ人権条約上の権利に対する攻撃

　すでに見てきたとおり、政府のうち保守党の側は、ヨーロッパ人権条約のイギリス国内法への影響に関して異なった関心を持っていた。同条約に対する保守党の攻撃は奇妙なものである。というのも、同条約に署名したのは1950年の労働党政権ではあったが、しかしほとんどの交渉に当たったのは保守党の政治家デイヴィッド・マックスウェル＝ファイフ（David Maxwell-Fyfe）だったからである。マックスウェル＝ファイフは、1950年代から1960年代にかけて、まずは内務大臣、次に大法官（この時はキルムアー卿の称号を得ている）として、政権の中心的人物となった。マックスウェル＝ファイフは当時、条約の交渉の中で鍵となる役割を担ったと認識されており、条約の中には、彼が交渉において代表した労働党政権のあるメンバーにとっては歓迎されないような内容も含まれていた。

　マックスウェル＝ファイフが同条約を進歩的な権利章典と見たであろうとは考えられない。労働党側の方こそ、自分たちが政権についたときに実施するラディカルな社会主義的政策に対する潜在的な影響を懸念していた。しかし現代イギリス政治では、このとても温和な文書が、ヨーロッパ懐疑派の攻撃対象となっている。彼らは、EUが国会主権への脅威となると考え、主としてイギリスがEUに加盟することに反対している。ヨーロッパ人権条約はEUの法的文書ではないが、しかしヨーロッパへの敵意の波に飲み込まれてしまい、またヨーロッパ人権裁判所もイギリス政府に対して歓迎されざる義務を課してくる外国の裁判所であるとみなされてきている。

　このような敵意は 2 つの結果につながった。第 1 はイギリス政府がヨーロッパ評議会（Council of Europe）でヨーロッパ人権裁判所の権限を制限しようと提案したことである。これは受刑者の選挙権、テロ容疑者の海外送還といっ

た論争的な分野に対するヨーロッパ人権裁判所の判決への直接の応答である。これらの分野は、政府が特に激しく争っていたものであり、条約上の権利の意味をめぐって国内裁判所が判断したことをヨーロッパ人権裁判所が覆してきた。改革を実行する機会は連合王国が2011年にヨーロッパ評議会の議長職を引き受けたときに得られた。これによって、いわゆるブライトン宣言（2012年4月）とヨーロッパ人権条約第15議定書が策定され、これによって特に条約の前文などに様々な修正が入れられた。

　これらの改革は多くの目的を実現しようとするものであるが、そのうち特に、ヨーロッパ人権裁判所に対し条約上の権利を解釈するに当たり「評価の余地」（margin of appreciation）を強調するよう指示するという目的がある。これは、裁判所に国家レベルの国内裁判所の判断を尊重させるように意図された提案である。イギリス政府がヨーロッパ人権裁判所の権限を削減するのに大きな成功を収めたことはほとんど疑いがなく、ヨーロッパ人権裁判所は今後特に連合王国の関わる事件で慎重になるように思われる。したがって、裁判所は受刑者の権利といった一発触発の問題について退却をするだろうし、その他の分野でも対決を避けるであろう。その結果ヨーロッパ人権条約は連合王国に対して弱く適用されることになるであろう。

　ヨーロッパ人権条約に対する保守党の敵意による第2の結果は、1998年人権法を廃止してイギリス権利章典を制定することを検討するための委員会を政府が設置したことである。保守党の観点から見たときのその目的は、イギリス裁判官による判決に対するヨーロッパ人権裁判所の影響を縮減させ、そしておそらく条約上の権利に対する特殊イギリス的なアプローチの発展を可能にすることである。これは、イギリス裁判所がヨーロッパ人権裁判所と比べて政府の決定に対し挑戦的でなくむしろ尊重的である、という根拠のある信念を反映している。イギリス裁判官は他のどこの裁判官よりも保守的であると考えられているようである。

　しかし結局、権利章典委員会は結論を出せなかった。結論について、2つの側から合意がとれそうになかったというのである。委員会には3つの主要政党から法律家が代表として送られており、委員長には引退した元官僚が就任していた。多数はイギリス権利章典で人権法に置き換えるという考えに反発はなか

ったようであるが、しかし、委員会における２人の影響力あるメンバーは、イギリス法におけるヨーロッパ人権条約の機能に対する影響が生じるのではないかを恐れて、反対した。どのようにして前進するかに関する政治的合意は得られず、議論は終了した。

４．新たな対テロ対策権限

したがってこのような背景の下では、連立政権がテロ対策のために新たな権限を採用したことも驚くべきことではない。安全保障を優先する国家体制は依然として盛んである。確かに、ワシントンが触発した「テロとの戦い」への対応としてニュー・レイバー政権の下で急激に増大した対テロ権限を、連立政権は見直すと約束した。特に、2005年に導入された自由を制限する管理命令を見直すという約束がなされた。管理命令は、いかなるテロ犯罪に有罪とされていないテロ容疑者に対して課せられる、予防的措置であるとみられてきた。

管理命令制度は、９／11事件の発生を受けて導入された、国際テロ容疑者を裁判にかけずに拘束するという、より抑圧的な制度がヨーロッパ人権条約に反すると裁判所によって判断された後に、これに代わって導入された。これら管理命令の下では、個人は、１日のうち長時間にわたる事実上自宅監禁のような形態の制約や、身体的自由に対するその他の制約に服することになる。これらの拘束は、たとえその個人が何らかの犯罪で有罪とされていなくとも、あるいは初めに命令を課すことを正当化するような証拠を見せられることなく、課されうる。

2011年テロ防止調査措置法（Terrorism Protection and Investigation Measures Act 2011）はコントロール・オーダー制度に置き換わった。しかし政府は自らの弱い確信に勇気を持てず、これと同時に、テロ防止捜査措置（TPIMs）と呼ばれる、コントロール・オーダーを薄めたような制度を導入した。これは批判者によって「管理命令・簡易版」（control orders-lite）と呼ばれることもある。これは管理命令と同じ目的のためのものであり、たとえ以前よりは抑圧的ではないにしても、同様の批判にさらされるべきものである。つまり、移動の自由に対する制限が課され、個人に対する様々な形態の監視がなされることで、個人が日中の長時間を事実上の自宅監禁に服させられることは

ありうる。

　おそらく予想されたことであるが、TPIM制度は改正され、政府が個人に対して夜間外出禁止や外出制限を含む更なる制限を課すという大きな権限が与えられた。これは2015年反テロ・安全保障法（Counter-Terrorism and Security Act 2015）によってなされた。このことは、保守党主導の連立政権が、政府の中心にある権威主義的な本能をコントロールすることができないということを明らかにした。この本能は先の労働党政権によっても明らかにされたし、自由民主主義党が抑え込むと約束したものでもあった。2015年法はISISへの脊髄反射的な応答であり、先の労働党政権が導入した様々な提案と同様に、市民的自由に侵害的な措置を含んでいる。

　2015年法は、イギリス市民がテロ関連目的のために国外渡航をしようとしていると疑われる場合にパスポートを没収する権限や、イギリス市民がテロ関連行為に関与したと疑われる場合に帰国できないようにする権限を導入した。この後者の場合、入国拒否命令（exclusion order）は裁判所の命令によってのみ発出されうるが、これは司法承認なしで命令を発出する緊急の必要性があるときは別である。内務大臣が入国拒否命令を申請した場合、裁判所は通常の司法審査原則を適用しなければならない。しかしこれは馬鹿げた義務である。というのも被告（respondent）はそこにいないのだから。

　反過激化のための措置に関しては、この法律は大学、学校、さらには刑務所などを含む様々な施設に対して、これらがその機能を実施するに当たり、「人々がテロリズムに引き込まれるのを阻止する必要に考慮を払う」という義務を課している。この法律は、これら施設に対して指針を発出し、指示を与える権限を内務大臣に授権しているが、ただし大学に対しては言論の自由と学問の自由を尊重する必要性と一致するようにしてそのような介入がなされるべきであるとしている。しかし、政府の大臣が大学に対し指針と指示を与えることができるというその考え方自体が、自由社会における大学の独立に対する理解の貧困を表している。

「表現抑制（Gagging）」法

　連立政権によって導入された、政治的自由に対する制約のうち最も衝撃的なものとして、不恰好な題名の法律、「2014年ロビー活動、非政党的政治運動および労働組合運営透明化法」（Transparency of Lobbying, Non-Party Campaigning and Trade Union Administration Act 2014）がある。「表現抑制法」とも呼ばれるこの法律は、労働組合やその他の政治運動団体（選挙法では「第三者団体」と呼ばれることもある）の選挙活動に対する新たな統制を導入した。

　この法律は、第三者団体が主張することへの制限はしないが、第三者団体による主張の時期やその強度に対する制約を課している。ここにいう第三者団体とは、投票日前の12か月の期間に選挙運動に関与する、政党以外の人または組織をいう。もし第三者団体（労働組合、NGOまたはチャリティ団体）がイングランドでの選挙に20,000ポンド（スコットランドまたはウェイルズでは10,000ポンド）を超える支出を意図する場合、その団体は、煩わしい登録・開示・報告のルールに従わなければならない。

　これに加えて、第三者団体は選挙運動に支出できる金額に対して新たな制約が課せられる。この規制は政治資金の金額や労働組合・NGO・チャリティなどの規模にも関わらない。これらの団体はそれぞれ、国内においては、390,000ポンドまでの「管理支出」（controlled expenditure）のみしか全国で支出することができない。「管理支出」とは「政党に賛成または反対の投票をするよう選挙人に影響を与えようと意図されたものと合理的に考えられる」ような広範な活動をカバーするものである。

　この390,000ポンドの制限はさらに、各選挙区において9,750ポンドを超えてはならないというように「切り刻み」（sliced and diced）にされる。あるいは、「管理支出」に対しては新たな制約、すなわち「標的支出」（targeted spending）が課される。これは、他の政党ではなく特定の政党を、また他の候補者ではなく特定の候補者に「利益となるよう意図されたものと合理的に考えられる」ような、規制された選挙活動に対する支出として定義される。せいぜい「標的支出」と「管理支出」のその他の形態とを区別できれば

いいのだが。

　しかし労働組合、NGOまたはチャリティ団体が、法律上のサブ・リミットである40,000ポンドを超える「標的支出」を行おうとする場合、その支出の対象となる政党の同意が必要となり、また政党が同意を与えた場合、その総額は政党の制定法上の支出限度に数えられることになる。これは実際上、全国規模の巨大な団体はたった40,000ポンドまでしか選挙運動で支出できないことを意味する。

　これらの制約の目的は、明らかに、選挙期間中に政権政党を敵意ある選挙運動から守ることにある。これは政権政党が、シティから供給される軍資金をもって独占することを可能にし、特に非常に党派的なプレスからの保守党に対する支援を可能にする。労働組合、NGOおよびチャリティ団体の選挙活動には厳しい制限があるが、プレスに対する同様の制約はない。

　上述の2014年法の規定は明らかに左派を黙らせる（gag）ために企図されたものである。これら規定は（ウェストミンスター国会の委員会である）人権両院合同委員会から強く非難されたし、またこれら規定が表現の自由に関する条約上の義務にどのようにして一致するのか考えるのは困難である。もちろんこの主張は、選挙での支出に対する統制を否定するものではない。かくも明白に党派的な措置の根拠を疑問にするものである。

5．おわりに

　では、部分的にはいわゆる「テロとの戦い」を通した自由の浸食に対する懸念への応答として選挙で選ばれた連立政権の5年を経て、バランス・シートはどのようになっているだろうか。最大限に好意的に言っても、連立政権は残念なものであり、自らの約束に従うことができず、そして自由の回復のために非常に控えめな成果しか上げられなかった。小さな前進があった場面でさえも、常に反対側へ向かう代償的な後退がみられた。DNAデータベースや警察の停止・捜検権限のほかにも、集会の自由にも同様のことが当てはまる。たとえば2011年警察改革・社会的責任法（Police Reform and Social Responsibility Act 2011）は、国会前広場での抗議行動の権利に対する制約を撤廃したが、今

では想定されるべきことであるけれども、これは既存の制約を新たな制約に置き換えたのであった（また特記すべきことに、労働党政権の下でのデモ活動への警察活動について懸念が示されていたにも関わらず、また連立政権の政策に対する学生その他の抗議デモへの警察活動への懸念にも関わらず、集会の自由に関するその他の実質的な法改正は行われていない）。

　しかし、2012年自由保護法のささやかな措置だけが随一のものではない、といっても公平だろう。連立政権プログラムで予告されていた他の重要な提案は、2013年名誉毀損法（Defamation Act 2013）の中にみることができる。この法律は文書名誉毀損法（law of libel）に対して多くの重要な改革を行った。この法律における規定は、名誉毀損事件における被告の地位を強化することで報道の自由（press freedom）を増強することを企図して作られた。しかしここでも、自由の保護へ向かう重要な成果は、その多くがストラスブールのヨーロッパ人権裁判所の求めに応じたものであった。それ以外では、連立政権独自の寄与は、ストラスブール裁判所の権威を弱め、イギリスの事件を扱うに当たって裁判所を非常に守勢的な立場におくものであった。

　これは誇るべきものではない。しかしここには、人権問題をヨーロッパの裁判官ではなくイギリスの裁判官に決定させることの方が政府にとって好ましいという計算があったように思われる。その根拠は、イギリス裁判官の方が人権問題について要求することが少なく、慣れておらず、また洗練されていないからであろう。このことは、イギリスの裁判官があまり誇りに思えるようなものではなく、「皮肉なお世辞」（backhanded compliment）以上のものではない。政府が2015年反テロ・安全保障法や、2014年ロビイング・非政党選挙運動・労働組合活動透明化法といった、より問題のある規定を導入したとき、ヨーロッパ人権条約上の権利を扱うイギリス裁判官の脅威に何らかの制約を受けたという証拠はない。

　連立政権が行ってきたことのほとんどは、これが取って代わったニュー・レイバー政権と同様に、国家安全保障法制とその執行を強化した。連立政権にとって不幸だったのは、政権をとったのがまさに、アメリカが電子データベースの捜査に大規模に関与し、そしてこの情報をイギリスの情報機関（security services）と共有していたのがどれくらいだったかをエドワード・スノーデン

が明らかにした後だったことである。スノーデンの暴露事件は衝撃的であり、自由についての連立政権の約束に対する厳しい試験となった。この試験に、連立政権は何も対応しなかったという形で不合格となった。なぜなら情報機関をより大きな統制の下に置くことを一切しなかったからである。その反対に、政府はインターネット会社に対して情報を保管し、国家がインターネット使用状況にアクセスできるようにするよう求めたのである。

　我々は今この状況にいる。自らを自由の保護者と標榜する政党は疑念をもって扱われなければならない。国家安全保障を強化する議論を大げさに強調し、その結果、歴代政権の作った制限的立法を増大させ続けてきた、というのが一度政権に入ったすべての政党の経験である。連立政権も例外ではなかった。連立政権が行った自由のささやかな成果は賞賛を得られるようなものではない。なぜならばこれらは前政権がすでに法的・政治的困難に直面してきた論点だったからである。むしろ連立政権は、それが約束した尊大な主張に見合わない弱気な行動のゆえに非難されるべき立場にある。まためったに見られないような規模での、党派的目的による、国家の立法権の生々しい濫用たる自由な表現活動への制限を導入したことのゆえに非難されるべき立場にある。

第6章　スコットランドにおける権限移譲

1．はじめに

　連合王国の歴史において、近年の最も重要な憲法的出来事は、2014年9月に行われたスコットランド独立のレファレンダムであった。それが生み出した影響が強く感じられている。しかし、このレファレンダムの重要性は、1998年のスコットランド法（Scotland Act 1998. 施行は1999年5月）（以下、1998年法という）によって形作られたスコットランドの権限移譲の政治形体における諸制度という文脈のなかでだけで理解できるものではない。本章では、まず、2.で権限移譲の重要性を検討し、次いで、1998年法とその運用（3.）、1998／99年以降の展開（4.）、スコットランド独立レファレンダムとその余波（5.）、そして連合王国の他の地域での権限移譲を考察する（6.）。

2．権限移譲の憲法的重要性

　連合王国は、高度に中央集権化された国家であると見られてきた。国会の至高性（parliamentary supremacy）という原理と、成文憲法によって連邦制が保障されていないことが、ウェストミンスターの国会（[訳注] ウェストミンスターは国会の所在地。Westminster Parliamentあるいは Westminster という言葉は連合王国国会を指す）に権限を集中させている。連合王国のすべての地域には地方自治のシステムが存在している。しかし、20世紀に至るまで、各地域を構成する諸国民に立法権限を分散する一般的な措置はとられなかった。だが、まず北アイルランド（1922-72年）が（不幸な）最初の例となり、1998年からはスコットランド、ウェールズ、（そして再び）北アイルランドを通して、権限移譲の政治形体が広く行きわたった姿となった。ウェストミンスターの国会制定法の権威の下に、権限を移譲された地域議会と政府が設立されたのである。

　権限移譲は、連邦制としての連合王国を作るものではない。例えば、権限を

移譲された諸制度の将来については、成文憲法の下でもたらされうるような「特別の（entrenched）」保障はない。連合王国国会は、法技術的意味では権限の移譲を受けた機関を設立した法律を改正し、さらには廃止する究極の形式的権能を保持している。しかし、実際には、そのような修正は、影響を受ける機関の同意なくしてはなされないという「習律的な」了解が形成されてきている。かくして権限移譲が生み出すものは、実際には、連合王国国会の立法至高性を正面から犠牲にすることなくしてはあり得ないような連邦制の運用方法ときわめて類似する。（連邦国家と対立する意味での）単一国家性は維持されるとしても、権限が移譲された諸制度に対してはきわめて高度な運用上の自律性が与えられ、その結果、高度な非中央集権的な政治形体が実現されることになった。

3．1998年のスコットランド法とその運用

　スコットランドへの権限移譲を設立した1998年法は、スコットランド統治における長い歴史展開の結果として制定されたものである。スコットランドがイングランドおよびウェールズと合同して大ブリテン連合王国を構成したのは、1706/07年の連合条約（Treaty of Union）（および諸法律）の結果であった（1801年からは、大ブリテンおよびアイルランド［その後、北アイルランド］連合王国に）。同条約の規定により、スコットランドは、独自の法制度や地方自治制度を維持しつつも、連合王国国会の立法権に完全に服することとなった。しかし、19、20世紀を通して（連合王国政府の中に、主にエディンバラ［［訳注］エディンバラは、スコットランドの「首都」］におかれた独自の国務大臣とスコットランド省をもつ）特殊な「行政的権限移譲」を実現した。1978／79年のスコットランド議会（Scottish Assembly）の創設による立法的権限の移譲を実現しようとする試みが失敗したあと、スコットランド憲法会議（Scottish Constututional Convention）として知られる組織が結成され、次に機会が生じたときには、どのような権限移譲を推進することが最善かを議論し、非常に詳細なプランを展開した。その考えは、ウェストミンスター・モデルを基礎とするが、とりわけ政府は議会に、議会は住民に対してより大きな民主的説明責任を負うことによって、このモデルの運用の改善をはかる修正を加えた新

しい形体の政府をスコットランドに創設する、とするものである。1997年に新たに政権についた労働党政府は、そのための立法を約束した。そして、この約束は1997年9月にスコットランドで行われたレファレンダムで強い支持を得、その結果1998年法が制定された。同法が創設した中心的な制度は、連合王国国会に明示的に「留保された」事項（連合王国憲法、防衛、外交、社会保障などを含む）を除くすべての問題について、スコットランドのために法律（スコットランド議会制定法［Acts of Scottish Parliament、ASPs］）を制定するきわめて広い権限をもつスコットランド議会（Scottish Parliament）であった（1999年5月から発効）。このことは、スコットランド議会は、ほぼすべての「地域内の（domestic）」問題について立法権限を移譲されたことを意味する。同議会は、例えば、スコットランドにおける国民医療サービス（NHS）、大学を含むすべてのレベルでの教育、住民サービス、警察サービス、そしてスコットランドの裁判所と司法制度についての立法権限をもつ。交通、エネルギー、経済の分野における多くの権限も、同議会権限に含まれる。総じて、このような議会権限は、1999年以降、スコットランドの法を実質的に修正するために使われてきた。スコットランドは、現在、それまでの地域ごとの警察隊と管理機関に代えて、単一のスコットランド警察（national police）（そして消防と救急）のサービスをもつ（Police and Fire Reform［Scotland］Act 2012）。国立公園についても改正されている（National Park［Scotland］Act 2000）。計画法も実質的に改正された（Planning etc［Scotland］Act 2006）。裁判所についても、実質的な改正を受けている（Courts Reform［Scotland］Act）。私法の領域では、とくに所有権法が改正された（Abolition of Feudal Tenure［Scotland］Act 2000）。情報公開についても、新ルールが制定されている（Freedom of Information［Scotland］Act 2002）。

　スコットランド議会の権限は、（権限を移譲された）同一領域で連合王国国会が立法することを排除するものではないが、「シーウェルの習律（Sewel Convention）」によれば、実際には、スコットランド議会の（「立法同意動議（legislative consent motion）」による）同意なくしては立法することはないと理解されている。スコットランド議会は、付加議員制（Additional Member System）（［訳注］ドイツ型の比例代表制。日本でいう小選挙区比例代

併用制である。Mixed-MemberProportionalとも呼ばれる）の投票方法で（通常は4年ごとに）選挙される一院制である。各1人を選出する73の選挙区（constituencies）があり、そこでのスコットランド議会議員（Members of Scottish Parliament、MSPs）は（ウェストミンスターと同じ）相対多数制（first-past-the post）によって選出されるが、選挙人は、もう一票を行使して、8つのリージョン選挙区（regions）から、政党リストへの登載者および無所属の候補者を見て選択することによって、さらに56人の議員を選出する。リージョン選挙区からの議員の選任は、1人区の選挙区では否定される［得票との］比例性を回復するためのものである。これら二種類の議員は、議会では完全に同等の地位を有する。

　スコットランド議会での立法手続は、ウェストミンスター国会での手続と概ね同様である。ただし、第二院が存在しない分、単純化される。法律案は、（国会での「読会［Readings］」ではなく）三つの「ステージ（Stages）」を経たあと、（ウェストミンスターとは異なって、スコットランド議会自体の構成要素ではない）女王の裁可（Royal Assent）を（形式的に）受ける。第二ステージ（議会委員会での詳細な審査）と第三ステージ（議院全体での法律案文についての最終議決）は、対応するウェストミンスターでの委員会段階、報告、第三読会の手続とよく似ている。しかし、第一ステージは、委員会審査（関係する証人からの証言を受けることを含む）と委員会からの勧告を含む報告が、議院で法律案の原則を票決する前に行われる点で相当に異なっている。第一ステージと第二ステージで用いられる委員会（「主任の［lead］」委員会）も、ウェストミンスターの慣行とは異なって、目的ごとに新たに設置される委員会ではなく、（通常は）議会の立法権限の異なった領域ごとに個別の責任を負うために議会があらかじめ設置した7つの「主題（subject）」別委員会の中からのひとつである。この主題別委員会は、議会の行政審査機能をも担っている（後述）。スコットランド議会におけるほとんどの法律案は、ウェストミンスターにおけるのと同様、政府提出法律案（Government Bills）であるが、議員提出法律案（Member's Bills）、委員会提出法律案（Committee Bills）や私法律案（Private Bills）のための議事規則（Standing Orders）も作られている。緊急法律案（Emergency Bills）、統合法律案（Consolidation Bills）、

法典化法律案（Codification Bills）のための特別規定も作られている。

　スコットランド議会の中からスコットランド政府を構成する各スコットランド大臣（Scottish Ministers）（現在は「閣僚＝閣内大臣［Cabinet Secretaries］）」と呼ばれる）が選ばれる。首相（First Minister）は、議会が直接指名し、女王が正式に任命する。他の大臣も正式には女王によって任命されるが、それは首相による指名と議会の承認に基づいてなされる。大臣は（内閣として）連帯してスコットランド議会に責任を負う。大臣間の関係は、スコットランド大臣規範（*Scottish Ministerial Code*）（および連帯決定要綱［*Guide to Collective Decision-Making*］）によって規律される。議会の第 1 期と第 2 期（1999-2007年）は労働党と自由民主主義党との連立政府であったが、第 3 期（2007-11年）はスコットランド国民党（SNP）の少数政府、第 4 期（2011年以降）はスコットランド国民党の単独多数政府である。スコットランド政府における各大臣の権限は、主にはスコットランド議会制定法により、また、権限移譲する領域を扱った初期の連合王国国会制定法によって与えられている。各大臣には、省庁部局に編成された公務員組織が仕える。スコットランドにおける公務員制度に関するほぼすべての決定は、運用上各スコットランド大臣自身に委任されているが、スコットランドの公務員は単一の連合王国の内国公務員の一部とされ、連合王国国会の包括的な立法権限に服する。

　各大臣は、ウェストミンスターときわめて類似した手続きに従って、スコットランド議会に対して説明責任を負う。とくに、（首相を含む）各大臣に対する（口頭と文書による）質問についての定めがあり、上述した主題別委員会には、大臣の活動、その省庁部局や機関、さらに委員会が所轄する主題領域にある他の団体の行為を審査する任務が与えられている。立法審査と行政審査を結びつけたことは、最初はウェストミンスターでの運用をうまく改変したものと考えられたが、委員会の負担が重くなりすぎ、時には審査機能が過度に無批判的になる徴候も出てきている。改革がなされる可能性がある。スコットランド議会の主張によって実現した（そしてウェストミンスターでもすぐに始められるだろう）ひとつの新しい試みは、被った苦情の救済を公衆の誰もが申し立てることができるという議会の請願手続である。そのような請願（1999年以降1500件を超える！）は、まず議会の委員会によって検討され、さらに検討する

ために、そのあと別の委員会あるいは大臣に付託される。いくつかの点で、この請願手続は、スコットランド政府、スコットランドの地方当局、その他の公的団体に対する不当行政やサービスの怠慢を検討するために設立されたスコットランド公共サービスオンブズマン（Scottish Public Service Ombusman）を補完するものである。

　2015年までスコットランド議会は、実効的な独自の課税権限をもっていなかった（下記の4.と5.参照）。スコットランド議会および政府の財源は、「バーネット定式（Barnett Formula）」［と呼ばれる配分定式］を参考にして計上される連合王国政府からの毎年の交付金の形に完全に依拠していた。他方で、連合王国政府が、スコットランド議会の法律制定やスコットランド政府の決定の過程に介入する権限はきわめて限られている（そして行使されることはなかった）。連合王国とスコットランドの政府間の一般的関係は、非制定法である了解覚書（Memorandum of Understanding）や、連合王国とスコットランドの各省間で結ばれた（「協約［concordats］」として知られる）一連の合意によって規律されている。

　各スコットランド大臣の決定は、（他のスコットランド行政部の決定と同様に）スコットランドの裁判所での司法審査に服する。しかし、1998年法が定めるルール違反が申し立てられ、「権限移譲争議（devolution issues）」に当たると認定された事件では、特別の手続が適用される（例えば、連合王国最高裁判所への上訴）。ウェストミンスターの国会制定法が裁判所で審査を受けることは（通常は）ないが、スコットランド議会制定法の効力については、この法律が（上述したような）連合王国国会に留保された事項を侵害する「権限移譲争議」であるとして、あるいはヨーロッパ人権条約が定める「人権条約上の権利（Convention rights）」やEUに反するとして争うことができる（例えば、*Martin v Advocate General for Scotland* [2010] UKSC 10; *AXA General Insurance, Petitioners* [2011] UKSC 46を見よ）。このような場合に加えて、スコットランド議会制定法を審査するために、スコットランド議会を通過したあと（議会の第三ステージ後、女王の裁可前に）法律案は法務官（Law Officer）（［訳注］ここで言う法務官は、1998年法によって作られた連合王国の官職［Advocate General for Scotland］である）によって、裁判所での法律案の効力につ

いての判断を求めて連合王国最高裁判所に直接付託されることもある。法律案がこの手続に付された例はまだないが、ウェールズでの同様の手続では例がある（後述）。

4．1998／99年以降の権限移譲

　スコットランドでの権限移譲の重要な特徴は、1998年法によって作られた枠組みは（連合王国の他の地域同様）固定したものではなかったことである。変化が生じている。第一に、1998年法はそれ自体を改正する規定をもっていて、同法30条の規定による権限が（連合王国国会とスコットランド議会の同意を得て）連合王国政府によって行使され、スコットランド議会の立法権限に対する制限が修正されてきた。しかし、第二に、連合王国国会のその後の諸法律によってさらなる修正がなされ、とくに2012年のスコットランド法（Scotland Act 2012）は、スコットランド議会の課税権限を拡大した。スコットランド議会は、2015年4月からの（不動産譲渡と埋立に関する）ふたつの「移譲租税（devolved taxes）」の水準を決定し、2016年4月からスコットランド納税者が支払う所得税の水準を（一部）決定しようとしている。

5．2014年のスコットランド独立レファレンダム

　スコットランドにおける権限移譲の政治形体の運用上かつてなかったインパクトが、2014年9月18日に行われた独立レファレンダムとその後の諸事件に伴って生じた。スコットランドの人びとは、スコットランドは独立した国たるべきかが問われ、84％という高い投票率の中で、結果は、投票者の45％が賛成（Yes）、55％が反対（No）となった。

　レファレンダムをめぐって、ふたつの大きな状況が生まれた。ひとつは、2007年のスコットランド議会選挙でスコットランド国民党が驚異的な勝利を得て少数政府を組織し、さらに2011年には議会の過半数を制し、その結果レファレンダムに対する民主的な支持基盤を得たことである。もうひとつの状況は、もしスコットランド国民党が連合王国国会内のスコットランド議席の多数を、あるいはスコットランド議会それ自体の多数を得ている限り、これからの連合王国政府は、長期にわたって、スコットランドの人びとの見解を調べるための

独立レファレンダムの実施にかかわり続けなければならないことである。このことは、2012年11月に連合王国とスコットランドの両政府が署名した合意（エディンバラ合意［Edinburgh Agreement］）の中に正式に反映されている。同合意のきわめて重要な条項では、レファレンダムを実施するために必要な立法をする法的権限はスコットランド議会に与えられる、という方法が決められている。「憲法にかかわる諸側面」は、1998年法によって連合王国国会に留保され、また、そこには「スコットランド・イングランド両王国の合同」が含まれていると述べられていることから、スコットランド議会にこのことに関連する立法権能があるかどうかについては疑問が存在してきた。法的に争われる危険があったが、エディンバラ合意は、結果として、連合王国政府が1998年法30条にしたがって、スコットランド議会に立法を進める権限を付与する枢密院令を発するという特別の定めを作ったのである。枢密院令が正式に発布され、ふたつのスコットランド議会制定法（2013年のスコットランド独立［投票権］法［Scottish Independence［Franchise］Act 2013］とスコットランド独立レファレンダム法［Scottish Independence Referendum Act 2013］）が成立した。前者の法律では、レファレンダムでの投票権者が定められた。投票権者は、スコットランド議会自体の選挙での選挙権者のすべて（したがって、スコットランドに居住するヨーロッパ連合諸国の国民などを含む）に加えて、レファレンダム当日に16、17歳である者となった——通常であれば18歳となる者のみが選挙有資格者であったが。二番目の法律は、投票日、問われる質問、さらに運動資金の規定を含むレファレンダムの実施規定を定めるものであった。

　賛否両陣営の活発な運動を経て、結果は否（No）となった。スコットランドは、独立国家とはならなかった。権限移譲の政治形体が当面は続くこととなった。しかし、それは、レファレンダムにおける否の結果が、スコットランドに憲法的変化を何ももたらさないということを意味するわけではない。ひとつの重要な帰結は、6.で後述するが、連合王国全体にわたる権限移譲の運用に影響を及ぼすことである。しかし、もうひとつは、スコットランドでの権限移譲それ自体の枠組みに実質的な変化をもたらしつつあることがある。それは、レファレンダム運動の終盤の数日で、連合王国の主要三政党が与えた約束（「誓約［Vow］」として知られる）から生じた。その約束とは、スコットラ

ンドが投票でNoを選ぶなら、スコットランドへの権限移譲をさらに実質的に
改革し、しかもそれを迅速に行うというものであった。投票から2ヶ月を待
たず、改革の詳細な提案が（「スミス委員会［Smith Commission］」として知
られる団体から）なされ、さらにその2ヶ月後（2015年1月）には（2015年
5月の連合王国での総選挙のあとに制定されることになる）そのための法律の
草案が公表された。最も重要な改革は、スコットランド議会の（所得税すべて
を含む）課税権を拡大し、移譲される権限範囲を新しくより拡大することであ
る。そして、スコットランドの議会と政府は、「永続的制度」であると宣言さ
れることになろう。

　このように、独立レファレンダムの運動と結果が直接にもたらした帰結とし
て、スコットランドはきわめて重要な憲法的流動状況の中に置かれることとな
った。最も控えめに見ても、権限移譲の枠組みは実質的に修正されることにな
るだろう。しかし、さらに大きな変化を求めるスコットランド国民党の圧力は
続き、近い将来に（Yesとなる見込みがより大きい）次の独立レファレンダム
が行われる可能性は否定できない。

6．連合王国の他の地域における権限移譲

　1998年以降の中心的焦点はスコットランドにおける権限移譲の政治形体に
注がれてきたが、スコットランドだけの問題ではなかったことを思い起こす
ことは重要である。1998年のウェストミンスターの別の諸法律において、権
限移譲はウェールズと北アイルランドにも適用された。しかし、これらふた
つの地域で採用された権限移譲のモデルは、スコットランドとは異なってい
たが、両者はともに、さらに変化を受けてきた。ウェールズでは、1999年か
ら施行された当初の枠組みは（1998年のウェールズ政治形体法［Government
of Wales Act 1998］によって）、直接選挙される（60人の議員からなる）国民
議会（National Assembly）に、ウェストミンスターの国会が引き続いて制定
する法律を執行するという行政的権限が与えられたに過ぎない点で、スコット
ランドよりもはるかに弱いものであった。しかし、その後の法律（2006年のウ
ェールズ政治形体法［Government of Wales Act 2006］）で、ウェールズ国民
議会には、最初（2007年5月）は、きわめて狭く限定された立法権が与えら

れ、さらにもうひとつのレファレンダムのあと、2011年5月からはより広い立法権が与えられた。だが、スコットランドとは異なり、それは、「付与された権限（conferred powers）」、すなわち、教育、職業訓練、医療サービスおよび地方自治を含む（20項目の）列挙された事項のリストの範囲内での立法権である。ウェールズの行政府は、スコットランドと似たシステムをとっているが、国民議会は課税権限をもたない。しかし、2014年のウェールズ法（Wales Act 2014）によって、同議会に限定された所得税課税権限を付与することを認めるレファレンダムを実施することが可能となっている。

　1998年の北アイルランド法（Northern Ireland Act 1998）は、ここでもスコットランドとはかなり異なるが、ある種の立法的権限移譲を制度化した。議会は、「移転された」（権限を移譲された）事項についての権限をもつが、それは「除外」あるいは「留保」された事項には及ばない。北アイルランドにおける権限移譲の政治形体の主たる特徴は、非中央集権化された政治形体を実現するということだけではなく、長年にわたってこの地域を支配してきた激烈なコミュニティ間紛争に安定的な解決をもたらすという目的から生まれている。これらの問題は、なお完全に克服されてはおらず、それが1999年以降何年もの間、権限移譲の政治形体が何回か一時的に停止され、また、立法権限の範囲を完全に移行させることが遅滞してきた理由であった。2014年12月には、当事者間での協定を暫定的に更新することが合意されている。また、権限移譲のこの別の目的は、変則的な政治制度を生み出している。議会の選挙制度は、18の選挙区から108人の議員を選ぶ単記移譲式（Single Transferable Vote、STV）であるが、これよりもはるかに特異なことは、政府の形成と運用のシステムである。（単一政党であれ連立であれ）議会の多数を制した単一あるいは複数の政党の意思に従って政府を形成することができるスコットランドやウェールズでのシステムではなく、北アイルランドのシステムは、各政党が議会での議席占有率に基づいて（ドント式［D'Hondt system］の比例配分で）行政部に代表を送ることを確保するように厳しく規定されている。その結果、ふたつのコミュニティは、義務的に連立を組んで政府の権力をシェアすることが強制される。首相（First Minister）と副首相は、異なったコミュニティから選ばれなければならない。他の大臣の任命についてもまた、シェアされなければなら

　ず、政府の決定には、両コミュニティからの大臣の同意が求められる。機能不全となる危険性は高く、それをうまく避けることは完全にはできてこなかった。

　連合王国全体にわたる権限移譲の政治形体の諸制度を見るとき、最も際立った周知の特徴は、その不均斉（asymmetry）さである。大ロンドン政治のために作られた特別制度という限られた例外を別とすれば、（人口の84％を有する際立って大きな地域である）イングランドには、権限を移譲された政府はまったく存在しない。スコットランド、ウェールズおよび北アイルランドには、権限移譲がなされ、上述したように、それら各地域はそれぞれ特有の制度をもっている。

　単なる不均斉という事実だけなら、憲法的に問題とする必要はない。しかし、それは、ふたつの主要な点で、憲法とかかわる。

　1　第一は、不均斉な権限移譲が連合王国国会の立法機能に及ぼすインパクトである。権限移譲にかかわらず、国会は、防衛や外交といった移譲されていないすべての事項にかかわる完全な立法権をもつ。しかし、国会はまた、イングランド以外の領域の地域議会には権限が移譲されている教育や医療サービスのような「地域内の（Domestic）」すべての問題について、イングランドのための唯一の立法府としての役割をも維持している。このことが困難の原因となりうる理由は、それが庶民院における議員の表決力（voting capacity）の不均衡を生み出すことになるからにほかならない。とくに、スコットランド選出議員は、もっぱら、あるいは主としてイングランドの「地域内の」問題にかかわる庶民院での法律案についても表決権を行使することが可能であるにもかかわらず、ウェストミンスターのイングランド選出議員は、連合王国の他の部分に権限が移譲されたゆえに表決にかかわれないことになる。このことは、イングランドの問題についての表決結果に影響を及ぼすスコットランド選出議員（イングランド選出議員の多数とは異なる政党から選出される可能性がある）と対立するイングランド選出議員の憤りを引き起こしてきた。「西ロジアン問題（West Lothian Question）」として知られるこの問題（当時の西ロジアン選挙区からの議員によって作られた言葉）について、可能ないくつかの解決策が提案されてきたが、「イングランドの法律のためのイングランド票（English

Votes for English Law、EVEL)」の確保を追求するというこの争点を、連合王国首相が、スコットランドへの「誓約」（上述）の履行と結びつけているように見えたことにより、この問題が独立レファレンダムのあと再び鋭く立ち現れてきた。

　2　連合王国全体にわたる現在の不均斉な権限移譲の諸制度について、もうひとつの憲法的意味を持つ重要問題は、それら諸制度は、（2014年現在の）地域政治形体をラディカルに改革した将来のシステムを創造するさいのベースラインとして、引き続き用いられなければならないかもしれないということである。すでに示唆したように、スコットランドではさらなる展開の可能性があり、それは、次の独立レファレンダムを経て、当該地域が連合王国全体から離脱する道に通じるものである。しかしながら、もしそうならないとしても、連合王国全体にわたるある種の形体の連邦制構造が予想されうる。それは、連合王国国会とはまったく別のイングランドの、あるいはイングランドのリージョンごとの議会（および政府）の創設を含む、地域議会の権限が強化されることを意味する可能性が高い。それはまた、貴族院が、連合王国のすべての地域の地域代表を伴うものへと完全に改革されることを意味する可能性も高い。それは、連邦制の枠組みを適切に特別保障するために、連合王国に成文憲法を採用することに通じる可能性も十分にある。その場合には、連合王国最高裁判所（あるいは新設の憲法裁判所）は、憲法の条項を強行するための新たな権限をもつことになろう。それは、連邦財政、そしておそらくは［連邦と地域の］両方のレベルでの議会・政府間関係について、より明確な構成システムを作るための新しい諸制度を必要とするだろう。大きな問題は、現在の権限移譲制度にある不均斉が残存し、新しい連邦制構造に引き継がれるのか、あるいは、連合王国全体にはるかに統一性のとれた制度が必要なのかということである。

　これらのあり得る憲法上の改革のいずれか、あるいはすべてが行われるか（あるいは行われないか）の見通しは、現在では2015年5月7日に行われた連合王国の総選挙の結果に照らして判断されることになろう。ふたつの大きなサプライズがあった。ひとつは、庶民院の過半数を制した保守党政府の出現であり、それは、憲法論争が、全体として（2016年あるいは17年に）予定されてい

るヨーロッパ連合残留をめぐる連合王国のレファレンダムに支配されることを意味する。もうひとつのサプライズは、スコットランドにおいて、総選挙でスコットランド国民党が獲得した議席が59議席中の56議席という結果であった。

このことがもたらしうる帰結を判断することは非常にむずかしいが、スコットランドで次の独立レファレンダムが、予想されていたよりもはるかに早く行われる見込みがあることに注意が集中することは確かである。このことは、逆に、連合王国の政府と連合支持政党が――連合を救うために――連邦制の連合王国に向かう実質的な改革の提案を加速させる誘因となるかもしれない。

*［訳注］2015年5月7日の連合王国国会の総選挙におけるスコットランドと全国の政党別獲得議席数と得票率は以下のとおり（総議席数は650）（BBCのHPより）。

	SNP	保守	労働	UKIP	LD	GRN	他	
スコットランド	56 50.0%	1 14.9%	1 24.3%	0 1.6%	1 7.5%	0 1.3%	0 0.4%	投票率71.1%
全　国	56 4.7%	331 36.9%	232 30.4%	1 12.6%	8 7.9%	1 3.8%	21 3.7%	投票率66.1%

UKIPは英国独立党、LDは自由民主主義党、GRNは緑の党。全国の「他」の議席は北アイルランド諸党とウェールズ党

また、2011年のスコットランド議会総選挙の結果は次のとおり（総議席数は129）

	小選挙区constituency	比例区region	合計	
SNP	53（45.39%）	16（44.04%）	69	
労働	15（31.69%）	22（26.31%）	37	
保守	3（13.91%）	12（12.36%）	15	
LD	2（7.93%）	3（5.20%）	5	
GRN	―	2（45.39%）	2	
無所属	0（0.62%）	1（1.12%）	1	
他	0（0.46%）	0（6.59%）	0	投票率50.4%

1998年法によればスコットランド議会議員の任期（議会の存続期）は4年であるが、連合王国国会の解散を禁止して存続期を5年に固定するFixed-term Parliaments Act 2011により、国会とスコットランド議会の総選挙が同日になることを避けるために、スコットランド議会の存続期は1年延長されることになった。同議会の次の総選挙は2016年5月の第一木曜日（5日）に予定されている。

第Ⅱ部　人　権

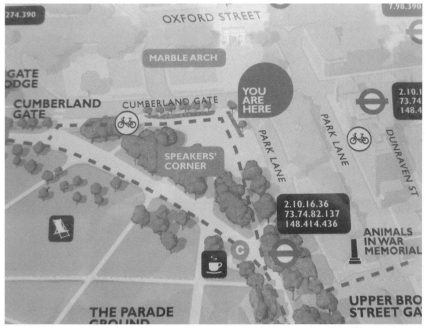

ハイドパークの一角にあるスピーカーズコーナーに掲げられている案内板。イギリスにおける集会の自由の聖地である（第Ⅱ部第5章コラム参照）。（撮影、柳井健一）

第1章　人権総論

1．人権の理念と日本国憲法

　人権は「人が人であること自体から当然に認められる権利」と言われる。つまり、人権を有する条件は、「人として生まれること」だけである。このような理念から、次のような人権の性質が導き出される。すなわち、①固有性（生まれながらにして備わっているということ。生来性とも言う）、②不可侵性（いかなる権力からも不当に侵害されないこと）、③普遍性（人種・性別・身分・職業・国籍等の属性によって区別された特定の人々だけのものではなく、誰もが持っているということ）である。これらの性質は、日本国憲法11条に端的に示されている。

　　　国民は、すべての基本的人権の享有を妨げられない。この憲法が国民に保障する基本的人権は、侵すことのできない永久の権利として、現在及び将来の国民に与へられる。

　この条文の中で、②に該当するのが「侵すことのできない」の部分であるのは明らかだろう。また、「享有」は、「生まれながらに持っていること」を意味するので、これが①を示す言葉となる。最後に、③に相当するのは「国民」であるが、この点については、本章3．で詳述する。
　このような「基本的人権」の理念が日本国憲法に結実したことの意義については、97条を見ておこう。ここでは、「人類の多年にわたる自由獲得の努力の成果」として、「過去幾多の試練に堪へ」て、「現在及び将来の国民に対し」て「信託された」権利である点が強調されていることに注目したい。

2．日本国憲法における人権の分類

　上記1．で紹介した「理念」としての人権規定に加え、日本国憲法はさらに具体的な諸々の権利を保障している。これらがどのようなものであるかを理解

するために、一定の類型化は有益であろう。権利内容の性質に基づく代表的な
分類として、①包括的基本権（13条）、②法の下の平等（14条）、③自由権、④
社会権（25〜28条）、⑤参政権（15条）、⑥国務請求権（受益権）がある（ただ
し、ここに挙げた分類は相対的なものである）。

　①と②は、総則的な人権規定に位置づけられる。③は、国家権力から干渉
されない権利であり、その意味から「国家からの自由」とも言う。③は、更に
（a）精神的自由権（19〜21、23条）、（b）経済的自由権（22、29条）、（c）身体
的自由権（人身の自由）（18、31、33〜39条）に分類される。④は、社会的・
経済的弱者が人間らしくあるために国家の積極的な配慮を求める権利であり、
③とは対照的に国家の介入を許すため、「国家による自由」とも言う。⑤は、
政治に参加する権利で、その能動性から「国家への自由」とも呼ばれる。国家
に作為を求める権利である⑥には、請願権（16条）、国家賠償請求権（17条）、
裁判を受ける権利（32条）、刑事補償請求権（40条）がある。

3．人権の享有主体

(1)「国民」の意味するもの

　人権は「人の権利」なのだから、これを享有できる主体は、理念的には当
然「人」ということになる。ところが、日本国憲法第3章の人権規定を見てみ
ると、必ずしも「人」が主語であるとは限らず、「国民」という語が頻繁に登
場する。また、厄介なことに、ここで使われる「国民」の意味がすべて同じと
いうわけではない。例えば、10条（「日本国民たる要件は、法律でこれを定め
る」）は、国籍についての規定であるため、ここでの「日本国民」は、「日本国
籍を持つ者」を意味する。一方、本章1.ですでに紹介した11条を始め、第3
章における「国民」の多くは、もっと幅広い意味である。すなわち、人権が普
遍性を有しているという点から、これらは、国籍保持者に限定されない「人々
一般」を指し示している。私達の日常生活において「国民」と言う場合、とか
く前者（国籍）の意味で捉えがちであるが、人権の享有主体として見るなら、
後者の意味で捉えるのが妥当であろう。

　上記のような「国民」という語の使い分けについて、ひとつの判断材料にな
るのが英語の正文（The Constitution of Japan）である。これを見ると、10

条の「日本国民」は"Japanese national"、11条以下の「国民」の多くが"the people"と表記されている（第3章標題の「国民」も同様）。普段、英語バージョンを読むことはなかなかないと思うが、和文と比較してみると興味深い発見があるかもしれない。

（2）天皇・皇族

（1）で言及した「国民」の中に天皇・皇族が含まれるかという点については学説においても意見が分かれるが、それはさておき、彼らも「人」である以上、人権享有主体と考えられる。しかし、憲法や皇室典範等の関連法規に規定された彼らの法的地位（例えば、皇位の世襲制）や職務の特殊性などから、保障される権利も一般国民と比べてかなり限定されている。具体的には、天皇には選挙権・被選挙権等の参政権や外国移住・国籍離脱の自由は認められず、表現の自由なども一定程度制限されると解される。また、皇族に対しても、婚姻の自由（皇室典範10条）や、財産権（憲法8条、皇室経済法2、7条）について一定の制約があるが、天皇よりもその制約の度合いは緩やかと考えられている。

（3）法　人

人権の固有性（生来性）に鑑みれば、人権の享有主体は自然人（生物学上の人間）に限られるはずである。しかし、社会経済の発展に伴い、法人にも人権享有主体性を認めるべきであるという議論が出てくるようになった。その理由として、法人に対する権利保障の法的効果が法人の構成員である自然人に現れること、また、実際、法人の存在が社会経済上見過ごしにできないほど大きくなったことなどが挙げられる。

このように、法人に人権享有主体性を認めると言っても、すべて自然人と同じ人権保障がなされるわけではない。選挙権・被選挙権、生存権、人身の自由など、法人には適用されない権利もあり、また、適用される権利についても、自然人と同程度の保障が当然に及ぶことにはならないのである。

法人に人権享有主体性を認めた判例として著名なのが、八幡製鉄政治献金事件である。同事件は、八幡製鉄という株式会社が自由民主党に高額の政治献

金を行ったことに対し、株主が取締役の責任を求めたものであるが、最高裁は「憲法第3章に定める国民の権利および義務の各条項は、性質上可能なかぎり、内国の法人にも適用されるものと解すべき」として、会社による政治資金の寄附の自由を認め、株主の訴えを斥けた（最大判1970年6月24日民集24巻6号625頁）。政治資金の寄附の自由は、参政権の行使と密接に関わるものであり、政治への影響力があると知りながらなお、これを安直に「自然人たる国民と同様」と言って法人に認めた同判決には、大きな疑問が残る。

(4) 外国人

　人権の普遍性に着目して、その享有主体を国籍に限定されない「人々一般」と捉えるなら、外国人（日本国籍を持たない者）もそうした主体に含めて考えることができる。しかし、実定的な権利保障において、日本国籍保持者と外国人との間には大きな差異が存在する。それでは、この差異はどこから来るのだろうか。

　最高裁は、マクリーン事件（最大判1978年10月4日民集32巻7号1223頁）において、「基本的人権の保障は、権利の性質上日本国民のみをその対象としていると解されるものを除き、わが国に在留する外国人に対しても等しく及ぶ」として、「権利性質説」を採用した（通説も「権利性質説」を採る）。つまり、権利の性質によって、日本国籍保持者とそうでない外国人とで保障される権利が違ってくるということである。そこで、「権利の性質上日本国民のみを対象としていると解されるもの」は何かということが問題となる。従来、①入国の自由、②社会権、③参政権がこれに当たるとされてきたが、近年、この傾向に変化の兆しが見受けられる。

　①の「入国の自由」は外国人には保障されないというのが通説の立場であるが、これは在留外国人の帰国を前提とする出国（再入国の自由）まで制限可能であることを意味しない。この点につき、最高裁は、森川キャサリン事件において、外国人登録法による指紋押捺を拒否した定住外国人に対する再入国不許可処分を合憲とした（最判1992年11月16日集民166号575頁）が、近年の立法政策により、問題の発端となった外国人登録法は2012年に廃止され、また、2009年の出入国管理及び難民認定法改正に伴い、在留外国人に対する「みなし再入

国許可」制度が導入された（2012年7月）ことが注目される（ただし、ICチップ入りの在留カード等の携帯が前提）。

　②の社会権については、その「後国家性」を根拠に、所属国によって保障されるべきという見方が強かったが、一連の国際条約（経済的、社会的及び文化的権利に関する国際規約2条2項、難民の地位に関する条約）で内外人平等の原則が掲げられたことから、国内の社会保障立法においても国籍要件が撤廃されるようになってきている。

　③の参政権の中でも、特に選挙権・被選挙権については、国民主権原理から、この権利主体を日本国民すなわち日本国籍保持者に限定して、外国人には一律に認めないという考え方が強かった。しかし、近年、国政選挙権と地方選挙権を区別して、後者については外国人の種類によって一定程度認めてもよいのではないかという議論が有力に展開されてきている（その根拠は、憲法の住民自治の原理や、市民的及び政治的権利に関する国際規約に求められる）。判例においても、最高裁（最判1995年2月28日民集49巻2号639頁）が「憲法93条2項は、我が国に在留する外国人に対して地方公共団体における選挙の権利を保障したものとはいえないが、……永住者等であってその居住する区域の地方公共団体と特段に緊密な関係を持つに至ったと認められるものについて、……法律をもって、地方公共団体の長、その議会の議員等に対する選挙権を付与する措置を講ずることは、憲法上禁止されているものではない」といういわゆる許容説の立場を示したことが注目される。

　以上のように改善の兆しも見られるようになってきたとはいえ、日本は、諸外国と比較して、外国人に対する権利保障が全般的に厳しい傾向にある。ひとくちに外国人といっても、その類型（在留期間が決められた種々の在留資格者、永住資格を持つ永住者や特別永住者、不法滞在者、難民等）に応じて法的な取り扱いが異なるのは当然であるとは言え、日本国籍を当たり前のように保持して日本社会で暮らす者には気づかない様々な問題がまだまだ山積している状況下において、人権の普遍性という観点から国籍による格差を埋めていく作業が求められよう。

4．人権保障の限界

(1) 公共の福祉

　人権はかけがえのないものであり、むやみに制限されてよいはずはない。だからと言って、社会の構成員が各自の人権を絶対無制限に行使できるものでもない。なぜなら、社会は多数の構成員で成り立っており、自身の人権を好き勝手に行使しようとすれば、必ず衝突・矛盾が起きてしまうからである。そこで、そうした人権に内在する相互の衝突・矛盾の際に調整の役目を果たす原理が必要となる。それが「公共の福祉」の本来的趣旨である。したがって、この原理は、社会を構成する人達みんなの共通の利益をはかる（みんなの幸せを目指す）ものとして理解されるべきであり、個人を無視した「全体の利益」とか「国家の利益」の名のもとに人権制約が正当化されるものであってはならない。

　日本国憲法で「公共の福祉」が規定されているのは、総論的な12・13条と、経済的自由権に関する22・29条であるが、前者については消極的な「自由国家的公共の福祉」として、後者については積極的・政策的な「社会国家的公共の福祉」として捉え、さらに制約される権利の性質に応じて制約の仕方を変えるべきであるという考え方が有力である。

(2) 憲法の私人間効力

　憲法は、本来、国家と国民との関係を規律する法であり、人権保障をはかるために公権力を制限することに力点を置くものである。そうだとすると、私人によって人権侵害がなされた場合、侵害された側（こちらも私人）は憲法の人権規定を根拠に対抗できるのだろうか。これが憲法の私人間効力の問題である。こうしたことが問題となる場合、侵害する側の私人として、大企業やマスメディアなどの社会的権力が想定される。

　こうした問題に対し、通説は間接効力説を採る。すなわち、憲法の規定そのものが私人間の効力を予定している場合（28条等）を除き、憲法の人権保障の趣旨は、民法90条の公序良俗規定や同709条などの不法行為に関する規定を通じて、間接的にのみ適用可能とする考え方である。判例も基本的には同様の立場を採っている。有名なものとしては、三菱樹脂事件最高裁判決（最大判1973

年12月12日民集27巻11号1536頁）があるが、この判決では、間接適用が出来る場合を「社会的許容性の限度を超える侵害」があった場合に限定して、結局企業側の解雇の自由を広く認めた点が問題点として指摘される。また、日産自動車事件最高裁判決（最判1981年3月24日民集35巻2号300頁）では、女性の若年定年制を定めた就業規則が「民法90条の規定により無効」であるとして、企業側敗訴の判断が下されているが、判決文では括弧書で「憲法14条1項参照」とされているものの、これを間接適用したかどうかははっきりしない。

5．国民の義務

　近代憲法の本質的意義は人権保障にあり、それを実現するためには、ともすれば人権侵害もやりかねない国家権力を憲法によって押さえる（制限する）ことに力点が置かれる。そうした観点からすると、憲法で国民に義務を課すなどして、国民を国家権力が押さえつけることは、憲法本来の趣旨に反する。このことは、もちろん、国民が国家に対して何の義務も負わないということを意味するものではない。法律によって国民に義務を課すこと自体、問題にはならないが、その場合でも、憲法による人権保障という制約があることに注意が必要である。

参考文献
歴史科学協議会編『天皇・天皇制をよむ』（東京大学出版会、2008年）
東京弁護士会外国人の権利に関する委員会編『外国人の法律相談〈改訂版〉』（学陽書房、2018年）

イギリスにおける人権①：1998年人権法

1．はじめに

「1998年人権法」（Human Rights Act 1998、以下、人権法）は、イギリス憲法のみならず、イギリス法全体に重要な影響を及ぼしている。人権法は、1997年に誕生した労働党政権の掲げた「憲法改革」（Constitutional Reform）の一環として制定され、「ヨーロッパ人権条約」（Convention for the Protection of Human Rights and Fundamental Freedoms／略称はEuropean Convention on Human Rights）の「国内法化」を目指す長期に渡る挑戦の一帰結である（正確には現在でも国内法ではないが、その点については後述する）。ヨーロッパ人権条約はヨーロッパの47カ国が参加する地域的人権条約である（1953年発効）。個人および締約国が「ヨーロッパ人権裁判所」（European Court of Human Right、以下、人権裁判所）に同条約締約国による人権侵害について提訴でき、人権裁判所は拘束力ある判決を出すことができるという画期的な仕組みである。人権法を通じて人権条約が国内の統治機構（ただし議会を除く）を拘束する事態を作り出したことは、人権の実効的実施（implementation）のために、国内機関と国際機関の応答関係を形成する点で興味深い発展である（ただし人権法制定者がそこまで意識していたかは別問題）。

　成文憲法典が存在しないイギリスでは、人権法以前は、抽象的な人権規定を有する法律としては「1689年権利章典」（Bill of Rights）にまで遡る。この権利章典が保障するのは、「人としての生来の権利」ではなく、「イギリス人が古来から有する権利」であることを想起すると、そして、実際のところ権利章典は、「前王ジェームズ2世」がなした悪行を批判し、次の王はそのようなことをしてはならないという文脈で「古来からの権利」を確認していることからすると、一般的にイメージされる人権文書（典型はフランス人権宣言）とはおよそ趣が異なる。イギリス憲法学の基礎を築いた ダイシー（Dicey［1835-

1922]）は、何百という抽象的な人権規定よりも人身保護令状の方が役に立つと
して、具体的事件において権利が救済されることの重要性を強調した。この伝
統は、抽象的権利宣言が存在しないことを問題視するよりも、実際に統治機構
が機能すること（議会が権利保護に必要な法律を制定し、裁判所が具体的な事
件で権利救済をすること）が重要だという考え方につながっている。かつ、イ
ギリスではそれは実現されているというのがイギリス政府のセルフ・イメージ
であった（イギリスは第二次世界大戦後、ヨーロッパ人権条約の起草過程に積
極的に関与したが、その動機は国内で実現されている人権保障を他国にも享受
させることであった）

　とすると、逆に問われるべきは、21世紀に転換する直前に、イギリスの伝統
とは異なる人権法が、なぜ、どのように導入されたのかである。成熟した民主
国家が真剣に人権の実施に取り組むと何がどこまで可能かという例としても示
唆的である。本章では、最初に人権法の制定背景を概観し、次に人権法の仕組
みおよび実施過程を説明し、人権法がイギリス憲法に及ぼした影響について考
察する。

2．1998年人権法の制定背景（前史）

　第二次世界大戦後、多くの国家が一定の権利章典およびその保障を担保する
仕組みとして違憲審査制を憲法に導入したことを想起すると、前述したような
権利章典と議会主権を維持し続けたイギリスは、成熟した民主国家の中では特
異な存在にも見える。当然ながら、1960年代以降、現代社会の挑戦に対応で
きないとする声があがり、新・権利章典制定論議が登場する。執行府を実効
的に規制する手段がない一方、EC（現在のEU）やヨーロッパ人権条約のよう
な「超国家的」機関からの挑戦を受けるようになったためである。しかし、こ
の論議は政治の場面では党派的に展開され、野党であるときは成文憲法典また
は権利章典の制定によって与党政府のコントロールを企図するのに対して、政
権を握るとおくびにも出さないという具合で、1970年代に一定の盛り上がりを
見せた後は、もっぱら第三政党であるリベラル・デモクラッツの政策にとどま
っていた。小選挙区制下では第三党が単独で政権に就く可能性は非常に低いた
め、この論議はメインストリームから姿を消した。ところが、1979年以降野党

第Ⅱ部　人　権

の座に甘んじ続けた労働党に変化が生じる。新たに登場した「ニュー・レイバー」（労働組合に支持基盤を有するオールド・レイバーと一線を画し、「第三の道」を提示したブレア［Blair］は、新しい労働党をこう呼んだ）は、新機軸として憲法改革を掲げ、そこにヨーロッパ人権条約の国内法化を入れた。1997年に18年ぶりに政権に返り咲いた労働党が最初に着手したのが、ヨーロッパ人権条約の国内法化と地方分権である。

　他方、人権裁判所におけるイギリスの成績も強い影響を持つ。イギリスは、ヨーロッパ人権条約が保障する権利は国内ではすでに実現されているとしてヨーロッパ人権条約を国内法化しなかった（よって、ヨーロッパ人権条約は国内法ではないので、国内機関はこれに拘束されない）。ところが、1966年に個人申立権および人権裁判所の管轄を承認したとたんに、イギリス政府を被告とする申立が増加し、1990年代初頭までは、申立件数、敗訴件数いずれも１位という困惑的状況に陥った（その後、東西冷戦終結に伴う新規加盟国の増加とそれらに対する膨大な提訴によってこの不名誉な地位を明け渡した）。そこで、ヨーロッパ人権条約を国内法化し、国内裁判所に適用解釈させれば、人権裁判所にいかずとも国内裁判所で救済が得られるという主張が登場する。また、従来、ヨーロッパ人権条約は国内法ではないので無視・無関心という立場をとってきた裁判官も姿勢を変え、積極的に国内法化を支持するようになる（代表的裁判官はビンガム［Bingham］）。ところが、憲法原理上、障害となるのが、議会主権である。ヨーロッパ人権条約に反する法律を無効とすれば、議会主権に反する（議会主権について、第Ⅲ部統治「イギリスにおける統治①」参照）。人権法はこの難問をどのように解いたのか次に説明する。

3．1998年人権法の仕組み

（1）保障する人権

　1998人権法は、あらゆる「公的機関」（public authorities）にヨーロッパ人権条約上の権利適合的に行動する義務を負わせ（6条）、公的機関の不適合な行動による被害者は裁判所による救済を受けることができる（7および8条）。ただし議会は含まれない（議会主権の維持）。一方、私人であっても職務が公的性質を有する場合には同様に義務を負う（たとえば民間警備会社が刑務

所の警備を行う場合）。

ヨーロッパ人権条約上の権利として、人権法には附則としてヨーロッパ人権
条約とその第1議定書および第13議定書が付加されている（ただしヨーロッパ
人権条約13条は除く）。内容は古典的な自由権が中心で、具体的には以下であ
る：生命に対する権利（2条）、拷問禁止（3条）、奴隷および強制労働の禁
止（4条）、自由および安全についての権利（5条）、公正な裁判を受ける権利
（6条）、法律なくして処罰なし（7条）、私生活および家族生活の尊重に対す
る権利（8条）、思想、良心および信教の自由（9条）、表現の自由（10条）、
集会および結社の自由（11条）、結婚に対する権利（12条）、差別禁止（14
条）、財産権（第1議定書1条）、教育に対する権利（同2条）、自由選挙に対
する権利（同3条）、死刑廃止（第13議定書1条）。

(2) 適合的解釈と不適合宣言

裁判所は、法律をヨーロッパ人権条約上の権利と適合するように解釈（適合
的解釈）する義務を負う（3条）。適合的解釈ができない場合で、当該法律が
議会制定法の場合にはヨーロッパ人権条約上の権利とは不適合であるという不
適合宣言を出し、それ以外の場合には当該法律を適用しないか、または無効と
する（4条）。不適合宣言は議会制定法を無効にするものではない。大臣が必
要と考えた場合には救済命令という手段によって救済を与えることができる
（10条）。不適合宣言への対応は政治部門の判断に委ねられるが、実際には、ほ
とんどの不適合宣言は国内法改正につながっている（詳細は後述）。事前の適
合性確保手段としては、法案を提出する大臣に、当該法案の適合性の有無を表
明する義務が課されている（19条）。

4．1998年人権法の実施準備と国内人権機関の創設

成熟した民主国家が20世紀末に行った「人権規定」導入において注目したい
のは、第一にその実施過程である。人権法の実施には相当の準備が必要である
と考え、人権法の発効前に2年間の準備期間を置き、人権法の対象となる議会
以外のすべての公的機関（各省庁、地方自治体政府、裁判所）および職務が公
的性質を帯びる私的機関（ハイブリッド）において、人権裁判所の事件に基づ

くケース・メソッドを用いた実践的研修が行われた。興味深い点は、ヨーロッパ人権条約の国内法化を唱道してきた人権NGOや人権裁判所への提訴を手掛けてきた弁護士が研修の指導に当たったことである。

　もう一つ注目されるのは人権に関する機関の新たな創設である。一つは、「平等人権委員会」（Equality and Human Rights Commission）である。国内人権機関の創設は人権法案白書の段階ですでに予定されていたが、既存の各委員会（人種、男女平等、障がい）間の調整に手間取り、「2006年平等法」（Equality Act 2006）によってようやく設置された。平等人権委員会は、人種、男女平等、障がいだけでなく、これに年齢、再指定後の性別、宗教・信念そして性的指向に基づく差別を加えた。その後、「2010年平等法」（Equality Act 2010）は、結婚・シヴィル・パートナーシップと妊娠・母性も保護対象に入れ、社会的経済的不利益から生ずる結果の不平等を縮減する義務を公共部門に課し、詳細な実施規定を備えた（第Ⅱ部人権「イギリスにおける人権①」参照）。

　他方、人権法と同時にスタートしたのが、議会内に設置された「人権合同委員会」（Joint Committee on Human Rights）である。庶民院議員および貴族院議員（各政党の議席占有率に比例して選出）で構成されており、全政府法案のヨーロッパ人権条約適合性を審査し、報告書を議会に提出する。審査の過程では、当該法案の管轄大臣との意見交換なども行われる。他方、重要なテーマについて、エヴィデンスを集めると同時に、立法・政策を検討し、報告書を作成している。たとえば「9・11」以後、急速に推進されたテロリズム対策に対しては人権の観点から定期的検討と報告書作成が行われている。また、不適合宣言、人権裁判所の違反判決、そして人権条約の各履行状況を検討し、定期的に報告書を作成している。

5．1998年人権法がイギリス憲法に及ぼした影響

(1) 概　観

　議会主権を変更せず、違憲審査制の導入でもないので、人権法自体はイギリス憲法に大きな変更をもたらさないともいえる。そこで、人権法の影響を三点から検討する。第一に、人権裁判所までいかずに救済が得られるようにすると

いう人権法の目的がどこまで実現されたのか。第二に、不適合宣言がどのような事件においてどの程度の頻度で出されているか。第三に、人権法は、統治機構（広義）にとのような影響を及ぼしたか、である。

（2）ヨーロッパ人権裁判所におけるイギリス

人権法発効後、人権裁判所におけるイギリスの成績はどのように変化したか。まず、人権裁判所への申立状況（〔表1〕）である。受理可能性および本案について審査すべく人権裁判所のいずれかの司法構成体（単一裁判官、委員会［3人構成］、小法廷［7人構成］または大法廷［17人］）に付託された件数は、1999年以降も増加傾向にあったが、近年減少傾向を見せている。一方、不受理または総件名簿から削除となった件数は、年々増加傾向にある。人権裁判所自身の制度改革（事件処理の効率化）の結果でもあるが、イギリス国内で問題が処理されているがゆえに不受理となりやすくなった可能性も推測できる。他方、人権裁判所における判決数及び敗訴判決数は、当初増加したが、最近は減少傾向にある（〔表2〕参照）。当初の増加傾向は、人権法によるヨーロッパ人権条約の知名度の上昇も関係しているだろう。なお、過去の事件と同種の事件が次々と人権裁判所に持ち込まれる現象（反復的事件・クローン事件）が、

〔表1〕ヨーロッパ人権裁判所における申立状況

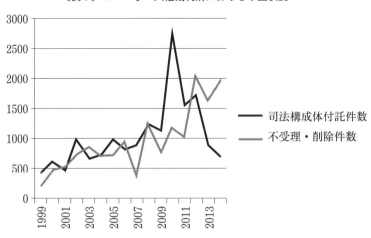

（人権裁判所の統計から筆者作成）

〔表2〕人権裁判所におけるイギリスを被告とする判決数及び敗訴判決数

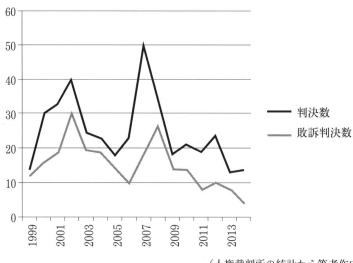

（人権裁判所の統計から筆者作成）

受刑者の選挙権問題について起きており、申立件数の上昇に寄与しやすい。

（3）裁判所と人権法―不適合宣言と適合的解釈―

　人権法発効以来、29件の不適合宣言が出され、内20件は確定した（2014年12月現在）。残りの9件のうち、1件は上告中で、8件は上級審において不適合宣言が後に覆された。確定した不適合宣言のうち、12件は第一次立法（議会制定法）ないし第二次立法によって救済され、3件が人権法10条に基づく救済命令によって救済され、4件は不適合宣言が出された時点ではすでに第一次立法によって救済されており、1件は救済方法を検討中である。不適合宣言は年平均2件出ていることになり、日本の法令違憲判決よりも頻度は高い。また、確定された不適合宣言20件については検討中の1件を除き何らかの対応がなされているので、政治部門は不適合宣言に対して誠実な対応を行っており、実態としては違憲審査制と変わらない。最高裁まで行かずに不適合宣言が確定し、政府が法改正で対応する例も相当ある。しかし、2010年5月から2015年4月までの5年間（2010年に誕生した連立政権下）では、不適合宣言は3件にとどまっている。

　では、不適合宣言は実際にどのような事件で出されているのか、ヨーロッパ人権条約の影響との関係でとくに注目されるものを二つ紹介する。第一に、*Bellinger v Bellinger* [2003] UKHL 21である。男性から女性への性転換手術を受けた者が、法律上はいまだ男性であるので男性と法律上の婚姻はできないという決定に対して貴族院に上訴した。1973年婚姻事由法11条（c）は、婚姻は当事者が男性と女性でないかぎり無効と規定する。貴族院は、同条が性別再指定を受けた者の変更後の性別を認める条項を設けていない点でヨーロッパ人権条約8条および12条と不適合であると宣言した。その後、政府は「2005年ジェンダー認定法」（Gender Recognition Act 2005）を制定し、性同一性障害者の性別再指定後の性別を法的に認める制度を設置した。もう一つは、*A and others v Secretary of States for the Home Department* [2004] UKHL 56である。「9/11」後、わずか1か月で制定した2001年反テロリズム犯罪安全法（Anti-Terrorism Crime and Security Act 2001）は、外国人テロリスト容疑者を裁判によらずに無期限で拘束することを可能にした。貴族院が、ヨーロッパ人権条約5条（人身の自由）および14条（平等）と不適合であると宣言したことは、人権法支持者からの賞賛と政府からの不満を集めた。なお、貴族院の結論は後の人権裁判所の結論とも合致する（*Christine Goodwin v the UK*, judgment of 11 July 2002）。

　もっとも、人権法の全体的評価をするためには、不適合宣言だけでなく適合的解釈と合わせて検討する必要がある。ところが、適合的解釈の例は網羅的には把握されておらず、件数の正確な把握には判決を吟味する必要がある（目安として司法府の前身である憲法問題府は、2006年7月公表の報告書において、人権法3条の適用例を12件とするものがある）。しかも、適合的解釈の方が、議会主権の観点からより問題である。不適合宣言であれば、裁判所がなしうることは不適合と宣言するだけで議会制定法を無効にすることはできず、不適合宣言に対していかなる対応を行うかは政治部門に任される。不適合な状態を是正するために何をすべきか裁判所が指定することはできない。実際、前述の*A and others v Secretary of States for the Home Department*における不適合宣言の後、政府はただちに「2005年テロ防止法」（Prevention of Terrorism Act 2005）を制定し無期限拘束を廃止したが、代わりに、国籍を問わず適

用（その点では平等になった）される「コントロール・オーダー」（control order）を導入し、刑務所から釈放された無期限拘束対象者を自宅軟禁状態に置くことを可能にした。よって、当人の状況にさほど変更はないし（刑務所に戻してほしいという要望が一部の該当者から出た）、規制の適用範囲は拡張された。その後、このコンロトール・オーダーについては、個別事例について外出禁止時間が長すぎる点などを不適合とする判決はあったが、制度自体を不適合とする司法判断は出ていない（2005年ロンドン同時多発テロの影響も考えられる）。2010年の政権交代後、コントロール・オーダーは「2011年テロリズム防止調査措置法」（Terrorism Prevention and Investigation Measures Act 2011）によって、自由の制約度がやや緩和されたことを想起すると、人権保障において本来的に大きな力を持つのは政治部門であることが浮き彫りになろう。

　さらに、適合的解釈の方は、裁判所が法律の内容を適合的解釈の名の下に議会の意思に反して書き換えることができる。最初に問題になったのは、*R v A (No.2)* [2001] UKHL 25である。本件では、「1999年少年裁判・刑事証拠法」（Youth Justice and Criminal Evidence Act 1999）41条によって導入された、性犯罪被害者の証言に対する反対尋問の制限（被害者の過去の性的経験を証拠としたり、反対尋問の対象としたりできない）が、被告人の公正な裁判を受ける権利（ヨーロッパ人権条約6条）と適合的に解釈できるかが問題となった。多数意見は、当該制限を限定的に解釈し、裁判の公正さに疑義が表明される場合には、同意の有無について被害者の過去の性的経験を証拠としたり、反対の尋問の対象としたりできるとした。他方、少数意見は、当該立法における議会の明白な意図と矛盾する場合にはこのような解釈は不可能だとした。同法の目的は性犯罪被害者が二次被害の恐れから司法的手段を敬遠することを阻止し、性犯罪が刑事裁判の対象になるのは氷山の一角と言われる事態を改善し、刑事裁判において罪を問うことによって性犯罪被害者を保護することが目的であったことを考えると、裁判所が議会の意図を一部変更したとも評せる（もっとも議会が再度立法を行うことは可能）。同様の問題は、*Mendoza v Ghaidan* [2004] UKHL 30においても指摘できる。

（4）統治機構（広義）に対する影響─対話か衝突か─

　本来的には人権の実現は国内の統治機構が担ってきた。しかし、ヨーロッパ人権条約は、締約国を拘束する判決を出せる人権裁判所、当該判決の履行を監視する閣僚委員会（各締約国の外務大臣で構成）および議員会議（各締約国の国内議会の国会議員で構成）を有するので、ヨーロッパ地域では、いわば統治機構と呼びうる存在が国家の外にも存在することになる。そして、締約国の統治機構（イギリス憲法）とヨーロッパ人権条約の統治機構の関係をどう理解するかが問題となる。人権法は、イギリス憲法とヨーロッパ人権条約の統治機構の接合度を密接なものにし、だからこそある場合には両者の協働による実効的な人権保障を、ある場合には両者の衝突を生み出している。

（i）国内議会と国内裁判所の関係

　そもそも、人権法、そしてヨーロッパ人権条約の存在が、前述してきたように、国内の統治機構における議会と裁判所の関係に影響を及ぼしている（最高裁判所の設置［2009年］とも関連する）。1970年代の新・権利章典制定論議の際には、裁判官に抽象的人権規定の解釈を任せるのは危険、裁判官にその能力はないと言われた。しかし、新たな権限を託された裁判官は、実際に適合的解釈も不適合宣言も行っている。それが可能なのは、ヨーロッパ人権条約の解釈について人権裁判所の豊富な判例法が存在するからである。イギリスの裁判所は、ミラー原則（mirror principle）を確立し、「国内裁判所の義務はストラスブール判例の発展の経過と足並みを揃えることであり、それ以上でもそれ以下でもない」（*R (Ullah) v Special Adjudicator* [2004] UKHL 26）という立場をとってきた。ストラスブール判例に依拠することは、国内裁判所にとって自己の結論を擁護する強力な根拠になりうる（人権裁判所判例以下であってはならない）。しかし、同時に、裁判所は、不適合宣言と適合的解釈の実態からもわかるように議会に対して謙譲（deference）を示してきた（ストラスブール判例以上でもない）。ストラスブール判例が国内判例・国内法と衝突しない限り、この原則は有用であるが、後述するように、現在、衝突が問題となっている。

（ii）国内裁判所とヨーロッパ人権裁判所の関係

　イギリスの裁判所にとって厄介なのは、イギリスの裁判所も人権裁判所もヨ

ーロッパ人権条約という同じ文書を解釈する点である。他国の場合、国内裁判所は国内憲法に依拠し、人権裁判所はヨーロッパ人権条約を解釈するので、両者の結論が異なるとしても、それがただちに国内裁判所と人権裁判所の解釈の齟齬を意味する訳ではない。これに対して、イギリスの場合、国内裁判所がヨーロッパ人権条約適合的である判断した事件が、後に人権裁判所に提訴され、異なるヨーロッパ人権条約解釈が示され、ヨーロッパ人権条約違反が認定される可能性があり、かつ、それはイギリスの裁判所にとって困惑的である。だからこそミラー原則に立ち、人権裁判所判例を吟味し、それに沿う形の解釈を心がけてきた。とはいえ、実際に、*S and Marper v the UK*（judgment of 8 December 2008）や *Gillan and Quinton v the UK*（judgment of 12 January 2010）では、イギリスの裁判所は人権裁判所判例に依拠しつつヨーロッパ人権条約適合的と判断したのに、人権裁判所はヨーロッパ人権条約違反を判示した例もある。さらに、最近では、一部のイギリスの裁判官は、人権裁判所判例に従うべきではない例外があると主張し始めている（*R v Horncastle* [2009] UKSC 14）。人権裁判所は、この批判を受け入れ、*Al-Khawaja and Tahery v the UK* において、小法廷（20 January 2009）でヨーロッパ人権条約違反を認めたにもかかわらず、大法廷（15 December 2011）では一部結論を変更し、それを国内裁判所と人権裁判所との「対話」であると説明し、衝突を回避した。

(iii) イギリス政府とヨーロッパ評議会の関係

　イギリスは、従来、一部の例外を除き、人権裁判所判決の履行において概ね良好な関係を保ってきた。しかし、*Hirst v the UK*（judgment of 6 October 2005）において、受刑者の選挙権を認めていないのはヨーロッパ人権条約第1議定書3条違反であるという判決が出て以来、イギリス議会も政府も人権裁判所に反発し、同判決が12年以上未履行（2017年に限定的履行実現）という事態は政府と人権裁判所の関係を悪化させた。さらに、外国人テロリスト容疑者の国外追放をめぐっても、イギリス政府と人権裁判所は対立した（*Othman v the UK*, judgment of 17 January 2012）。その結果、イギリス政府は人権裁判所に対する批判的態度を強め、2012年ブライトン宣言の起草を主導する中で、補完性原則および評価の余地を条約に書き加えることを試み、前文に挿入させ

た（ヨーロッパ人権条約第15議定書）。

6．おわりに―1998年人権法の課題と展望―

現在、人権法に対して「逆風」が吹いている。2015年総選挙公約の中に人権法廃棄とイギリス独自の権利章典制定を掲げた保守党が勝利して以来、この傾向が継続している。公約に入れたこと自体が、人権法およびヨーロッパ人権条約がイギリス政府を実効的に縛っている証である。そしてこの公約の実行には相当の困難を伴う。一つには、イギリス独自の権利章典の実現は、多様な価値を受け入れる成熟した民主国家においては難航するだろうし、仮に実現したとしても、その内容がヨーロッパ人権条約の内容とかけ離れることは考えにくい。ヨーロッパ人権条約の内容は大方の憲法が有する古典的人権（ミニマム）だからである。他方、ヨーロッパ人権条約をそのまま取り込むのは止めるのは、後ろ向きの改革と見られるので、ヨーロッパ社会におけるプレスティージという点でもイギリスを利する改革ではない。こうした状況は、イギリスがもはや自国の人権の内容についても、保障方式についても唯我独尊ではいられないことを示しており、人権法を契機としてそれを強く認識する状況に追い込まれ、人権法、そしてヨーロッパ人権条約・人権裁判所に対する強い反発を生じさせている（第Ⅱ部人権第9章参照）。今後の展開が注目される。

参考文献

Joint Committee on Human Rights, Human Rights Judgments, Seventh Report of Session 2014-15, HL Paper 130/HC 1088, 11 March 2015

Ministry of Justice, Responding to human rights judgments, Report to the Joint Committee on Human Rights on the Government Response to Human Rights Judgments 2013-14, Cm 8962, December 2014

江島晶子『人権保障の新局面』（日本評論社、2002年）

江島晶子「国際人権条約の司法的国内実施の意義と限界」芹田健太郎ほか編『講座国際人権法3 国際人権法の国内的実施』（信山社、2011年）

江島晶子「ヨーロッパ人権裁判所と国内裁判所の『対話』？」坂元茂樹・薬師寺公夫編『普遍的国際社会への法の挑戦』（信山社、2013年）

コラム：マグナ・カルタの800年

　マグナ・カルタ（以下、同法とする場合もある）という言葉を耳にしたことがあるだろうか？日本では大憲章と呼ばれることもある。代表的な憲法の教科書では、近代人権宣言の前史として、イギリス（イングランド）人がもっていた封建的な権利・自由を文書において宣言した「人権宣言の萌芽」であると紹介されている。

　フランス国王フィリップ2世との戦争での度重なる敗戦やフランスの領地の喪失、そして重い課税などの失政により、イングランドの貴族たちやロンドン市の怒りは頂点に達した。ジョン王は自らの王位を守るために、1215年6月15日ウィンザーに程近いラニミード（Runnymede）において、王の権限を制限する文書に自ら承諾を与えざるを得ない状況に追い込まれた。マグナ・カルタの誕生である。しかし、これは封建的秩序そのものを揺るがしかねない文書であり、ローマ教皇インノケンティウス3世によって直ちに廃棄が命じられた。その後のマグナ・カルタは幾度かの再確認をうけたが、1225年ヘンリー3世の時代に大きな修正を受け、それを1297年にエドワード1世が確認したものが、数々の条文の削除を受けつつ、今日に至るまで存続してきた。現在では、前文と4カ条が現行法として残存しているが、法の適正手続や同輩による裁判について保障する29条が重要である。

　また、マグナ・カルタは17世紀の国王と議会との対立に端を発する近代革命の時期に、再び新たな役割を担って再生した。1628年の「権利の請願」には同法への言及があり、その後のいわゆるピューリタン革命を正当化する役割を果たしたとも言われている。人々の権利を実体化した法的文書によって王権を制限しようとした試みの中核に同法が存在していたのである。このような「法の支配」を象徴するものとして、同法はアメリカ合衆国建国の理念にも受け継がれたばかりでなく、植民地としてイギリス法を継受しつつやがて独立国となったオーストラリアやニュージーランドにおいても今なお現行法としての位置づけを与えられている。

　マグナ・カルタは法的にはもちろん、政治的にもまた歴史的にも重要な存在である。ジョン王がマグナ・カルタに署名をしたラニミードは現在ナショナル・トラスト（National Trust for Places of Historic Interest or Natural Beauty＝歴史的名所や建築物の保護を目的として1895年に設立された団体。イギリス全土で多くの建物や自然環境の保護に当たっている）によって管理されている。アクセスは、ブリット・レイルのエガム（Egham）駅から2マイル（3.2km）であり、ファースト・バス71系統（First 71 bus）が便利。ここから乗船してテムズ

川クルーズを楽しむこともできる。マグナ・カルタの成立によって、臣民の権利や意向に配慮をしつつ統治を行う必要があることがその後の歴代イギリス国王にとっての教訓となり、それがイギリス王制が形を変えながら今日まで続くことに役立った。そうだとすれば、観光名所として名高い国王（女王）の居城ウィンザー城と併せてラニミードを訪れてみるのもイギリスの歴史の一齣に接するものとして価値があるのではないだろうか。

　また、マグナ・カルタはイングランド全土への布告のために数多くの写本が作成されたが、そのオリジナルのものが現在イギリス国内に4点現存している。大英図書館（British Libraly）に2点、リンカン大聖堂（Lincoln Cathedral）そしてソールズベリー大聖堂（Salisbury Cathedral）に各1点である。この中で、ソールズベリー大聖堂所蔵のものが最も保存状態がよく美しいと一般には言われているが、この大聖堂は、イギリスでもっとも全長が高い尖塔でも知られている。

　2015年はマグナ・カルタの誕生800年の節目である。イギリスやアメリカ、オーストラリアとニュージーランドのみならず、日本でもこれを記念するイベントや学術シンポジウムが行われる。マグナ・カルタは、2009年UNESCOの「世界の記憶」に登録されたが、単に記憶に留まらず、今なお、さまざまなかたちで世界中の憲法の中に生き続けているのである。

（撮影、柳井健一）

85

イギリスにおける人権②：国籍と市民権

1．はじめに

　連合王国には国籍法が制定されているが、そこには国籍または国民の法的定義は存在しない。さらに国籍法には複数の市民権も規定されており、市民権それ自体の定義は不在で、国籍と市民権とが同一または異なるものであるのかは明らかにされることなく併存している。多くの国家ではこれらは明確に定義されているが、連合王国ではあいまいとされている。国籍法制を歴史的に概観すると、むしろ、明確に定義することが避けられてきたといえる。本章では、あいまいな国籍概念の大きな要因となった国籍法の歴史および出入国管理法制を概観し、さらに近年の市民権再考をめぐる動向も紹介する。

2．現在のイギリス国籍法の構造

　歴史をたどる前に、現行の国籍法である「1981年イギリス国籍法」（British Nationality Act 1981、以下「1981年法」）を概説する。本法はそれまでの国籍法に現代化が必要とされ約30年ぶりに制定されたものであり、複数の法的地位（市民権）が規定されている。具体的には、イギリス市民（British citizens）、イギリス海外領市民（British Overseas Territories citizens）、イギリス海外市民（British Overseas citizens）、イギリス国民（海外）（British Nationals [Overseas]）、イギリス臣民（British subjects）およびイギリス保護民（British Protected Persons）である。

　本法の特徴は連合王国本国市民の法的地位を設け、これによってのみ居住権を認めたという点である。これ以外の法的地位には認められない。イギリス市民以外の複数の法的地位は、海外領や旧植民地と歴史的なつながりなどを有する者に認められる。これらは1981年法上、外国人とは区分される。本法の外国人とは、コモンウェルス市民（上記のイギリス保護民以外の法的地位またはコ

モンウェルス構成国のそれぞれの市民）、イギリス保護民またはアイルランド共和国市民ではない者とされる。

　1981年法は多くの者に法的地位を付与しているが、それぞれの法的地位により連合王国と個人のつながりは異なっている。この複雑な構造の要因として帝国の崩壊と、国籍法と出入国管理法との相互関連をあげることができる。

3．1948年イギリス国籍法

　第2次大戦以前は、植民地、ドミニオンまたは連合王国のいずれかで出生した者はイギリス臣民とされ、国王に忠誠義務を負い、当該地位は帝国領土内での共通の地位とされた。しかし第1次大戦を通じ徐々にドミニオンは独立性を高め、移民法により植民地市民の入国を規制したほか自国市民を定めるなど、コモンウェルスにとどまりながら、植民地とは異なる取扱いを求めるようになり、共通の地位を維持することが困難となった。そこで、「1948年イギリス国籍法」（British Nationality Act 1948、以下「1948年法」）が制定された。

　本法により、共通の地位および国王への忠誠義務は廃止された。そして、イギリス臣民の文言は互換的にコモンウェルス市民とされ、当該地位は、イギリスおよび植民地市民（Citizens of the United Kingdom and Colonies）、独立自治領（ドミニオン）の市民（Citizens of Independent Commonwealth Countries）、市民権を持たないイギリス臣民（British subjects without citizenship）に細分化された。本法ではそれまでのイギリス臣民を新たにコモンウェルス市民としつつ、当該地位を細分化することでドミニオンと植民地の市民を区分したが、連合王国への入国については形式的な分類にすぎず、コモンウェルス市民であればこれまで同様に連合王国に自由に入国できた。

4．1960年代〜70年代にかけての出入国管理法制

　1948年法制定後、とくに50年代より植民地あるいは新たにコモンウェルス構成国となった国から、主に有色人種のコモンウェルス市民の入国者が増加した。これらの者は「移民」とみなされ、一部地域では暴動も発生した。そこで初めてコモンウェルス市民に対し入国規制を設ける「1962年コモンウェルス移民法」（Commonwealth Immigrants Act 1962、以下「1962年法」）が制定さ

れた。本法の下、連合王国に自由に入国できたのは、連合王国で出生した者のほか連合王国の旅券を有する者とされた。植民地の市民は、その旅券が植民地政府により発行されていたため、本法により入国規制対象となった。

　1962年法制定から数年後、東アフリカのインド系およびパキスタン系のアジア人の入国者が急増した。東アフリカの植民地には労働力としてアジア人が移住していたが、独立の際、新たな国家の市民権を取得できなかったアジア人が多数存在していた。これらの者の旅券は当初、植民地政府より発行されていたが、独立後は高等弁務官によるものとなり、1962年法の入国規制対象外となった。東アフリカのアジア人の入国を規制するために、1962年法を強化する形で、旅券の発行権限に加え血統による帰属関係を求める「1968年コモンウェルス移民法」（Commonwealth Immigrants Act 1968）が制定された。

　他方、連合王国内では移民の流入に反発が高まっていた。とくに保守党のイーノック・パウエル（Enoch Powell）の「おびただしい流血（Rivers of Blood）」が生じるとした演説は有名で、コモンウェルス移民の増加により連合王国の国民性が脅かされるとし、厳格な移民規制を求めた。本演説は1970年の総選挙で移民問題が注目される大きな契機となり、厳格な移民規制を提示していた保守党が勝利した。そして移民法の集大成として、「1971年移民法」（Immigration Act 1971、以下「1971年法」）が制定された。

　本法の大きな特徴として2点をあげることができる。まず1点目は本法の対象である。上記の2つの移民法はコモンウェルス市民のみを対象とするものであったが、本法では外国人も含む全ての自然人を対象としていた。そして2点目は「パトリアル（patrial）」と「居住権（the right of abode）」という概念を設けたことである。イギリスおよび植民地市民またはコモンウェルス市民のうち、連合王国での出生、養子縁組、帰化、登録または血統による継承などにより、一部の者のみがパトリアルとされ、これによって連合王国での居住権が認められた。他方でパトリアルとされなかった者は入国規制や退去強制の対象となった。これまでの出入国管理法制とは異なり、コモンウェルス市民であってもパトリアルと認められない者は、出入国管理法制上、外国人と同様の取扱いを受けることになった。

　1971年法はもっとも厳格な移民法であったにもかかわらず、ウガンダでアジ

ア人に退去勧告がなされ、これらの多くがイギリスおよび植民地市民の法的地位を有していたため連合王国が受け入れなければならなくなった。さらに、国籍と入国の自由および居住権が一致しておらず、出入国管理の実務が複雑化していたこともあり、連合王国本国の市民を明らかにする新たな国籍法が必要であるとして1971年法を基礎としつつ、1981年法が制定された。なお1981年法では1948年法でいずれかの法的地位を持つ者全てに新たな法的地位が認められており、本法制定により法的地位を喪失することはなかった。

　1981年法制定後、イギリス市民以外の法的地位に対して、とくにほかに国籍や市民権を持たない者を中心にイギリス市民への登録を認めており、これらを有する者の実質的な数はかなり減少している。

5．『市民権：私たちが共有する絆』

　2007年、当時のブラウン（Brown）首相は緑書（Ministry of Justice, *The Governance of Britain*［Cm 7170, 2007］）で明確な市民権概念の必要性を指摘し、前法務長官であったゴールドスミス（Goldsmith）卿に市民権の再考を依頼、翌年に『市民権：私たちが共有する絆』（Lord Goldsmith, *Citizenship: Our Common Band*［2008］）が発表された。ゴールドスミス卿は当該報告書の中で、市民権を市民を1つにまとめる「絆」ととらえようとしていた（ibid Introduction p 3 para 2）。そのためイギリス市民以外の法的地位の廃止（ibid Executive Summary and ch 4 para 9）、イギリス市民による一元的な権利の享受（ibid ch 4 para 17）、さらに永住資格取得過程での社会へのコミットメントや貢献などの要件の設置（bid ch 7 para 16）を提案した。

　2007年の政府緑書や当該報告書は、これまでのあいまいな国籍とは異なり、連合王国市民としてのアイデンティティやイギリス的価値を付随させた新たな市民権概念の形成を通じ、明確な国民国家的な国家イメージを作り上げようとしていた。当該報告書は、市民同士および国家と市民の連帯による連合王国としての一体性が強調されており、国家的観点から作成されたものであった。そのため、近年権限移譲が進むスコットランド、ウェールズおよび北アイルランドのそれぞれの議会の一部の議員からは強い反発が生じた。結局、本報告書での市民権に対する法的な提案は現在まで実現には至っていない。

6．おわりに

　連合王国では帝国が崩壊しているにもかかわらず、国籍法で法的地位を付与する範囲を維持し続けることで、帝国の宗主国としての地位や誇り、コモンウェルス構成国との関係を保ち、国籍は帝国と密接に結びついている。そのため国民や国籍を法的に定義する場合、国籍法制に即すると明らかに過剰包括となり、連合王国本国の者のみを国民と定義すると、法的地位の付与を通じて帝国としての地位や誇りを持ち続けて行くことができなくなってしまう。そのため国民および国籍概念の法的定義が不在となっている。他方で、帝国が崩壊する中、60年代から出入国管理法制との相互関係により事実上の市民を形成し、1981年法にこれが反映された。ゴールドスミス卿は国籍法制に残る帝国とのつながりを廃止し、新たな市民権概念の設置を通じて実質的に国民国家へと転換を図ろうとしていたが、政治的な多様性を抱える国内からの反発を招いた。

　あいまいな国籍概念であるからこそ、連合王国の国籍を通じた国家と国民の関係は、密接な関係を有するものから、歴史的で稀薄なものまで多様なものとなっている。日本では、国籍との関係で、国民は明確なものととらえられているが、これをもう一度、とらえなおしてみるものもいいのではないだろうか。

参考文献

Ann Dummett and Andrew Nicol, *Subject, Citizens, Aliens and Others* (Weidenfeld and Nicolson, 1990)

Randall Hansen, *Citizenship and Immigration in Post-war Britain: the Institutional Origins of a Multicultural Nation* (Oxford University Press Inc, 2000)

Laurie Fransman, *Fransman's British Nationality Law* (3rd edn, Bloomsbury Professional, 2011)

第2章　包括的人権

1．包括的人権としての幸福追求権の意義

> 13条　すべて国民は、個人として尊重される。生命、自由及び幸福追求に対する国民の権利については、公共の福祉に反しない限り、立法その他の国政の上で、最大の尊重を必要とする。

　日本国憲法13条は別名「幸福追求権」と呼ばれ、他の人権規定の多くが、個別的・具体的な内容であるのと比べると、ひときわ抽象的で包括的という点が大きな特徴である。他の個別的権利規定は、実際に国家権力によって侵害されてきた諸権利を具体化した歴史的産物であるのに対し、13条は、ロックの自然権思想に由来する思想的産物という見方もできる。このような異なる性質を有する権利規定の関係性について、通説は特別法と一般法の関係で捉える。すなわち、個別規定がカバーできない権利を13条が補充的に保障すると見る。

(1) 個人の尊重

　13条前段は「個人の尊重」を規定する（前章で述べたように、ここでの「国民」も人々一般を指す）。この規定の意義は、全体のために「滅私奉公」を強要された戦前の考え方（全体主義）を否定し、一人ひとりがかけがえのない絶対的な存在であることを認めた点にある。それは、一人ひとりの個人を大切にすることが社会の発展につながるという発想に基づいている。つまり、「個人あっての全体」であって、「全体あっての個人」ではないという視点が重要である。したがって、ここで言う「個人」は、「自分一人だけ」という意味ではないので、利己主義には結びつかない。

(2) 新しい人権

　13条後段の「生命、自由及び幸福追求に対する国民の権利」の部分が「幸福

追求権」という名称の由来となっているが、各人にとっての「幸福」は多種多様であることから、ここで保障される権利の射程は幅広いものとなる。この点が、「新しい人権」の根拠規定となる所以である。「新しい人権」とは、日本国憲法が制定された当時はまだ社会的に認知されていなかったが、その後の社会の進展により徐々に提唱されるようになってきた人権の総称である。具体的には、①人の生存・生活に関わる利益に関するもの（例：プライバシー権、人格権、肖像権、氏名権、自己決定権）、②人を取り巻く環境ないし環境上の身体的利益に関するもの（例：環境権、日照権、静穏権、眺望権、入浜権、嫌煙権、健康権）、③人の生命・生存の確保に関する利益（例：生命権、平和的生存権）など、様々なものが主張されている。ただし、最高裁はこれらの権利を認めることには極めて消極的である（この点については、後述の「2．プライバシー権」参照）。

　このように、幸福追求権は新しい人権にとって大きな役割を果たすが、それでは、13条を根拠にすれば、どんな権利でも主張できるかという点については議論がある（この点は、特に「3．自己決定権」で問題になる）。また、新しい人権の根拠規定が13条以外に存在しないわけではないことにも注意が必要である（環境権については4．で後述する）。

2．プライバシー権

　プライバシー権とは何かという問いに対する解答の一般的イメージは、「私生活を乱されない、干渉されない権利」ではないだろうか。このような意味でのプライバシー権が法的権利として主張されだしたのは、19世紀末のアメリカにおいてであった。すなわち、マス・メディアの発達に伴い、私生活が広範囲に知れ渡る危険性が増したことから、「一人にしておいてもらう権利」（the right to be let alone）の重要性が叫ばれるようになったのである。こうした「古典的」プライバシー権が日本の裁判所において認められたのは、「宴のあと」事件においてであった（東京地判1964年9月28日下民集15巻9号2317頁）。ここでの要点は、「私生活をみだりに公開されないという法的保障ないし権利」としてのプライバシー権が、「個人の尊厳を保ち幸福の追求を保障するうえ」で不可欠な人格権の一種であり、民法（709条）による保障の対象とさ

れたということである。

　現在でもこのような消極的なプライバシー権概念は有効であるが、他方、高度情報化の進行に伴い、より積極的な「自己情報コントロール権」（情報プライバシー権）という考え方が強まってきた。すなわち、自分の個人情報が自分のあずかり知らぬところで勝手に収集・利用される危険性が高まってくると、古典的プライバシー権を主張するだけでは解決出来ない問題が生じてくる（つまり、主張する相手が不明）。そこで、自己情報について開示・削除・訂正を請求したり、それらの利用に対して同意する権利が必要だというわけである。ここに至り、個人にとっての脅威は、私人であるマス・メディアよりもむしろ公権力の方が大きくなってくる。この点につき、最高裁は、警察官による無断写真撮影が問題となった京都府学連事件（最大判1969年12月24日刑集23巻12号1625頁）において、憲法13条を根拠に、本人の承諾なくみだりに容貌等を撮影されない自由を認めた（これは、プライバシー権の一種としての肖像権を新しい人権として認めた最高裁の数少ない事例として紹介されるが、最高裁は明確に「肖像権」と言っているわけではないことに注意）。

　なお、自己情報コントロール権については、1980年にOECD理事会が「プライバシー保護と個人データの国際流通についてのガイドラインに関する勧告」の付属文書に示した8原則が知られるが、日本においても、これを参考に個人情報保護法制が立法化された（2003年制定・2005年全面施行）。しかし、この権利の徹底化という点では当初より不十分さも指摘されており、その後のマイナンバー法（行政手続における特定の個人を識別するための番号の利用等に関する法律、2013年制定）などの立法化によって、さらなる後退も懸念されている。2021年5月に成立した「デジタル改革関連6法」（通称）においても、自己情報コントロール権は明記されぬまま、国による個人情報の一元的管理が進むこととなった。これは、欧州連合（EU）の一般データ保護規則（2018年）の目指す方向性とは対照的といえよう。

3．自己決定権

　自己決定権を広義のプライバシー権と捉える見方もあるが、ここでは区別して考える。自己決定権とは、個人が自己の生き方について、公権力から干渉さ

れずに自身で決める権利のことである。その具体的内容としては、①人の生死や身体の取り扱いに関するもの（例：安楽死・尊厳死、医療拒否）、②家族のあり方に関するもの（例：結婚、出産、避妊、妊娠中絶）、③個人のライフスタイルに関するもの（例：服装・髪型、飲酒、喫煙）が挙げられる。特に議論となるのが、憲法13条の保障はどこまで及ぶのかという点である。この点につき、学説上大きな二つの考え方を紹介しておこう。一つは、個人の人格的生存に不可欠な利益を保護の対象とみる見方（人格的利益説）、もう一つは、あらゆる生活領域において行動の自由が保障されるとみる見方（一般的自由説）である。後者の立場からすると、①②③のどれもが（他者の権利を侵害しない限度で）13条によって保障されるということになるが、前者の見方によれば、③の中に認められないものが出てくる可能性がある。

　なお、上記①②については、「生命権」の問題として捉える見方もある。

4．環境権

　環境権とは、一般に「良き環境を享受し、かつそれを支配しうる権利」と説明され、その根拠は、憲法13条に加え、25条（生存権）にも求められる。ただし、このような概念化については、保護対象としての環境の内容・範囲や権利者の範囲が漠然としているため、裁判救済になじまない側面も指摘される。実際、判例においても、環境権を正面から認めたものはなく、人格権侵害を根拠に原告住民の請求を認める傾向が強い（最近の事例としては、東海第二原発運転差止め請求訴訟において、避難計画の不備を理由に周辺住民の人格権侵害の具体的危険性を認め、運転差止めを命じたものがある。水戸地判2021年3月18日裁判所Web）。そうした点を考慮して、「環境汚染によって生命・健康を害されない個人の権利」という環境人格権を提唱する見方もある。

参考文献
杉原泰雄（編集代表）『新版　体系憲法事典』（青林書院、2008年）
宇賀克也・長谷部恭男編『情報法』（有斐閣、2012年）

第3章 平　等

1．日本国憲法と平等概念

　多様な個人が主体的な存在として「平等」に尊重されるべきであるという確信が、基本的人権の核心にある。では、憲法が保障する「平等」とは何であろうか。

（1）形式的平等と実質的平等

　憲法14条1項が想定する「平等」には2つの次元のものがある。第1に、立憲主義の起源ともいえる近代市民革命時に要求された形式的平等と、第2に、20世紀の福祉国家において拡大した貧富の格差是正を要求する文脈で顕在化した実質的平等である。

　形式的平等とは、能力、思想、養育環境など、あらゆる点で個人は異なっているにもかかわらず、現実の差異から生じる不平等を考慮せずに、機械的に一律に取扱うことを意味する。

　この国家に対する形式的平等の要請は、近代立憲主義を確立する文脈で唱えられた。近代ヨーロッパにおいて、王権神授説に基づき君主主権が唱えられ、これにより絶対王政が確立した。この時代では、「生まれ」に基づく身分制は容認され、そして個人の自由は制限された。そこで、「生まれ」による差別の撤廃を唱えることで、国家意思形成への市民の平等な参加が求められた。身分制社会を打破し、近代立憲主義を確立する動きは、1776年のアメリカ独立宣言や1789年のフランス人権宣言で代表される近代市民革命を通じて成功した。

　このような文脈で要請された形式的平等概念において、国家によって「生まれ」で差別されることなく、主体的で対等な個人として自由と尊厳が保障されることが、重要な課題となった。

　形式的平等概念は、各国の憲法の中に定着していった。そして、この平等概

念は、自由競争を認めるものとなった。この結果、現実社会における悲惨な経済格差を引き起こした。資本主義経済の発展とともに、少数の富める者と多数の貧しい者とが国民間に生み出され、階級化したのである。こうした不平等状態が問題視され、国家は、これを是正することを求められた。こうした動きを支えた理念が、実質的平等である。したがって、実質的平等概念は、個人間の現実の差異に着目し、そこから生じる格差の是正を図ることを求める。この格差是正とは、経済的格差に対するものに留まらず、国家による社会福祉措置を要請するような社会的格差も含む。

　また、このような実質的平等概念において、人種や性別、障害など一定の特徴を有するグループが、社会構造を理由に、事実上の不利益を被り、この社会にグループとしての格差が恒常的に存在している場面において、その構造を解消して実質的平等を確保することを目的として行う積極的格差是正措置（positive action）の位置づけも問題になる。

(2)　日本国憲法が採用する平等

　形式的平等概念と実質的平等概念は、構造上、対立する。前者は個人の具体的属性を捨象した一律取扱いを求め、後者は現実の差異を考慮した上で別異取扱いを求める。では憲法は、両者の関係をどのように位置づけているのだろうか。

　日本国憲法は、第一義的に形式的平等を保障し、実質的平等の要求は相対的な限度内で容認されると解される。従来、実質的平等の保障は、生活保護制度や社会福祉制度などを想定されてきたので社会権に委ねられるとされ、憲法14条1項には含まれないとされてきた。しかし、積極的格差是正措置の承認のように実質的平等の保障の要請の高まりから、憲法14条1項に実質的平等の保障も含まれると解されるようになった。

2．日本国憲法が規定する平等

　不平等を強いられた際に適切に救済される法枠組みがなければ、前述の平等理念は画餅に帰す。憲法は、個人の平等保障のために、どのような法枠組みを設けているのであろうか。

(1) 憲法14条1項の対象

　憲法14条 1 項は、前段について法の下の平等を一般的に定めたものとして捉え（平等原則）、後段について「人種、信条、性別、社会的身分又は門地」を理由とした差別禁止を平等権として保障したものと解する。この前段にある「法の下の平等」の射程に立法権を含めるかどうかについて争いがある。 1 つは、立法権を含めず、法律を執行し適用する行政権と司法権が国民を差別してはならないという立場である（立法者非拘束説）。もう 1 つは、行政権・司法権とともに立法権も「法の下の平等」に拘束するという立場で、法律の内容の平等をも保障しようとする（立法者拘束説）。

　立法者非拘束説は、憲法制定当初において通説的地位を占めていた。しかし、いくら法適用の場面で平等を確保しても、法内容それ自体に差別が含まれていたら、個人の平等が保障されているとはいえない。憲法が違憲審査を通じて権利保障を行う以上、法内容の平等も、14条 1 項の対象として含めるべきである。これが、現在の通説である。

(2) 差別と合理的区別

　先の立法者非拘束説と立法者拘束説の対立に伴い、憲法が要求する平等の意味として、絶対的平等説と相対的平等説が想定された。立法者非拘束説は絶対的平等説を、また立法者拘束説は相対的平等説を前提とした。

　絶対的平等説は、各人は人間である点で同じ存在であるので、不当な別異取扱いをされてはならないとする。しかし、あらゆる事実上の差異を無視して無差別的に均一取扱いをすることは不可能である。これに対して相対的平等説は、能力・条件といった個人的特性に基づく差異は、法的な区別においても影響を及ぼす事実として考慮されるべきとする。各人の事実上の事情（能力・条件）を踏まえ、合理的な法的取扱いを求める。

　最高裁は、「［憲法14条 1 項の］平等の要請は、事柄の性質に即応した合理的な根拠に基づくものでないかぎり、差別的な取扱いをすることを禁止する趣旨と解すべき」とし、相対的平等説を採用した（最大判1973年 4 月 4 日刑集27巻 3 号265頁）。このように日本国憲法は、相対的平等説に基づいて合理的理由がないにもかかわらず、不当に区別することを「差別」として禁止する。

3．違憲審査基準と禁止される差別

(1) 後段列挙事由の位置づけ

　憲法14条1項違反かどうかは、問題となる別異取扱いが、同条で救済すべき差別か、それとも合理的区別なのかという問題に還元される。ここでの基準は、具体的な別異取扱いが、「合理的」であったかどうかである。

　これに関連して、14条1項の後段列挙事由が、同条の差別禁止の対象となる事由の限定列挙なのか、それとも例示列挙なのかが問題となる。通説・判例は、後段列挙事由を、前段の平等原則の内容を例示的に（限定的ではない）掲げたものに過ぎないとする。

　この後段列挙事由を例示列挙と位置づけつつも、違憲審査の際に強度の保障を受けるという特別な法的意味を有するという主張がある（特別意味説）。これは、後段列挙事由に基づく差別は、人間性の尊重という民主主義の理念からみて、原則として不合理なものであるとし、14条違反かどうかの判断は厳格な基準で審査されなければならない、というものである。これに対し、後段列挙事由以外の事由に基づく差別は、権利の性質の違いを考慮して、立法目的とそれを達成する手段の二つの側面から合理性の有無を判断される。

(2) 違憲審査基準

　国家によって行われた別異取扱いが憲法14条1項に違反するかどうかを判断する際、まず、前段の平等原則が適用される場面において、問題となった区別の基準が、恣意的で不合理なものではなかったのかが判断される。これは、立法目的が正当であり、また、この立法目的を達成するための手段が合理的であったかどうかについて、「合理性の基準」で審査される。

　これを踏まえた上で通説は、審査の基準が合理的か否かでは抽象度が高すぎるので、後段列挙事由を理由とする別異取扱いを判断する際は、より厳格な基準で判断すべきであるとした（厳格審査基準）。これは、後段列挙事由として挙げられた事由は、生まれながらに決定されたものであり、本人に責任がないからでもある（前述、特別意味説参照）。

　しかし、本人に責任がないにもかかわらず、差別の対象となりやすいのは、

後段列挙事由に挙げられた事由に限らない。近時、新たに差別の存在が顕在化された障害、年齢、性的指向・性的再指定（性同一障害や同性愛など）などの特徴も、生来的であり、かつ本人に責任がない。この意味で、後段列挙事由と類似の構造を持つといえるだろう。そうならば、これらの事由も、後段列挙事由と同様に、厳格審査基準で判断すべきであるといえるだろう。

（3）差別構造

「差別」と一言でいっても、具体的にどのような形態の差別があるのかを把握することは容易ではない。イギリスで制定された2010年平等法によると、直接差別、関連差別、間接差別、そして合理的配慮義務の不履行という 4 つの差別類型が存在している。

4．差別禁止事由

（1）14条1項後段列事由

「人種」は、人種、皮膚の色、世系または民族的もしくは種族的出身を意味する。日本ではアイヌ民族問題、在日韓国・朝鮮人問題などが問題となる。

「信条」は、宗教的信仰に限らず、広く思想上・政治上の信念を含む。

「性別」は、本来、男女の生物的・身体的性差を意味するが、今日では、社会的・文化的性差（ジェンダー）による差別も問題になる。たとえば国公立女子大学や婚姻適齢・再婚禁止期間に関する男女差（民法731条・733条）などが問題となる。

「社会的身分または門地」は、一般に人が社会において占めている地位を指すが、ここで差別禁止事由にあたるものがどのようなものかについては争いがある。第1に、出生によって決定される社会的な地位、第2に、社会において後天的に占める地位、第3に、社会において占める継続的な地位である。これに関連して非嫡出子相続分規定問題や生後認知児童国籍問題、被差別部落問題（同和問題）などがある。

（2）憲法14条1項をめぐる判例

尊属殺重罰規定違憲判決（最大判1973年 4 月 4 日刑集27巻 3 号265頁）。これ

は、1907年に制定された刑法200条が、尊属殺の法定刑を死刑もしくは無期懲役刑のみに限っており、死刑または無期もしくは3年以上（当時）の懲役刑を定める通常の殺人罪（199条）よりも著しく重く罰していたことに対して憲法14条1項に違反するとされた事件である。

堀木訴訟判決（最大判1982年7月7日民集36巻7号1235頁）。視覚障害を有し、かつ一人親の申立人が障害者福祉年金と児童扶養手当の併給受給を却下された事件である。最高裁は、併給調整条項を立法裁量の範囲に属する憲法25条の問題とし、14条1項との関係では合理的区別であるとした。

国籍法違憲判決（最大判2008年6月4日民集228号101頁）。これは、国籍法3条1項に基づいて、法律上の婚姻関係にない日本国籍の父と外国籍の母の間に生まれ、かつ父に出生後に認知された者の日本国籍の取得が認められなかったことに対し、憲法14条1項に違反するとした事件である。

婚外子相続分差別違憲決定（最大判2013年9月4日民集67巻6号1320頁）。これは、遺産分割について非嫡出子の相続分が嫡出子の相続分の2分の1とされた民法900条4項ただし書が違憲であると判断された事件である。

夫婦同氏強制合憲判決（最大判2015年12月16日民集69巻8号2586頁）。これは、夫婦が婚姻の際に夫又は妻のどちらかの氏を称すると定める民法750条の規定を合憲と判断した事件である。

女子再婚禁止期間事件（最大判2015年12月16日民集69巻8号2427頁）。本件は、女性について6ヶ月の再婚禁止期間を定める民法733条1項の規定に対して、立法目的は合理的であるとしつつも、100日超過部分については違憲した事件である。

議員定数不均衡問題。これは、国会議員選挙において、選挙区間で有権者数と各選挙区の議員定数の配分比率に不均衡が生じていることが投票価値の平等に反するのではないかという問題で、この領域で最も激しくかつ持続的に裁判を通じて争われている。

参考文献
部信喜『憲法学Ⅲ人権各論（1）［増補版］』（有斐閣、2008年）
西原博史『平等取扱の権利』（成文堂、2003年）

イギリスにおける人権③：2010年平等法の制定

1．はじめに

　現在、イギリス差別禁止・平等法理は、転換期を迎えている。2010年に平等法（Equality Act）が制定されたことで、従来の差別禁止法理の法構造が、大きく変容を遂げようとしているのである。そこで、本章は、2010年平等法を軸に据え、イギリスにおける差別禁止・平等法理の歴史的変遷ならびに規範構造を検討する。

2．差別禁止法理・平等法理の制定史

　イギリス差別禁止・平等法理の歴史は比較的に新しい。同法理は、1965年の人種関係法（Race Relations Act. 以下、RRA）の制定に端を発する。これを皮切りに、性別、障害というような特徴に基づく差別を個別的に禁止する法律が順次制定されてきた。1998年人権法制定までの期間は、申立てられた差別の特徴がこれらの差別禁止立法に該当しない場合には、コモン・ローが適用された。しかし歴史的に差別に対するコモン・ローのアプローチ方法は、差別を救済できるものとは程遠かった。

　イギリス差別禁止・平等法理の立法経緯・変遷過程は、5つの世代に分けられる。第1世代は、形式的平等概念に基づいて、移民・人種政策の文脈で展開した。1965年RRAは、当時広く行われた移民差別に対するキャンペーン活動に応答するために、治安維持の施策として制定された。第2世代も同様に、形式的平等の時代であった。しかし、この世代において、法律の適用領域が、雇用、住宅、商品そしてサービス提供まで拡大した。この世代で、1968年RRAが制定された。第3世代は、差別救済対象として「性別」が加わったことではじまった。この世代では、性差別を禁止する法律として1970年同一賃金法（Equal Pay Act）と1975年性差別禁止法（Sex Discrimination Act）が制定

された。また、法的に実現すべき平等の射程が、形式的平等だけでなく実質的平等も含むものへと拡大した。さらに、障害の観点から1995年障害差別禁止法（Disability Discrimination Act）が制定された。第4世代では、1997年調印、1999年発効のアムステルダム条約によって改正されたEU条約13条を受け、包括的な対象者の平等実現手段として新たな法制定の必要性が求められた。しかし、この世代では、差別禁止事由ごとの差別禁止立法を別々に制定したままだった。この世代で、2006年平等法が制定された。同法は、EU条約に合わせて宗教・信仰差別、性的指向差別の概念を導入した。そして、これら一連の世代的流れを受けて、2010年に平等法が制定された。同法は、乱立していた差別禁止・平等立法を包括的で単一なものとすることを期待された。

3．2010年平等法

（1）基本構造

　現在、イギリス差別禁止・平等法理は、2010年平等法が担っている。2010年平等法制定の目的は、差別禁止立法の調整と平等促進を支援する法律の強化という2つに集約できる。

　2010年平等法は、16編、218条から成る法律である。同法を通じて差別救済を求める際には、第一に同法の対象者であることを証明し、そして、これが認められた場合に、同法が禁止している差別の被害を受けていることを主張することが必要である。そこで、同法は、キーコンセプトとして同法の対象となる9つの保護特徴（protected characteristics）と禁止する行為や平等促進措置を規定する。平等法の対象領域はサービス・公的機能、不動産、労働、教育、組合と広範かつ網羅的である。

（2）対象者

2010年平等法は、以下の9つの保護特徴を対象とする。
①年　齢　　特定の年齢集団を指し、この年齢集団に所属する個人または、その人々を対象者と位置づける（5条）。
②障　害　　身体的もしくは精神的機能障害をもち、そして、その機能障害が通常の日常生活活動を送る能力に、重大な不利の影響を及ぼす場合、その個人

は、障害を持つとされる（6条）。

③性的再指定　性別に関する生物学的またはその他の特徴を変えることによって、その人の性別を再指定するために、一連のものを行うこと計画する、行っている、行った場合、その人は性的再指定の保護特徴を有することになる（7条）。たとえば、生物学的に女性として生まれたが、性転換手術を行うことで男性になった者を挙げられる。

④婚姻・民事パートナーシップ　結婚した、または民事パートナーになった場合である（8条）。単に、一緒に暮らしているだけでは、不十分である。

⑤妊娠・出産　労働場面とその他の場面で異なった定義を用いている。労働場面において保護される妊娠・出産とは、妊娠した事実と妊娠を理由で生じた疾患、そして出産休暇を指す（18条）。一方、労働以外の場面では、妊娠した事実と出産後26週間、そして授乳を保護の対象と規定する（17条）。

⑥人　種　肌の色、国籍、民族・出自を意味する。同法は、特定の人種集団に所属する個人または人々を対象者と位置づける（9条）。

⑦宗教・信条　宗教とは、宗教を持つことだけでなく、持たないことも含む。同様に、信条は、いかなる宗教的・哲学的信条を持つこと、または持たないことを指す（10条）。

⑧性　別　男性または女性を指す（11条）。

⑨性的指向　性的指向が、同じ性別の個人間、異なった性別の個人間、またはその両方にある場合、同法の対象になる（12条）。具体的にいえば、ゲイ、レズビアン、異性愛者、バイセクシャルである。

（3）禁止する行為・平等促進義務の基本構造
（i）差　別

　2010年平等法は、妊娠・出産以外のすべての保護特徴に基づく直接差別と間接差別を禁止し、さらに障害に対してのみ起因差別と合理的配慮義務の不履行を追加で禁止する。

①直接差別　個人Aが、保護特徴を理由に、個人Bを他者よりも不利に扱った場合、AはBに対して差別したことになる。このとき保護特徴が年齢である場合、AがBの取扱いについて、合法的な目的と釣り合うものであることを

証明できたならば、AがBに対して差別したことにはならない。保護特徴が人種の場合、Bを他者から分離することも不利な取扱いとなる（13条）。

　妊娠・出産を理由とした禁止される差別の構造は、基本的に直接差別と類似の構造を有する。直接差別と妊娠・出産を理由とした差別の違いは、前者は比較対象者が必要なのに対し、後者は不必要である点にある（17条・18条）。

　さらに、保護特徴を有する者に関係する者（たとえば、障害者の介護者）や、保護特徴を有すると誤解された者も直接差別の対象になる。

②間接差別　　個人Aが、個人Bの関連する保護特徴に対して差別的である規定、基準、慣行を採用した場合、AがBに間接差別をしたことになる。ここでいう"差別的"とは、問題となる規定、基準、慣行をBの保護特徴を有さない者に同様に適用した場合に、Bの保護特徴を持つ者たちに他者よりも不利を与え、かつB自身にもその不利を被らせ、その上でAが問題となる規定、基準、慣行を適法な目的達成に適う均衡のとれた方法であることを証明できない場合を指す（19条）。

③起因差別　　障害を理由とした禁止される差別として起因差別がある。この差別は、他の保護特徴に対しては適用されない。個人Aが障害の結果生じた事柄を理由に個人Bを不利に取扱い、かつこの扱いが合法的な目的に適う意味であることを証明できなかった場合、AはBに起因差別をしたことになる。しかし、Bが障害をもっていたことをAが知らなかった場合、もしくは知ることは合理的にみて期待されない場合、起因差別に当てはまらない（15条）。

④合理的配慮義務の不履行　　起因差別と同様に、この合理的配慮義務の不履行は、障害に対してのみ禁止される。合理的配慮とは、個人Aが定める規定・基準・慣習または物理的特徴が、非障害者と比較して障害者に重大な不利を課す場合、または補助的支援なしでは障害者が非障害者と比較して重大な不利を被る場合において、その不利を避けるための合理的な範囲内の措置を指す。Aがこの配慮を義務づけられたにもかかわらず、この配慮を障害者に講じない場合、差別として判断される（20条・21条）。

（ii）差別以外に禁止される行為

　2010年平等法は、差別以外にハラスメントと報復的取扱いも禁止する。ハラスメントとは、個人Aが保護特徴に関連した望ましくない行為を行い、そし

て、その行為が個人Bの尊厳を侵害する、または、Bに恐怖を与える、敵意を有する、評判を落とす、非人道的である、または屈辱的な環境を作った場合を指す（26条）。報復的取扱いとは、個人Bが本法に基づいて申立手続きや申立のための証拠提供・情報提供などを行ったこと理由に、個人AがBに損害を与えることである（27条）。

(iii) 平等促進措置

2010年平等法は、公的セクターは、権限行使内容の決定の際に、社会経済的不利益によって生じる結果の不平等を緩和させるような方法で、その権限の行使の望ましいあり方を検討しなければならないと規定する（1条）。これを受けて、同法は、差別、ハラスメント、報復的取扱いなどの除去、保護特徴を有する者と有さない者の機会の平等促進と良好な関係の助成の必要性を考慮して、公的機関の運営を行うことを要求する（149条）。

さらに2010年平等法は、保護特徴を有する個人が、その特徴に関係した不利を被っている場合、保護特徴を有する個人を異なって取扱う必要がある場合、または、保護特徴を有する個人の活動参加が不均衡に低い場合、ポジティブ・アクションを行うことを許容する（158条）。

4．おわりに

イギリス差別禁止・平等法理は、人種から始まり、性別、障害へと順に差別禁止の保護特徴を拡大した。これに伴い、同法理が保障する内容も、既に生じた差別に対する個別救済から、差別を未然に防ぐための平等促進措置を講じるものをも含むものへと変化した。このような同法理の形成・展開、変容は、多様な個人の平等権を保障する上で、極めて意義の大きなものいえるだろう。

参考文献

Aileen McColgan, Discrimination, Equality and the law (Hart Publicathing, 2014)

Hepple, Bob, Equality : The New Legal Framework (Hart Publishing, 2011)

John Wadham, Anthony Robinson, David Ruebain and Susie Upple: Blackstone's guide to the Equality Act 2010 (Oxford, 2010)

第4章　思想・良心の自由、信教の自由、学問の自由

　人が真に自由であるためには、まずは精神が自由である必要がある。精神の自由の核となるのが思想・良心の自由である（憲法19条）。信教の自由も個人の内面に深く関わっており、公権力の介入はできる限り避ける必要がある（憲法20条）。学問研究は真理を探究しようとする営みであり、公権力や社会の動きを自由に批判できる空間をいかに確保するかが重要となる（憲法23条）。

1．思想・良心の自由

（1）具体的に保障される内容

　「思想」と「良心」について、通説は特に区別せずに論じている。「思想及び良心」は、宗教的信仰、政治的信条、世界観や人生観などの個人の内面的な精神作用を広く含む。憲法19条では、次の事柄が保障される。

　第1に、特定の思想を持つことを禁じたり、逆に強いることは禁止される。公権力には、個人の内面的な精神作用に対する中立性が求められる。

　第2に、どのような思想を抱いているとしても、それを理由として不利（有利）に扱うことは許されない。「自由の敵に自由なし」といったドイツ流の「たたかう民主制」の発想とは異なり、たとえ基本的人権の尊重や平和主義を否定する思想の持ち主に対しても、公職に就かせないなどの不利益を課すことはできない。

　第3に、どの様な思想を持っているかを明らかにするよう求めたり、強要することは禁じられる。明かしたくないことに対する沈黙の自由が保障される。

（2）具体的な事件

　ここで、19条が争点となった具体的事例を、いくつか見ていこう。

（i）新聞紙謝罪広告掲載命令事件

　第1は、選挙がらみの事件である。総選挙で対立候補の汚職を指摘した候補

者が訴えられ、裁判所から、「右放送及記事は真相に相違しており、貴下の名誉を傷け御迷惑をおかけいたしました。ここに陳謝の意を表します」という謝罪広告を、新聞紙にのせるよう命じられた。これに対して、謝る気がない候補者が、謝罪広告の掲載は憲法19条に反するとして争った。最高裁は、「単に事態の真相を告白し陳謝の意を表明するに止まる程度」であれば憲法19条違反にはならず、謝罪広告の内容は、候補者に「屈辱的若くは苦役的労苦を」与えたり、候補者の「倫理的な意思、良心の自由を侵害する」ものではないとした（最大判1956年7月4日民集10巻7号785頁）。

　謝罪広告は、被害者の「名誉を回復するのに適当な処分」（民法723条）として昔から行われてきたし、事実誤認によって名誉を毀損したという事実の表明にとどまる表現であれば、必ずしも憲法19条には違反しないとも考えられる。しかし、この謝罪広告は、事実誤認の非を認めた上で「陳謝」する文面である。一定の倫理的意味があってこそ謝罪と言いうることからすると、最高裁判決には疑問が残る。

(ii) 麹町中学内申書事件

　第2は、内申書の記載をめぐる事件である。ある中学生が、受験した高校にすべて不合格となった。後に、内申書に、「校内において麹町中全共闘を名乗り、機関紙『砦』を発行した。学校文化祭の際、文化祭粉砕を叫んで他校生徒と共に校内に乱入し、ビラまきを行った。大学生ML派の集会に参加している。学校側の指導説得をきかないで、ビラを配ったり、落書をした」などと書かれていたことが判明したため、元中学生が提訴した。最高裁は、内申書には彼の「思想、信条そのもの」ではなく「客観的事実」を記載したにすぎず、内申書からは彼の「思想、信条を了知」できないとして、違憲の主張を退けた（最判1988年7月15日判時1287号65頁）。

　しかし、内申書を読めば、彼が特定の思想・信条に肩入れしていたことは、容易に想像がつく。ほとんどの高校は、重要な学校行事である文化祭の粉砕を叫ぶような人物を入学させたくはないであろうから、内申書にこの様な記載をすることによって、彼に不利に働いたことは明らかである。また、中学校の対応は、憲法19条のみならず、彼が高校でより多角的・多面的な視点を学んで成長する機会（まさに学習権である）を奪いかねない点からも問題がある。

(iii) 日の丸・君が代

　第3に、日の丸・君が代の問題を考えてみる。都立学校では、2004年春の卒業式・入学式から、教職員に対して、日の丸が中心に掲げられている正面に向かって起立して、君が代を歌うことを義務づけた。起立しない教員に対しては、1回目の不起立で戒告、2・3回目は減給、4回目には停職処分が実際に科せられた（ちなみに、懲戒処分は、通常は、犯罪や悪質な性的非行など、よほどのことがない限り科されない。公務員の君が代斉唱の義務づけに対しては様々な見解があるとしても、不起立に対して懲戒処分でのぞむことは異様である）。処分された教員の提訴に対して、2011年の最高裁判決は、嫌がる教職員に歌わせることは憲法19条には反しないものの、彼らの内心の自由を間接的に制約することを認めた（最判2011年5月30日民集65巻4号1780頁など）。また、2012年の最高裁判決では、不起立の動機は、「個人の歴史観ないし世界観等に起因」するほか、不起立は式典を積極的に妨害するものではない。不起立を理由として減給以上の処分を行う場合は「事案の性質等を踏まえた慎重な考慮が必要」であるとして、一部の教員の処分を取り消した（最判2012年1月16日判時2147号127頁など）。この判決を受け、不起立を理由とした減給・停職処分を取り消す下級審判決が見られる。

　憲法19条からすると、君が代斉唱の強制には問題がある。まずは、国旗・国歌の一般論である。国旗・国歌はその国家や国家権力を象徴するため、皆の前で国旗に向かって国歌斉唱を求めることは、その時々の国家（権力）に対する態度表明をせまることを意味する（国家（権力）を支持することの踏み絵になる）。歌いたくない人にとって、斉唱の強制は、公的な場や度合いが強まるほど、憲法19条との緊張関係が強まる。次に、日の丸・君が代独自の事情である。君が代を歌わない人の中には、日の丸・君が代が、かつての日本の帝国主義の旗印として用いられた歴史をあげる人が多い。このほかにも、とりわけ君が代は天皇制の永続を願う歌詞であり、日本国憲法が天皇を日本国と「日本国民統合の象徴」としているとはいえ（憲法1条）、憲法原理である国民主権や基本的人権は、突き詰めると、世襲を本質的要素の1つとする天皇制と相容れない部分が出てくる。さらに、自身の宗教上の理由や民族的出自を理由として斉唱を拒む人もいる。

（3）まとめ

個人の思想・良心は、内面にとどまる限りは絶対的に保障される。しかし、君が代の問題を考えれば分かるように、内心のみが保障されても実はあまり意味がなく、本人の思想・良心と関連した表現活動をいかに保護していくかが、19条論の課題である。憲法19条を活かすためには、本人の思想・良心と強く関連した表現行為の制約は、厳格な基準で審査すべきだろう。

2．信教の自由

憲法20条は、「信教の自由」と「政教分離」の2つを保障している。

（1）信教の自由の保障内容

信教の自由を保障する憲法20条1項前段と2項から、次の事柄が保障される。

第1に、信仰の自由である。具体的には、自分が内心で信仰する事柄を外部に公言する自由（信仰告白の自由）、ある宗教の（不）信仰を理由として不利益を受けないこと、そして、自分の子どもに宗教教育を受けさせる宗教教育の自由が保障される。

第2は、宗教的行為の自由である。これには、礼拝などの宗教上の行為のほか、布教活動の自由も含まれる。

第3に、宗教的結社の自由である。好きな宗教に入ったり、新たに宗教を作る自由が保障される。

（2）政教分離原則

（i）政教分離の目的

次は、政治と宗教を分ける政教分離原則である。歴史を見れば分かるように、世俗の権力である政治と、人々の内心に強い影響を与える宗教が結びつくと、とてつもない力を持ちかねない。独裁や他宗教・宗派を抑圧する危険性も生じうるため、両者は距離を持つべきである。戦前の日本でも、神社神道が事実上の国教として特別な扱いを受け、軍国主義と結びついて人々の信教の自由を抑圧した。

そこで、憲法20条は、「いかなる宗教団体も、国から特権を受け、又は政治

上の権力を行使」すること（1項後段）と、公的機関が「宗教教育その他いかなる宗教的活動」をすることを禁じた（3項）。また、憲法89条は、「公金その他の公の財産」を「宗教上の組織若しくは団体の使用、便益若しくは維持のため」に使うことを禁じた。判例や通説は、政教分離は、公権力が宗教と中立を保つことによって、個人の信教の自由を保障するためにあると考えている。

(ii) 目的効果基準

しかし、宗教に起源をもつ世俗的行事が少なくないように、政治と宗教を完全に分けることが難しい場合もある（公立小学校における七夕や正月に関連した行事など）。そこで出てくるのが、公権力と宗教が一定のかかわりあいを持つことを前提として、それが政教分離原則に反するかを審査する目的効果基準である。元々は、かつてのアメリカ合衆国最高裁が打ち出した判断枠組であり、問題とされた行為が世俗的目的をもつか、行為の主要な効果が宗教を振興または抑圧しないか、行為が宗教と過度のかかわりあいをもたらさないか、という3要件すべてを満たさない限り違憲とされる厳しめの違憲審査基準である。

最高裁は、三重県津市が体育館を建設する際に神道式の地鎮祭を行い、それに公金を支出したことが政教分離原則に反しないかが争われた事件で、アメリカの基準を大きく修正し、問題とされた行為の目的が宗教的意義をもっており、その効果が宗教に対する援助・助長・促進または圧迫・干渉等になる、という2要件ともに満たしてはじめて違憲となるという基準を打ち出した（最大判1977年7月13日民集31巻4号533頁［津地鎮祭事件］）。この基準は、アメリカの基準と比べて合憲に傾きやすいが、違憲判決が出ることもある。愛媛県知事が、1981年から86年にかけて、靖国神社や愛媛県護国神社に玉串料などを22回にわたって計16万6,000円を税金から支払ったことが争われた事件で、最高裁は、目的効果基準を使って違憲判決を下した（最大判1997年4月2日民集51巻4号1673頁［愛媛玉串料事件］）。

しかし、目的効果基準は、裁判官の主観に大きく依存しかねない側面がある。例えば、愛媛玉串料事件では、1審は違憲、2審は合憲と判断された。また、大阪府箕面市が、小学校増改築のため、遺族会が所有する忠魂碑（戦没者を慰霊・顕彰するために建てた石碑で、町や村の靖国神社としての側面がある）を公費で移転・再建し、遺族会に市有地を無償提供した事件では、1審は

政教分離違反を認めたが、2 審と最高裁は違反しないとした（最判1993年 2 月16日民集47巻 3 号1687頁［箕面忠魂碑事件］）。

　目的効果基準は、良く言えば、個別の事案に応じた柔軟な対応ができるとも考えられるが、これでは、過去の歴史をふまえて厳格な政教分離を定めた憲法20条の趣旨は必ずしも活かされない。

（iii）新たな判断枠組か

　北海道砂川市が、市有地を連合町内会に無償で神社として使わせていたことが争われた事例で、2010年に興味深い判決が出た。最高裁は、政教分離原則に違反するのは、「社会的、文化的諸条件に照らし、信教の自由の保障の確保という制度の根本目的との関係で相当とされる限度を超える」場合であるという従来の立場を維持した。しかし、その吟味について、目的効果基準を使わずに、「当該宗教的施設の性格、当該土地が無償で当該施設の敷地としての用に供されるに至った経緯、当該無償提供の態様、これらに対する一般人の評価等、諸般の事情を考慮し、社会通念に照らして総合的に判断すべき」であるとした。その上で、本件では、鳥居・地神宮・入口に「神社」と表示された会館・祠の存在は一体として神社施設にあたる、神社で行われる初詣・春祭り・秋祭りの行事が神道の方式で行われているなどとして、政教分離原則に反するとした（最大判2010年 1 月20日民集64巻 1 号 1 頁［空知太神社事件］）。

　最高裁は、目的効果基準を使うのをやめたのだろうか。「総合判断」枠組みには、様々な事情を総合考慮する中に、目的と効果の審査を含んでいるとも考えられる。別の見方をすると、目的効果基準は、津地鎮祭事件や箕面忠魂碑事件のように、（意見は分かれるだろうが）問題となった行為が宗教性と世俗性の両方を有するもののその優劣が微妙であって、いずれの要素を重視するかの判断に迫られた事案で用いることを想定しており、本件のような宗教性の要素が勝った事案は、目的効果基準の出る幕ではないからかもしれない（空知太神社事件、藤田補足意見）。

　しかし、4 人の裁判官の意見などは、多数意見と同じ「総合判断」枠組みを使いながら多数意見とは異なる結論を導いており、裁判官の価値観に大きく影響を受ける目的効果基準の問題点は解消されていない。

（iv）厳格分離アプローチ

別の判断枠組も提唱されている。例えば、宗教家が宗教の作法で行った儀式は「宗教的活動」にあたるとするものがある（津地鎮祭事件、5名の裁判官の反対意見）。目的効果基準や「総合判断」枠組みに比べて単純明快である。また、完全分離を原則として、それが不可能か不適当なときに限って政教分離を和らげることが許されるとする考え方もある（愛媛玉串料事件、高橋意見・尾崎意見）。人によって何が「完全分離が不可能か不適当なとき」にあたるかは異なってくるにせよ、より判断がつきやすい。

(3) 信教の自由と政教分離との関係

また、厳密に政教分離を貫き通すことが、逆に個人の信教の自由を傷つける場合もある。学校での事例を2つ見てみよう。

原告の通う公立小学校の授業参観日と、両親が主宰する教会学校の時間帯が重なってしまい、原告はやむを得ず参観授業を欠席した。学校は、教会学校に通う児童だけを特別扱いできないとして、指導要録に「欠席」と記載した。これに対して原告が、信教の自由を侵害されたとして、欠席の記載の取消などを求めた。東京地裁は、子どもが宗教行為に参加する場合に欠席の記載をしない＝出席を免除することは、彼らのみを特別扱いすることになり、「公教育の宗教的中立性を保つ上で好まし」くないとして訴えを退けた（東京地判1986年3月20日行集37巻3号347頁［日曜日授業参観事件］）。

他方で、公立高専の学生が、信仰する宗教の教義に基づいて必修の剣道実技を拒否した。高専は、ある宗教の信者のみ剣道実技を免除することは公教育の宗教的中立性に反するとして代替措置を一切認めなかったため、学生は2年連続で体育の単位を落とし、学則に基づいて退学処分となった。信仰を貫いたために退学に追い込まれた学生は、信教の自由の侵害などを理由として提訴した。最高裁は、学生が剣道実技を拒否したのは「信仰の核心部分と密接に関連する真しな」理由からであり、学生に対してレポートなどの代替措置を認める（特別扱いする）ことは目的効果基準に反しない（政教分離に違反しない）。この様な理由での退学処分は、学校長が持つ裁量権を超えて違法であるとした（最判1996年3月8日民集50巻3号469頁［剣道実技拒否事件］）。

過去の人類の歴史をふまえれば、政教分離原則自体の徹底にも意義はある。

しかし、政教分離の目的は個人の信教の自由を保障するためにもあることからすると、政教分離と信教の自由が争われるケースでは、政教分離を原則としつつも、政教分離を貫くことで信教の自由に与える影響や個人の不利益の程度、代替手段の有無などを考慮する必要がある。

（4）まとめ

　（3）の事例で、信教の自由を主張した側は少数者で、政教分離を援用した側は多数派や支配層であるという点に気づいただろうか。信仰を理由として欠席した授業を欠席扱しないでほしいと主張する人、信仰を理由として退学覚悟で必修の授業を受けない人は、今の日本社会ではごくわずかである。ドイツでの、公立学校におけるムスリム女性のブルカやニカブの着用をめぐる論争にも、実は同じ構造があてはまる。このように、杓子定規に政教分離を貫き通すと、かえって少数者の信教の自由を害する場合がある。憲法の役割の１つが少数者の権利の擁護にあることからすると、本末転倒であり、配慮が必要だ。

3．学問の自由

（1）学問の自由の意義と内容
（i）目　的

　真理の探究を目的とする学問研究の本質や、公権力が学問の自由に対して干渉を加えてきた歴史（有名なのが、1933年の滝川事件や1935年の天皇機関説事件である）にてらして、憲法23条は、公権力の学問活動への干渉を禁止した。憲法23条からは、次の自由が保障される。

　第１に、自由な研究活動を行うことができる（研究の自由）。第２に、研究成果を、学会などで自由に発表することができる（研究発表の自由）。第３は、大学の講義内容は自由に組み立てて自由に話すことができる（教授の自由）。大学に学習指導要領などがないのはそのためである。第４は、大学の自治である（後述）。

（ii）学問の自由の限界

　しかし、研究活動には、大量破壊兵器の製作など、人類の存在を脅かしうるテーマもある。このような研究や研究発表に対して、法的な規制は一切許され

ないのであろうか。

　例として、ヒト胚を用いた研究を考えてみよう。ヒト胚は、一定期間内に廃棄するとはいえ、人の萌芽段階にある。伝統的な通説は、公権力はおよそ一切の研究内容に干渉すべきではなく、あくまで研究者や研究者集団の自主規制に委ねるべきであるとする。しかし、人を人為的に作り出すことにもつながりうる研究が許容されるかは疑問の余地があり、社会全体で考えるべきテーマと言える。さらに、研究者の「功名心」や研究機関による圧力などから悪用される可能性もある。そのため、人間の尊厳を根本からゆるがしかねない研究分野に対しては、必要最小限度の法律による規制を設けることが許容されるとする見解も有力である。

(2) 初等・中等教育における教育の自由

　教授の自由は、伝統的に、大学教員のみが持つ特権として理解され、小中高の教員には保障が及ばないとされてきた。確かに、高等教育機関（大学など）は一義的には研究機関であり、教育活動も、大人である学生に対して、教員自身の研究成果をもとに教授することが主眼にある（はずである）。他方で、初等・中等教育機関（小学校・中学校・高校など）は、研究機関というよりは児童・生徒の教育を受ける権利（憲法26条）に応える教育機関であり、子どもの発達段階に応じた内容や、全国一定水準を確保すべき要請から、自ずと教える内容には一定の制約がかかる。

　しかし、第1に、初等・中等機関でも学問的知見に基づいた教授活動は行われる、第2に、教育は子ども一人ひとりに向き合って行うべきとする教育の本質論（教育条理）からすると、教育内容は児童・生徒に日々接する個々の教員にできる限り委ねるべきである、第3に、この様な教育に携わる小中高の教師も大学教員と同じく専門職である、ということからして、小中高の教師にも、一定の教授（教育）の自由が保障されると考えられる。

(3) 大学の自治
(i) 目的と内容

　大学の研究者が、公権力の動向を忖度することなく自由に研究活動を行える

ようにするため、大学の自治が保障される。通説では、大学の自治は、学問の自由を保障するための制度的保障と考えている。一般には、大学の自治は、次の 2 点を主な内容とする。

　第 1 に、学長や教授などの研究者の人事は、大学の自主的判断に基づいて行われる（人事の自治）。第 2 に、大学の施設と学生は、大学の自主的判断によって管理される（施設・学生の管理の自治）。

　このほかに、予算管理における自治（財政自治権）と、研究・教育の内容と方法等の自治（もっとも、教員個人の教授の自由と緊張関係に立ちうる）を加える考え方もある。

(ii) 施設管理と警察

　自由な学問研究と公権力による統制は、根源的に相容れない。だからこそ、憲法23条が独立の条文として設けられている。公権力の中でも、捜査権限を持つ警察から大学の自主性を保つことは、特に重要である。

　大学といえども、犯罪捜査のための学内立入りは、正規の令状があれば拒否できないが、捜索は、大学構成員の立会いの下で行われる必要がある。また、学内で大規模なトラブルが生じ、警察の介入の必要性に迫られたとしても、それはあくまで大学側が主体的に判断すべきであって、警察が独断で学内に入ったり、介入を大学に「要請」することは許されない。

　警備公安活動（犯罪の予防・鎮圧に備えて、情報を収集し調査する活動）のための学内立入りは、学問の自由に対する無言の圧力となりうる。リーディングケースが、学生団体による松川事件（戦後初期の著名な冤罪事件である）を題材とした公演に潜入した私服警官を発見した学生が、暴行を加えて起訴された東大ポポロ事件である。最高裁は、学生の集会は、（本件のように）「大学の公認した学内団体であるとか、大学の許可した学内集会であるとかということのみによって、特別な自由と自治を享有するものではない。学生の集会が真に学問的な研究またはその結果の発表のためのものではなく、（本件のように）実社会の政治的社会的活動に当る行為をする場合には、大学の有する特別の学問の自由と自治は享受しない」として、警察官の立入りは大学の自治と学問の自由を侵害しないとした（最大判1963年 5 月22日刑集17巻 4 号370頁）。

　しかし、最高裁判決は、警察官が長期間学内で情報収集をしていたという根

源的な論点を考慮していない。また、「学問」と「政治的社会的活動」の峻別の判断は、貧困問題などの社会問題に真摯に向き合えば、実際には困難となる場面が多々ある現実をふまえていないなどの問題がある。

(iii) 学生の地位

　伝統的な理解では、大学の自治の主体は教員組織（教授会）にあり（もっとも、2014年の学校教育法93条の改正によって、教授会自治は、法律レベルでは大きく後退した）、学生は、営造物（公共のために用いる施設）の利用者にすぎないと考えられていた。東大ポポロ判決でも、学生が「学問の自由を享有し…施設を利用できるのは、…大学の教授その他の研究者の有する特別な学問の自由と自治の効果」にすぎないとしていた。

　しかし、1960年代末から、学生も大学自治の担い手であるべきとする議論が有力化した。教員組織と同等の権限は持たないにせよ、「学生は、大学における不可欠の構成員として、学問を学び、教育を受けるものとして、その学園の環境や条件の保持およびその改変に重大な利害関係を有する以上、大学自治の運営について要望し、批判し、あるいは反対する当然の権利を有し、教員団においても、十分これに耳を傾けるべき責務を負う」（仙台高判1971年5月28日判時645号55頁［東北大学事件］）という考えである。

　教員のみならず、職員や学生も自治の担い手である（べき）とする「三者自治」が死語となって久しく、学生全体としての意思を表明する学生自治会を作ったり、あったとしてもそれに参加する文化や意識が根づいていない現在の大学の現状は、この論点を議論する前提を欠きかねない。しかし、学生も大学で学問を学ぶ主体であるから、（個々の授業に対するアンケートなどにとどまらない）より広い大学のあり方に関して学生が自由に議論し、見解を表明できる仕組みについて、大学や学生自身が考えていくことが望まれる。

参考文献

長谷川正安『思想の自由』（岩波書店、1976年）

高橋哲哉『靖国問題』（ちくま新書、2005年）

杉原泰雄「大学研究室の捜索と大学の自治―「和光大学事件」をめぐって」『基本的人権と刑事手続』（学陽書房、1980年）

コラム：宗教的寛容

　映画『炎のランナー』（原題：Chariots of Fire）は第54回アカデミー賞を受賞した20世紀を代表する映画の１つであり、その主題曲はロンドンオリンピックの開会式でも演奏された。自己の存在理由を賭けて走ることを選んだ２人の若者、ユダヤ人ハロルド・エーブラムスとスコットランド人宣教師エリック・リデルを軸に映画は展開するのだが、もう１人貴族ランナー、アンドリュー・リンゼイ卿が絶妙な役割を演じている。

　映画中、次のようなシーンがある。リデルが出走予定だった競技が安息日に開催されることになってしまう。神の恩寵を体現するために走るリデルにとって、神の定めた安息日に競技を行うことは自己否定となるため、彼は棄権を申し出る。この決断は当然紛糾を招くのだが、皇太子を目の前にして、国家のために走れと迫る選手団役員に対して、リデルは決然とそれを拒否する。その時、リンゼイ卿が颯爽と言い放つ。「僕は自分のメダルはもう取ったから、僕の代わりに走れよ」と。

　リデルはスコットランド国教会の宣教師である。イギリスの国教はイングランド国教会であり、その首長はイギリス国王である。リデルの拒絶は二重の意味で国家的価値へ不服従である。イングランド国教会を国教として戴くイギリスという国家に対して、そして国教会と国家の２つを身体的に体現するイギリス国王（の後継者たる皇太子）に対して。

　ここにイギリスという国家の複雑な構造が如実に現れている。元来別個の王国であったイングランド、スコットランド他からなる連合王国（United Kingdom）でありながら、そのうちのイングランド国教会のみがその国教となっており、それゆえ連合王国の臣民（国民）でありながら自己の宗派が国教とは異なるという矛盾である。「走れ」、「走らない」という応酬は各々の正義ないし原理の対立なのである。原理と原理が対立したとき、それを調停できるのは現実的な妥協でしかない。その妥協のための方途を貴族であるリンゼイ卿が提供する。リデルはその申し出を受け入れて当初出場を予定していなかった種目で金メダルを獲得する。国家的価値や原理というものにそれほど拘泥することなく、歴史的あるいは政治的な文脈の中で現実的な解決の途を探り、絶妙な帰結に導くさま。紹介したシーンではそれが国教制度を採用する国での「宗教的寛容」として描かれるのだが、このような絶妙なバランスこそが、イギリス憲法政治の真髄であるように思えるのである。

第5章　表現の自由

日本国憲法21条1項は、大きく分類して「表現の自由」「集会の自由」「結社の自由」という、人の精神活動を外部に表出する行為の自由を保障している。

1．表現の自由の意味と意義

(1) 表現の自由の保護範囲

表現の自由が保護する表現活動の範囲は非常に広く解されており、①あらゆる情報の発出、②情報の受領、さらには③情報の収集までもが、憲法21条によって保護される「表現」に含まれる。さらに、表現の自由条項は、情報の発出・受領・収集といった個人の行動の自由を保護するにとどまらず、社会の中で情報が自由に流通している状態をも保護していると解されている。

ただし、最高裁は、取材活動などの③情報の収集の自由を憲法21条の保護対象それ自体としては位置づけていない（詳しくは取材の自由の箇所を参照）。

また、②情報の受領は「知る権利」とも呼ばれることがある。「知る権利」は、広義には、自由に新聞を読むなど様々な意見・知識・情報に接する自由を意味する。最高裁はこの自由を憲法19条・21条などの派生原理として当然に憲法上保障されるとしている（よど号ハイジャック記事事件）。また広義の知る権利は、マスメディアによる報道の自由も基礎付ける（博多駅事件）。

他方で狭義の「知る権利」は公的機関に対する情報公開請求権を意味する。情報公開法には明記されていないものの、各自治体の情報公開条例では「知る権利」を具体化する旨が明記される例が多い。

情報公開制度において情報開示が原則であっても一定の情報については不開示となりうるが（たとえば情報公開法5条）、その代わりに、ある情報が不開示情報となるかどうかを個別に司法審査を行うしくみ（ある情報が不開示情報になるかどうかの証拠調べのインカメラ審理の導入など）や、公文書として管理するしくみを整備することが必要となる。この点で公文書管理法の運用や特

定秘密保護法には大きな課題が残る。

（2）表現の自由の価値

　表現の自由は絶対的権利ではないものの、その制約には最大限の慎重さが求められる。表現の自由は人権の中でも特に「優越的地位」を有するからである。

　この優越的地位は3つの「表現の自由の価値」から説明される。まず、表現活動は個人が他者との関わりの中で自分らしい生き方をするためには不可欠であるという「自己実現の価値」。次に、民主主義の下で人々が意見をやり取りすることに資するという「自己統治の価値」。さらに、私たちは他者との議論を通じてこそ、可能な限り根拠に基づいた判断を行うことができるが、このような自由な言論空間は「思想の自由市場」と呼ばれる。

　したがって表現の自由には特に手厚い保護が必要となる。そのため、表現の自由（さらには広く精神的自由権）を、経済的自由権と比べても特に手厚く保護すべきだとする「二重の基準」という考え方が提唱されている（最高裁も、一般論として表現の自由の重要性を認めている）。「二重の基準」論とは、表現の自由（広く精神的自由）を規制する立法の違憲審査基準を、経済的自由への規制に対する違憲審査基準よりも厳格にするべきだ、という考え方である。

2．表現の自由に関する様々な場面

（1）表現内容規制

　表現の自由に対する規制として、まず、一定の表現内容を理由とする規制がある。典型的には政府を批判する言論の規制や思想弾圧などの、民主政の観点からは最も危険な規制である。したがって、表現内容規制に対しては最も厳格な違憲審査が及ぶ。もっとも、「わいせつ」「名誉毀損」など一定の表現類型はそもそも21条の保護対象外と考えることもできるが、その場合でも保護対象外となる類型を厳格に定義しなければならない。

（ⅰ）わいせつ

　刑法175条は「わいせつ」文書図画の頒布を刑罰で禁止している。そもそもなぜ「わいせつ」の規制が許されるかについては、性道徳の保護（チャタレー事件）、見たくない人や青少年の権利保護、あるいは女性差別の助長防止など

が根拠として挙げられるが、これが刑罰による禁止の十分な根拠となるのか議論がある。ともあれ、一応「わいせつ」の規制が許されるとしても、次に何が「わいせつ」なのかが問題となる。最高裁は、「いたずらに性欲を刺激し、性的羞恥心を害し、性的道義観念に反する」という要件を満たすと社会通念上考えられる表現を「わいせつ」としているが、これが定義として曖昧または広範に過ぎるのではないかという問題がある。そこで、「わいせつ」該当性を判断する際にも、どのような文脈でその性表現がなされたかを考慮するべきである。チャタレー事件（最大判1957年3月13日刑集11巻3号997頁）で最高裁は、世界的文学作品『チャタレー夫人の恋人』の翻訳本を、その中の性表現を理由にわいせつ文書としたが、ここで最高裁は、当該文書の芸術性は「わいせつ」認定を妨げないとした（絶対的わいせつ概念）。ただしその後、悪徳の栄え事件（最大判1969年10月15日刑集23巻10号1239頁）や四畳半襖の下張事件（最判1980年11月28日刑集34巻6号433頁）で、文書全体を通して問題となる性表現が「わいせつ」3要件に該当するか否かを判定するという方法（全体的判定方法）を示し、さらに近年ではメイプルソープ写真集事件（最判2008年2月19日民集62巻2号445頁）において、男性器の写真を含む著名写真家による作品集を「わいせつ」に当たらないとした。

　「わいせつ」と関連して児童ポルノ規制がある。規制の根拠は十分に存在するが、規制の対象（所持や空想ポルノ）は検討の余地のある論点である。

(ii) 名誉毀損・プライバシー権侵害

　名誉毀損には民事でも刑事でも責任が課される。刑法230条は事実の摘示による名誉毀損を処罰の対象としているが、これだけでは言論活動への過剰な規制となる場合がある。そこで刑法230条の2は①公共性、②公益性、③真実性のある言論を処罰しないとしている。さらに①について月刊ペン事件（最判1981年4月16日刑集35巻3号84頁）は宗教法人の会長という社会的に影響力のある私人についての記事も公共性を有するとし、③について「夕刊和歌山時事」事件（最大判1969年6月25日刑集23巻7号975頁）は真実性の証明がなくともその事実を真実であると誤信したことに相当の理由があれば処罰されない（相当性の法理）、とした。もっとも、表現の自由をより手厚く保障すべきだとする学説は、虚偽の事実と知ってあえて公的人物について報じた場合のみを名

誉毀損とする、アメリカの「現実の悪意」の法理を導入すべきだとしている。

　民法上の名誉毀損は、事実の摘示のみならず意見や論評によっても成立しうるが、民事についても刑法230条の2の諸要件が用いられるほか（最判1966年6月23日民集20巻5号1118頁）、「公正な論評」も免責される（長崎教師ビラ事件［最判1989年12月21日民集43巻12号2252頁］）。

　プライバシー権の保護を根拠とする表現の自由の限界についても、プライバシー権の主体の社会的地位や当該プライバシー情報の性質や表現の社会的価値等の衡量によって個別に判定される詳細はプライバシー権の箇所を参照。プライバシー情報の一種である前科情報の公表の可否も、犯罪を犯した一般私人が社会に復帰するという更生保護の利益と、他方でこれを公表することの公共性等との比較衡量の上で決定される（『逆転』事件［最判1994年2月8日民集48巻2号149頁］）。とりわけ少年犯罪の場合には、少年の可塑性あるいは成長可能性に鑑みて保護の要請が強くなる。この点、少年法61条は少年犯罪の報道につき本人を推知できるようにしてはならないとしているが、これが推知報道を絶対的に禁止する趣旨なのか、あるいは原則禁止とするにとどまる趣旨なのかは、判例上明らかではない（長良川報道事件［最判2003年3月14日民集57巻3号229頁］）。

(iii) 営利的表現

　広告には経済活動としての側面（憲法22条）もあるが、広告による情報伝達という機能を重視すれば表現活動であるといえる。ただし、虚偽誇大の広告であるか否かは客観的に判定が可能であり公権力による規制の濫用のおそれは少なく萎縮効果が生じにくいこと、また、消費者保護の観点から、広告への規制は通常の表現活動への規制と比べて許容される余地が大きいことを理由に、厳格審査は不要、とするのが通説である。

　あん摩師等法事件（最大判1961年2月15日刑集15巻2号347頁）は、法律7条があん摩師等の広告を規制していることにつき、「患者を吸引しようとするためややもすれば虚偽誇大に流れ、一般大衆を惑わす」ことの防止のために一定事項以外の広告を禁止することはやむを得ないとしている。とはいえ、虚偽誇大広告を防止するという目的で、例えば適応症についての正しい情報の広告を一切禁止する手段を取ることが比例的であるかどうかは問題だろう。

(iv) 煽 動

犯罪・違法行為をあおる行為である煽動（せん動）は刑事罰の対象となることがある（たとえば破防法38〜40条等）。煽動罪が具体的法益侵害を要せず「あおり」行為それ自体を処罰するという抽象的危険犯として扱われていること、そして政治的発言に対する恣意的な抑制になるおそれがあることから、その適用には慎重さを要する。したがって学説は、犯罪を煽る発言が「明白かつ現在の危険」をもたらす場合にのみ処罰すべきであると説く。しかし判例は、煽動罪の適用の危険性を特に配慮することなく、煽動によって引き起こされるかもしれない危険を防止することは公共の福祉に適合するということのみをもって煽動罪規定それ自体を合憲とし、その適用については何も述べるところがない。判例として、食糧緊急措置令事件（最大判昭和24年5月18日刑集3巻6号839頁）、渋谷暴動事件（最判1990年9月28日刑集44巻6号463頁）などがある。

(2) 表現内容中立規制

表現活動に対する規制には、表現内容に対してではなく、表現を行う時・場所・方法についての規制もある。学説には、表現内容中立規制は少し緩やかな審査基準（厳格な合理性の基準）で足りるとするものもあるが、内容規制と内容中立規制を截然と区別することが可能なのかという批判もある。表現方法の規制が、一定の人にとっては事実上一切の表現の可能性を規制することにもなりかねないからである。また、表現の場所に対する規制については、人々が自由に出入りできる「場所」での表現活動が民主主義に資することを重視して、表現の自由に配慮すべきであろう（パブリック・フォーラム論）。さらに、表現内容中立規制を装いつつ、その実際の適用は一定の表現内容のみを狙い撃ちするような運用がされる可能性にも注意する必要がある。

具体的な場面をみてみよう。ビラ・ポスターを街中の電柱等に貼付する行為に対する規制は、表現の場所・方法への規制である。最高裁は大阪市屋外広告物条例事件（最大判1968年12月18日刑集22巻13号1549頁）で、この条例による規制は都市の美観風致と公衆への危害防止という目的に必要かつ合理的な制限にとどまるとして合憲判断を下した。ただし、ビラ貼付という原始的かつ容易な表現方法は一般人にとって最も利用可能な方法であるため、これを事実上全

面的に認めないことになると実質的には表現それ自体への禁止につながるおそれもある。そこで、表現方法に対する規制も、規制目的を達成させるための「より制限的でない他の手段」がないかどうか（たとえば掲示板を用意しているか否か）を判定基準にすべきであるという学説からの批判がある。なお大分県屋外広告物条例事件（最判1987年3月3日刑集41巻2号15頁）の補足意見で伊藤正己裁判官は、ビラ・ポスターの貼付に適した一定の場所はパブリック・フォーラムの性質を帯びることもあるから、美観風致を理由に簡単に規制することは許されないと述べた。

　民間会社が管理する場所もパブリック・フォーラムに該当しうる。私鉄駅構内（駅南口1階階段付近）でのビラ配布行為が不退去罪（刑法130条後段）等で起訴された吉祥寺駅事件（最判1984年12月18日刑集38巻12号3026頁）では、最高裁は、他者の管理権を侵害する方法での表現活動は保障されないと簡単に述べた。これに対し、補足意見の伊藤正己裁判官は、私鉄駅構内であっても場所によっては可能な限り表現の自由に配慮すべきパブリック・フォーラムの性質を強く帯びることになるため、たとえば駅前広場でのビラ配りに対する規制は、比較衡量の結果、許されないと述べている。

　自衛官官舎の各室玄関ポストに自衛隊イラク派遣反対のビラを投函した行為が刑法130条前段の住居侵入罪で起訴された事例として立川反戦ビラ事件（最判2008年4月11日刑集62巻5号1217頁）がある。最高裁は、被告人の行為が刑法130条前段に該当するとした上で、管理権者の意思に反して「人の看取する邸宅」に立ち入ることは管理権と私生活の平穏を害するため、表現の手段としては許されないとした。しかし他の商業用のビラ投函とそのための立入りは黙認されていたわけであり、そのような場所の性質や、特定の表現内容を目した起訴であった可能性の検討も必要だったとの批判がある。

　関連して、最高裁判例では、しばしば、「意見表明そのものの制約」と「行動のもたらす弊害の防止」とを区別し、後者への規制は間接的・付随的制約に過ぎないとして、それによって失われる利益を軽視する傾向がある。公務員の政治活動禁止（猿払事件［最大判1974年11月6日刑集28巻9号393頁］）や、選挙運動における戸別訪問の禁止（戸別訪問事件［最判1981年7月21日刑集35巻5号568頁］）など、実質的には表現の主要な方法に対する全面的規制とみなさ

れるべき規制が「間接的・付随的制約」とされている。

（3）マスメディア

　マスメディアはマス（多数の人）に発信する情報媒体（メディア）を広く指すが、通常は出版・新聞・放送などの報道機関を指す。

（i）報道の自由

　報道機関には報道の自由が保障される、というのが学説・判例である。最高裁の博多駅事件（最大決1969年11月26日刑集23巻11号1490頁）は、報道の自由が民主主義社会における国民の「知る権利」に奉仕するものであるという理由で、これが憲法上保護されるとした。学説にも、報道機関の報道の自由が「人格的生存に不可欠な権利」だからではなく、報道機関の活動が公益上重要であるからこそ保障されると考えるものがある。

（ii）取材の自由

　次に取材の自由について、博多駅事件は「報道のための取材の自由も、憲法21条の精神に照らし、十分尊重に値いする」と述べている。この言い回しの中で最高裁は取材の自由を憲法上の保護の対象として正面から認めず一段低い扱いをしているように思われるが、学説には、これを取材の自由を憲法的保護の対象と認めたものと解すべきであるとするものもある。

　取材の自由が具体的に問題となる場面として、法廷内での取材、取材フィルムの提出命令・押収、取材源の秘匿、国家秘密への取材が挙げられる。

　北海タイムズ事件（最大決1958年2月17日刑集12巻2号253頁）は、刑事訴訟規則215条に反して審理中に写真撮影を行った記者が法廷秩序維持法による過料を課された事件である。「荒れる法廷」の時代の、また取材の自由の憲法的位置付けが不明確な時代の判断ではあるが、最高裁は、憲法21条で保障される報道のための取材活動であっても公法廷の審判の秩序を乱すことは許されず、法廷における写真撮影を許可制とすることは合憲であり、これに違反する者への制裁も正当であるとした。一方、レペタ事件（最大判1989年3月8日民集43巻2号89頁）は法学研究者である裁判傍聴人のメモ採取行為を裁判所が制限したことが争われた事例であるが、最高裁は、筆記行為の自由を「憲法21条1項の規定の精神に照らして尊重されるべきものである」という、取材の自由

より一段と低い憲法上の位置付けを与えつつ、傍聴人がメモを取ることで公正かつ円滑な訴訟の運営が妨げられることは通常ありえないと述べている。

　刑事裁判の中で裁判所が取材フィルムの提出を報道機関に命令したことの合憲性が争われたのは博多駅事件である。最高裁は、取材の自由が憲法上「十分尊重に値いする」ものと述べた上で、取材フィルムを提出させたときに公正な刑事裁判を実現できるという利益と、提出させられることによって受ける報道機関の不利益（将来の取材が妨げられる可能性など）とをその時々で衡量するべきであるとした（比較衡量論）。その後、日テレ事件（最決1989年 1 月30日刑集43巻 1 号19頁）は検察による取材テープの差押えを比較衡量の上で認め、ギミア・ぷれいく事件（最決1990年 7 月 9 日刑集44巻 5 号421頁）は警察による取材テープの差押えを認めるに至った。それぞれ特殊な事実関係を背景にしているものの、最高裁はこれらをすべての同一の判断枠組みに依拠して判断しており、取材の自由への配慮が不足しているのではないかという批判が多い。

　ジャーナリストが法廷で証言する際に取材源を開示させられることがある。取材は情報提供者との信頼関係があって初めて行えるものであり、取材源が常に明示されることとなると情報提供が萎縮してしまうこともありうる。石井記者事件（最大判1952年 8 月 6 日刑集 6 巻 8 号974頁）という古い判例は刑事事件における取材源証言拒否を認めなかった。しかし民事事件であるNHK事件（最決2006年10月 3 日民集60巻 8 号2647頁）は、民事訴訟法197条 1 項 3 号にいう「職業の秘密」に報道関係者の取材源が含まれるとし、それによってジャーナリストの証言拒絶が比較衡量の上で認められるとした。

　国家秘密への取材が争われた事例として西山記者事件（最決1978年 5 月31日刑集32巻 3 号457頁）がある。これは記者が外務省職員と肉体関係を利用して沖縄返還関係書類を入手したことが国家公務員法111条違反（国家秘密漏洩のそそのかしの罪）に問われた事例である。最高裁は、国家秘密とは実質的に秘密として保護に値するものと司法判断によって判定されるものであるとした上で、国家秘密に対する取材活動は「その手段・方法が法秩序全体の精神に照らし相当なものとして社会観念上是認されるものである限りは、実質的に違法性を欠き正当な業務行為というべきである」とした。もっとも本件では、記者の取材活動が取材対象者の人格の尊厳を著しく蹂躙するものであるとして違法と

した。本判決が示した規範は、特定秘密保護法22条2項も一応確認している。

(iii) 放送の自由

　2010年改正の放送法では、放送とは「公衆によつて直接受信されることを目的とする電気通信…の送信」と定義されており、無線のラジオ、テレビ、CS・BS衛星放送や有線ケーブルテレビや有線ラジオも含む。

　放送には他のメディアにはない規制がかけられている。まず参入規制として、基幹放送（地上波テレビ・ラジオ・BS 放送・東経110度CS放送）を行う放送局の開設には総務大臣の許可を要し（電波法4条）、他の放送局の設備を用いて放送業務だけを行う場合には総務大臣の認定を要する（放送法93条）。また放送内容規制として、放送法4条はすべての放送事業者に対し番組編集準則を定め、同106条はテレビ放送に対し番組調和準則を定めている。これらのような新聞など他のメディアにはありえない規制の合憲性が問題となっている。従来は、①電波の希少性、②放送の「お茶の間」への影響力の大きさ、③番組内容の画一化の防止という3点が合憲論の根拠として挙げられてきた。しかし、①についてはデジタル化や多チャンネル化が進んでいること、②や③には実証的根拠に乏しいことから、放送法の規制に違憲の疑いが示されているところである。この点、政府の規制によって多様性が確保されるメディアが存在することで、マスメディア全体における情報の多様性が確保されるとする「部分規制論」という考え方も学説から示されている。

(iv) マスメディアと市民

　思想の自由市場は表現の自由の価値の1つと数えられるが、しかし現状は「自由市場」など存在せず、実際にはマスメディアという独占企業によって牛耳られているのではないだろうか。このような問題意識を前提にして提唱されるのが「アクセス権」である。アクセス権とは、一般国民がマスメディアに自己の発言の機会を与えるよう求める権利である。典型的には、マスメディアを通じて批判された者が、無料で、批判記事と同程度の規模（紙面・時間）を反論のための使わせることを要求する反論権がある。フランスやドイツでは法律で制度化されているこの権利につき、日本の判例は、法律なしに憲法21条から直接認められないとしている。サンケイ新聞事件（最判1987年4月24日民集41巻3号490頁）では、日本共産党はサンケイ新聞が掲載した自民党意見広告に

反論するため、意見広告を無料で掲載するよう求めたが、最高裁は、反論権制度を認めた場合、新聞社にとっては批判的記事の掲載を躊躇してしまうなど表現の自由を間接的に侵す危険が生じるので、具体的な法律がない中で反論権を認めることはできない、とした。

　関連して、放送法 9 条は、真実でない事項の放送に対し訂正放送を行うよう放送事業者に義務付けている。では真実でない放送の被害者はこれに基づいて訂正放送を要求できるか。この点、最高裁は生活ほっとモーニング事件（最判2004年11月25日民集58巻 8 号2326頁）で、この義務は放送事業者が自律的に行うべき公法上の義務であり、真実でない放送の被害者に対して訂正放送を求める私法上の請求権を付与した規定ではない、と述べた。

（4）インターネット

　インターネットや関連する技術革新は、表現の自由に新たな状況をもたらしている。たとえば、インターネットによって誰もが簡単に発言できるようになったという情報発信の多元化と、インターネットに参加する人々が直接に情報のやり取りができるようになったという双方向化である。またネット空間には国境がなく、さらに膨大な情報はネットの様々な場所に蓄積される。

　SNSやブログなどで無数の人がネット空間に参加できるようになり、様々な情報を発信できるようになった。まさに文字通りの「思想の自由市場」が登場しているように見える。そしてそのネット空間のあり様は、いわゆる「ツイッターデモ」の例があるように、民主主義のあり方をも規定しうる。まさにインターネットは表現の自由の価値を促進する効果を有している。他方でインターネットはリアル空間とは違った問題をも生じさせている。たとえば、プライバシー情報が一度ネット空間に流れると、その被害の回復はとりわけ困難になる。また、手軽にネットにアクセスすることができることから、匿名による名誉毀損からの権利救済をどのような制度を通じて行うかの問題もある。

　したがって、今後はまずインターネット空間の法制度の設計が重要になる。その際には、表現の自由における諸論点を従来通りに適用すべきであるか否かの問題だけではなく、インターネットのハブとなる民間事業者を公的存在として扱うべきか否かといった問題や、さらには情報通信技術による技術的なネッ

ト空間の設計（アーキテクチャ）の問題にも目を向ける必要がある。

3．表現の自由に対する事前抑制

　思想の自由市場という発想は、どのような思想であってもまずは公表され人々の吟味に服されるべきである、という考え方を前提とする。全知万能な人が存在しないこの社会において、思想の良し悪しが誰かによって事前に決定され「悪しき思想」とみなされた思想が世に出回ることがなくなったとき、それは社会における知識の総量の減少を意味し、民主社会の存続や個人の自律的生に致命的な打撃が与えられることを意味する。したがって、表現行為に対する事前規制は特に禁止されるべきこととなる。

（1）検　閲

　憲法21条2項の検閲禁止規定につき、通説判例は、この条文は表現の事前規制が禁止されることを前提に、その中でも特に悪質な「検閲」を絶対的に禁止する趣旨だと解している。

　そこで次に「検閲」の定義が問題となる。通説判例はともに、検閲を行政権による情報の事前抑制であると捉える点で共通するが、判例はさらに定義を絞っている点に特徴があり、この点で学説からの批判がある。最高裁の税関検査事件（最大判1984年12月12日民集38巻12号1308頁）は「検閲」を「行政権が主体となって、思想内容等の表現物を対象とし、その全部又は一部の発表の禁止を目的として、対象とされる一定の表現物につき網羅的一般的に、発表前にその内容を審査した上、不適当と認めるものの発表を禁止することを、その特質として備えるもの」と述べた。つまり最高裁によると、「検閲」の要件は、「主体＝行政権」、「対象＝表現発表における思想内容」、「態様＝発表禁止を目的とした網羅的一般的な方法で行われる発表前審査」である。これに対しては、これでは戦前の新聞掲載記事差止命令もが検閲ではなくなってしまうという批判がある。

　その上で、最高裁は「公安又は風俗を害すべき書籍、図画、彫刻物その他の物品」の輸入禁止（旧関税定率法21条1項3号、現在は関税法69条の11第1項7号）規定に基づく税関検査について、外国では発表済みのものを対象とする

ことや、輸入品を網羅的一般的に審査することを目的とするものではないこと
を理由に、検閲に該当しないとした。

　その他、県知事による有害図書指定や文科大臣による教科書検定の検閲該当
性が争われたが、最高裁はこれらを否定した。岐阜県青少年保護育成条例事件
（最判1989年 9 月19日刑集43巻 8 号785頁）は、条例に基づき「青少年の健全な
育成を阻害するおそれがある」図書を有害図書として個別指定し、あるいは
「卑わいな姿態」の写真を含むといった一定の基準を満たした図書を事前に有
害図書として包括指定し、そのように指定された有害図書を自販機に収納する
ことを禁止することは、検閲には当たらないとした。補足意見（伊藤正己裁判
官）によれば、有害図書指定はすでに発表された図書を対象とし、また成人に
はこの図書を入手する方法が残されているから「検閲」ではない、という。

　第 1 次家永事件（最判1993年 3 月16日民集47巻 5 号3483頁）では、学校教育
法21条 1 項などに基づき大臣が行う教科書検定が「検閲」ではないかが争われ
た。最高裁は、検定に不合格とされた図書は教科書という特殊な形態として使
用されることはないが、一般図書として国民一般に発表すること「すなわち思
想の自由市場に登場させる」ことは妨げられていないので、検閲には当たらな
いとした。

（2）事前差止め

　表現の事前抑制が必要な場面もありうるが、その要件は特に厳格なものでな
ければならない。また事前抑制の手続も厳重なものでなければならない。そも
そも検閲の定義に「行政権を主体とする」という要件が入っていた理由は、行
政権による判定が恣意的になりやすいことを考慮してのことだった。

　事前抑制の例としては、裁判所による出版差止めがある。名誉毀損的な出版
物が発行される前に、名誉毀損の被害を受けそうな者が裁判所に対し、出版物
の頒布の禁止を求める仮処分を申請し、裁判所がこれを認めるという場面であ
る。北方ジャーナル事件（最大判1986年 6 月11日民集40巻 4 号872頁）は、道
知事選候補者に関する記事の出版差止めをめぐる事案であった。最高裁は、ま
ず裁判所による出版差止めは、税関検査事件の検閲定義に照らして検閲には該
当しないとした。その上で、事前抑制は「表現物がその自由市場に出る前に抑

止してその内容を読者ないし視聴者の側に到達させる途を閉ざし又はその到達を送らせてその意義を失わせ、公の批判の機会を減少させるものであり」また「事後制裁の場合よりも広汎にわたり易く、濫用の虞があるうえ、実際の抑止的効果が事後制裁の場合より大きい」と認め、したがって事前抑制は厳格かつ明確な要件によってのみ行うべきであるとした。そして公人に関する名誉毀損を理由とする事前差止めの場合には、「その表現内容が真実でなく、又はそれが専ら公益を図る目的のものではないことが明白であって」かつ「被害者が重大にして著しく回復困難な損害を被る虞がある」場合にのみ許されるとした。さらに、仮処分による事前差止めに際して裁判所は、原則として、口頭弁論または債務者の審尋を行って相手方（出版社）の言い分を聞くべきであるとした（なお参照、民事保全法23条2項）。

4．表現の自由と委縮効果

　自由を規制する立法が明確でなければならないことは法の支配の基本原則である。というのも、曖昧・過度広範な文言を持つ規制立法は、行政がそれを恣意的に運用することを可能にし、裁判所による実効的な司法的救済を阻害し、また市民の予測可能性を侵害するからである。このような趣旨で、日本国憲法は罪刑法定主義（31条）、租税法律主義（84条）等を定めている。

　表現行為を規制する立法には特に明確性が求められる。というのも、人はそもそも表現活動をすることに消極的なものであるところ、どのような表現活動が規制されるかについて予測可能性がはっきりしないとき、人には自らの表現活動を自粛させてしまう傾向があるからである。言い換えれば、表現の自由には「脆弱性」があり、曖昧・過度広範な規制立法はそれ自体で表現の自由に対する「委縮効果」を有している。したがって、曖昧・過度広範な文言は、それが書かれているだけで違憲の疑いを生じさせることとなる。

　曖昧・過度広範な文言による表現活動の規制があった場合、違憲審査はどのように行われるべきか。学説は、具体的な事実の審査に入るまでもなく、「文面上違憲」であるとの判決が可能であるとする。これに対してこれまでの判例は、曖昧・過度広範な文言に対して合憲限定解釈を施すことで文言の明確性を確保しようとしてきた。

　前述の税関検査事件では、輸入禁止品目である「風俗を害すべき」文書の意味も争われていた。最高裁はまず合憲限定解釈を行う条件を示した。それによれば、「その解釈により、規制の対象となるものとそうでないものとが明確に区別され、かつ、合憲的に規制しうるもののみが規制の対象となることが明らかにされる場合」、および問題となっている文言が「一般国民の理解において、具体的場合に当該表現物が規制の対象となるかどうかの判断を可能ならしめるような基準をその規定から読み取ることができるもの」である場合に、合憲限定解釈が可能であるという。これに基づき、最高裁は「風俗を害すべき」文書とはすなわち「わいせつ文書」を指すと解釈した。

　その他、最高裁による合憲限定解釈の例としては、デモ行進の条件として条例に規定された「交通秩序を維持すること」を「殊更な交通秩序の阻害をもたらすような行為」と解釈した例（徳島市公安条例事件［最大判1975年 9 月10日刑集29巻 8 号489頁］）、暴走族追放条例という名称の条例における規制対象である「公衆に不安又は恐怖を覚えさせるようない集又は集会」を暴走族の集団に限定して解釈した例（広島市暴走族追放条例事件［最判2007年 9 月18日刑集61巻 6 号601頁］がある。

5 ．集会・結社の自由

（1）集会の自由

　集会とは「多数人が共通の目的で一定の場所に集まること」と説明される。具体的な場所に物理的に多数人が集まる点に「結社」との違いがある。集会の自由の重要性は、成田新法事件（最大判1992年 7 月 1 日民集42巻 5 号437頁）でも、「集会は、国民が様々な意見は情報等に接することにより自己の思想や人格を形成、発展させ、また、相互に意見や情報等を伝達、交流する場として必要であり、さらに、対外的に意見を表明するための有効な手段である」と認めている。集会の種類には、施設内の集会やデモ行進（動く集会）がある。

（i）公共施設での集会

　民間の一定の施設の管理権者はその施設を集会に使用させるか否かを決定できるのが原則である（契約自由。ただしパブリック・フォーラム的性質を帯びる場合は別として）。しかし、公的機関が管理する場所に関しては、これを原

則として集会用に使用させるのが集会の自由の要請である。判例も、国が管理する公園を労働組合メーデー集会に使用させることを不許可とした皇居外苑事件（最大判1953年12月23日民集7巻13号1561頁）において、国の施設管理権による使用の拒否は自由裁量に属するものではないと述べ、施設管理上の支障という理由以外の根拠による使用不許可の処分は違法であるとしている。

地方自治体の設置する公共施設は、地方自治法244条で「公の施設」と位置付けられ、同2項により地方自治体は「正当な理由がない限り、住民が公の施設を利用することを拒んではならない」とされている。これは集会の自由の趣旨に基づく。したがって、「公の秩序をみだすおそれ」がある場合、市はその管理する市民会館の使用申請に対して不許可処分をすることが一応はできるとしても、それは集会を開くことにより「人の生命、身体又は財産が侵害され、公共の安全が損なわれる」という危険が「明らかに差し迫っ」て「具体的に予見される」場合に限定される（泉佐野市民会館事件［最判1995年3月7日民集49巻3号687頁］）。また集会の敵対者の妨害による混乱が予測されても、それを警察の警備等で防止できない場合にのみ会館の使用不許可が許される（上尾市福祉会館事件［最判1996年3月15日民集50巻3号549頁］）。

ヘイトスピーチを行う団体が公共施設の利用を申請したとき、管理者はこれを拒否できるかが問題になる。この場合、泉佐野市民会館事件の判断基準で考えるべきことになるが、予測される権利侵害がどのようなものなのかが焦点になる。この点、川崎市のガイドライン（2018年施行）では、「他の利用者に著しく迷惑を及ぼす危険」がある場合に不許可にできるとしており、「迷惑」の中身の解釈が重要である。

（ii）デモ行進

デモ行進はネット時代の現代であっても重要な表現形態である、ということは、近年の様々な例をみても明らかだろう。ただ、デモ行進は道路を使用して行われるため、道路交通法77条により、道路の機能を著しく害するか否かという観点からの規制の対象となる。またそれ自体の憲法上の根拠が問題ではあるが、デモ行進が「甚だしい場合には一瞬にして暴徒と化す」（東京都公安条例事件［最大判昭和35年7月20日］）という「公安」上の観点からの規制も各地の公安条例によってなされている。

　規制手段として許可制がとられることがあるが、判例は一応、原則として許可制は違憲であり届出制による規制でなければならないとしている。その上で、公安条例が「許可」という文言を用いていても、特定の場所や方法について、合理的かつ明確な基準に基づいて公共の安全に対し明らかな差し迫った危険が予見される場合にのみ不許可とするしくみであれば合憲であるとしている（新潟県公安条例事件［最大判1954年11月24日刑集8巻11号1866頁］）。

　なお、ヘイトスピーチを行うデモ行進を不許可にすることは、判例の示した基準に照らせば、難しい。ただし、ヘイトデモが特定の場所で行われ、特定の個人に対する具体的で重大な権利侵害が予見される場合、その地域でのデモ行進を禁止する措置を取ることも可能と考えられる（川崎ヘイトデモ差止事件〔横浜地川崎支決2016年6月2日判時2296号14頁〕）

（2）結社の自由

　結社とは多数人が共通の目的によって継続的に結合することをいう。結社の自由は、結社へ加入・脱退する自由、結社の内部自律権を保障する。

　近代憲法にとって結社は両義的な意味を持っていると指摘されている。フランス的な発想では、近代憲法はまずもって身分団体から個人を解放し、身分団体から個人の人権を保護するという役割を担ったため、結社は敵視され、あるいは脱退の自由が強調される。これに対しアメリカ的な発想では、結社は多元的な民主政治への道具であり、また政治権力から個人を守る防波堤として機能する。これら議論は個人の自律を前提としつつも、市民社会の構成についての異なった見方を示している。この点、近年の憲法学では結社の自由の保障を社会関係資本への投資（人とのつながりという意味の「豊かさ」）として捉える見方も提示されていて、結社の意義について議論が続いている。

　日本国憲法は21条のほか、各分野につき20条で宗教的結社の自由、28条で労働組合の団結権を保障する。なお、政党の存立根拠も結社の自由である。

　結社の自由のうち結社に加入する（しない）・脱退する（しない）自由に関しては、弁護士や税理士会などの「強制加入団体」が問題となる。たとえば弁護士として活動するためには弁護士会に所属しなければならない（弁護士法8条）。強制加入団体制度は、当該職業の専門性・公共性を維持するという目

的で設置され、また当該職業の専門性・倫理性の改善等を図るという範囲内の活動に限定される限りで憲法上許容されると指摘されている。

　結社の自由は団体自律権をも保障するが、その際、団体の構成員の権利保護との調整も問題となる。南九州税理士会事件（最判1996年3月19日民集50巻3号615頁）は、強制加入団体である税理士会はそもそも、各会員の政治的思想に属する事項を多数決原理により決定できないとして、政治献金のため会員から金銭徴収したことを違法とした。また国労広島地本事件（最判1975年11月28日民集29巻10号1698頁）は、労働組合の活動範囲を広く捉えつつも、政党支援のための資金徴収を会員から強制して行うことはできないとした。

　結社の自由に対する制限として特に論争的なのは、一定の目的を持つ結社を禁止する団体規制である。ドイツ基本法は「憲法秩序に反する」結社を禁止し「闘う民主制」を標榜しており、ネオナチ政党と共産党を禁止の対象としてきたが、日本はその濫用のおそれのゆえにこの立場を採っていない。日本では破壊活動防止法（破防法）7条の「暴力主義的破壊活動」を行う団体に対して解散指定ができるという団体規制規定が問題となる。というのも、この規定の運用が事実上特定の政治思想を弾圧するために濫用されるおそれがあるからである。なお、破防法の団体規制が初めて適用された、地下鉄サリン事件の後のオウム真理教に対する解散請求は、公安審査委員会によって棄却された。

6. 表現の自由と給付作用・制度

　自由権は、基本的には公権力の主体に対して消極的作為（つまり何もしないこと）を求める権利である。表現の自由も歴史的には自由権として構成されてきた。しかし現代国家による統治が規制だけではなく給付を通じても行われることに鑑みると、規制に対抗する自由権という構成だけでは表現行為の自律性を維持できないのではないか、という問題提起がなされている。

　もっとも、表現の自由という権利から、国家に対して、具体的給付を求める権利（たとえば私の音楽活動を支援するために国は年間1000万円の給付をせよ、と要求する権利）が認められるとは考えられない。しかし、国家が一定の趣旨で給付を行っているという事実があるときに、たとえば自分にだけ差別的に給付を行わない、といったことの違憲性は争える。

　県立美術館所蔵の昭和天皇を題材とする作品をめぐる騒動を受けて美術館を管理する教育委員会が当該作品を非公開・売却したという事例で、裁判所は、美術館の管理運営上の支障を生じる蓋然性が客観的に認められる場合には非公開にできるとした（天皇コラージュ事件［名古屋高金沢支判2000年 2 月16日判時1726号111頁]）。県立美術館という県が提供した美術作品展示の場から、美術的観点からではなく政治的圧力を受けたという理由で作品を排除することは、作品の持つメッセージ性すなわち表現内容を理由に排除することと同じではないかと批判されている。別の事例では、市立図書館の司書が除籍規定に基づかず独断で、個人的な反感によって「作る会」編集の図書を廃棄したことにつき、最高裁はこの行為が著作者の人格的利益を侵害する行為であるとした（船橋市立図書館事件［最判2005年 7 月14日民集59巻 6 号1569頁]）。公立図書館という公的な情報提供の場での書籍の公正な取扱いが必要であることを認めた事例とみることができる。なお、国や自治体が、住民の集会用の場所として自ら管理する施設を一定の表現行為を行う団体に貸し出したとしても、そのことで、国や自治体がそのような表現を支持しているということにはならない。この点で、表現行為に対する助成と政府言論とは区別される。

　政府言論とは、政府自身が政府の責任により一定の表現活動を行う行為を指す。ここには、政府も一法的主体として言論の自由を有するという考え方、そしてそのような政府自身の有する思想の是非は民主主義プロセスで判断すべきであるという考え方が前提にある。ただし、政府の行為が政府言論に該当するためには、政府が私人の陰に隠れて代理でいわれるようなことをしてはならない。また、政府言論を強制的に押し付けるようなことも許されない。

参考文献

奥平康弘『なぜ「表現の自由」か』（東京大学出版会、1988年）

松井茂記『インターネットの憲法学［新版]』（岩波書店、2014年）

横大道聡『現代国家における表現の自由—言論市場への国家の積極的関与とその憲法的統制』（弘文堂、2013年）

岡田順太『関係性の憲法理論—現代市民社会と結社の自由』（丸善プラネット、2015年）

イギリスにおける人権④：ヘイトスピーチ

1．はじめに

　近年、ヘイトスピーチ（Hate Speech）という言葉が注目を集めている。ある集団の人種や皮膚の色、宗教といった属性を理由に憎悪や排斥等を煽るような表現を指す言葉として用いられているが、明確な定義は確立されていない。しかしながら、ヘイトスピーチという言葉は用いられてはいないものの、憎悪を扇動する表現に対しては、あらゆる形態の人種差別の撤廃に関する国際条約（以下、人種差別撤廃条約という）4条や、市民的及び政治的権利に関する国際規約（以下、自由権規約という）20条といった国際人権条約が禁止や違法化するよう定めている。また、イギリスを含む西欧諸国の多くの国では憎悪の扇動を含むヘイトスピーチに類する表現を刑事処罰の対象としている。さらに、ヘイトスピーチと同様に明確な定義はないものの、個人のある属性に対する敵意を動機とする犯罪はヘイトクライム（Hate Crime）と呼ばれ、同じく刑事処罰の対象とされている。

2．イギリスにおけるヘイトスピーチ

（1）現状と背景

　イギリスにおいてもヘイトスピーチという言葉は刑事処罰において用いられておらず、ヘイトスピーチに類する表現のうち憎悪を扇動する表現等がそれぞれの犯罪行為に基づき刑事処罰の対象となっている。

　現在、イギリスにおけるヘイトスピーチに類する表現への刑事処罰は①憎悪扇動罪、②加重犯罪（Aggravated Offences）、③量刑における加重という3つの態様で主に行われている。この3つの態様のうち初めて刑事処罰の対象として導入されたのが憎悪扇動表現である。旧植民地国からの移民に対する差別問題に対応するため1965年に人種的憎悪扇動罪を設けて以降、数度の改正を経

て、2006年に宗教的憎悪扇動罪が、2008年に性的指向に基づく憎悪扇動罪がそれぞれの時代の必要に応じて加えられている。また、人種的憎悪扇動罪の適用対象とならない人種差別的な攻撃や嫌がらせに対応するため、1998年には加重犯罪規定と量刑において加重することを可能にする規定が設けられ、現在の3つの態様による刑事処罰が行われるようになった。さらに2001年に加重犯罪規定と量刑における加重の対象に宗教に対する憎悪扇動が加えられ、量刑における加重については、2003年に障害と性的指向に対する憎悪扇動が、2012年にはトランスジェンダーに対する憎悪扇動が加えられ、現在に至っている。

（2）現行法制

（i）憎悪扇動罪

まず、現行の憎悪扇動罪については1986年公共秩序法（Public Order Act 1986）第3編および2006年人種的及び宗教的憎悪法（Racial and Religious Hatred Act 2006）によって挿入され、2008年刑事司法及び移民法（Criminal Justice and Immigration Act 2008）74条および附則16により改正された第3A編が定めている。

第3編は人種的憎悪扇動罪について定めている。同編では人種的憎悪を皮膚の色、人種、国籍（市民権を含む）又は種族的（ethnic）若しくは民族的（national）な出身によって定義される人々の集団に対する憎悪と定義し（17条）、(a) 人種的憎悪を扇動することを意図して、又は (b) すべての状況を考慮して、人種的憎悪を扇動する蓋然性がある場合において、威嚇的、罵倒的又は侮辱的言説又は振る舞いを行うこと、及び威嚇的、罵倒的又は侮辱的な文書を掲示すること（18条1項）を罪としている。このほか、人種的憎悪扇動表現の表現形態に応じて、威嚇的、罵倒的又は侮辱的な文書の出版又は配布（19条）、舞台演劇等の上演（20条）、録音・録画物の配布又は上映（21条）、ケーブル放送を含む番組放送（22条）、展示・配布目的での所持を罪としている（23条）。

これに対して、第3A編は宗教的憎悪扇動罪及び性的指向に基づく憎悪扇動罪について定めている。まず、宗教的憎悪については、宗教の信条又はその欠如によって定義される人々の集団に対する憎悪と定義し（29A条）、性的指向に基づく憎悪については、（同性、異性又は両性に対するものであろうとも）

性的指向によって定義される個人からなる集団に対する憎悪と定義している（29AB条）。そして、宗教的憎悪又は性的指向に基づく憎悪を扇動することを意図した威嚇的な言説又は振る舞いの行使又は威嚇的な文書の掲示（29Ｂ条）を罪としており、人種的憎悪扇動罪と同様に表現形態に応じて、出版又は配布（29Ｃ条）、舞台演劇等の上演（29Ｄ条）、録音・録画物の配布又は上映（29E条）、ケーブル放送を含む番組放送（29F条）及び展示・配布等の目的での所持（29G条）を罪としている。

　宗教的憎悪扇動罪及び性的指向に基づく憎悪扇動罪は人種的憎悪扇動罪と異なり、適用される表現が威嚇的な表現に限定されたうえ、憎悪を扇動する意図が立証される場合にのみ適用されることとなっている。そのうえ、表現の自由との調整という観点から、人種的憎悪扇動罪にはない自由な言論条項（29Ｊ条、29JA条）が挿入されている。

(ii) 加重犯罪規定

　次に、現行の加重犯罪規定について定めているのは、2001年反テロ、犯罪及び安全保障法（Anti-terrorism, Crime and Security Act 2001）39条により改正された1998年犯罪及び秩序違反法（Crime and Disorder Act 1998）28条から32条である。本規定は、暴行（29条）、財産損壊（30条）、公共秩序犯罪（31条）、ハラスメント（32条）を行った場合であって、①人種的又は宗教的集団の構成員たること（又は構成員だとの推定）に基づく敵意を被害者に対して、犯行時又は犯行の直前若しくは直後に表明した場合又は②犯罪が人種的又は宗教的集団の構成員であることに基づいて当該構成員らに対する敵意によって全体的又は部分的に動機づけられていた場合、犯罪は加重されると定めている。そして、加重犯罪と認定された場合、通常の刑罰よりも最高刑が引き上げられた刑罰が適用されることになる。例えば、故意の傷害行為の場合、最高刑は5年の拘禁刑であるが、加重犯罪の場合、最高刑は7年の拘禁刑になる。

(iii) 量刑における加重

　第3の刑事処罰の態様である量刑における加重は、2012年法律扶助、量刑及び処罰法（Legal Aid, Sentencing and Punishment of Offenders Act 2012）65条により改正された2003年刑事司法法（Criminal Justice Act 2003）145条（人種的又は宗教的加重）および146条（障害、性的指向又はトランスジェンダ

ーを理由とする加重）が定めている。145条および146条は、敵意の表明又は敵意により全部若しくは部分的に動機づけられた犯罪が深刻であると裁判所が考慮する場合に適用され、裁判所は事実を加重要素として考慮し、犯罪が加重されていたことを公開の法廷において言明しなければならないとしている。この量刑における加重の適用対象は３つの態様中最も広範囲であり、加重犯罪の適用対象となる場合を除いた人種的又は宗教的集団の構成員であること又はそのような推定に基づく敵意（145条）だけでなく、被害者の性的指向、障害、トランスジェンダーとしてのアイデンティティを理由とした敵意又はそのような推定に基づく敵意（146条）にも適用される。ここでいう障害とは身体及び精神の両方を意味する（146条５項）。量刑における加重は通常の最高刑の範囲内での加重に留まるのに対し、加重犯罪は通常よりも高い最高刑が適用される点で異なる。

(3) ヨーロッパ人権条約との関係

　イギリスはヨーロッパ人権条約の締約国であることから1998年人権法（Human Rights Act 1998）制定以降、ヨーロッパ人権条約との適合性が問題とされるようになっており、イギリス国内法もヨーロッパ人権条約と適合するように立法されている。ヨーロッパ人権条約10条１項は表現の自由を保障するとともに、２項において自由の行使には義務と責任が伴い、他者の権利の保護など列挙された目的に基づく規制に服しうることも規定している。加えて、17条は権利の濫用を禁止している。一方、ヨーロッパ人権裁判所の判例法において、条約10条の保障する表現の自由は民主的社会の本質的基礎の一つであり、好意的に受け止められる表現や害にならない表現等だけでなく、衝撃や不快感を与えるような表現も保障の対象に含まれるとの判断を示している。

3. おわりに―日本におけるヘイトスピーチ―

　このようにイギリスではヘイトスピーチに対して３つの態様の刑事処罰でもって対応している。これに対して、日本は人種差別撤廃条約４条については表現の自由との関係から留保を付しているものの、自由権規約20条については一切の留保も解釈宣言も付してはない。このため、少なくとも日本は自由権規約

20条が定める憎悪の扇動に対処する条約上の義務を負っていることになるが、現在までのところ、日本の国内法にはイギリス法のような表現内容規制は存在していない。自由権規約40条（b）に基づく第5回報告によると、憎悪の唱道等については、それが特定の個人や団体に対するものであれば、現行刑法の名誉毀損罪（230条）、侮辱罪（231条）、信用毀損・業務妨害罪（233条）、脅迫罪（222条）、暴力行為処罰に関する法律の集団脅迫罪（1条）、常習的脅迫罪（1条の3）およびその教唆犯（刑法61条）または幇助犯（同62条）でもって処罰されうるとしている。しかしながら、これらは特定の個人または団体に対して成立する犯罪である点から、広く集団一般をさす場合に適用できる国内法が存在しない。

　このような法制下において、ヘイトスピーチに対する理念法として制定されたのが「本邦外出身者に対する不当な差別的言動の解消に向けた取組の推進に関する法律（平成28年法律68号）」である。本法は在日韓国朝鮮人に対する排外デモ等に対応するために制定されたものであり、本邦外出身者に対する差別的言動を解消するため、差別的言動に関する定義規定（2条）をおくとともに国及び地方公共団体の取組への責務等について言及している（4条）。併せて、同時期に大阪市の「大阪市ヘイトスピーチへの対処に関する条例」が制定されるなど、自治体がヘイトスピーチ対策条例を制定するといった動きもあり、ヘイトスピーチを行った者に対して刑事罰を科す明確な規制こそ未だに存在しないものの、当該表現を違法なものとして取り扱う社会風土の萌芽が我が国においても見受けられる。

参考文献
師岡康子『ヘイト・スピーチとは何か』（岩波書店、2013年）
金尚均ほか『ヘイト・スピーチの法的研究』（法律文化社、2014年）

コラム：スピーカーズ・コーナー

　ロンドンの中心地ウェストミンスター地区からケンジントン地区にかけてある
ハイドパーク（Hyde Park）は総面積350エーカー（1.4平方 km）、ロンドンで最
も有名な公園のひとつである。その一角、北東の端、オックスフォード・ストリ
ートがハイドパークにぶつかる地点に（最寄りの駅は地下鉄セントラル・ライン
の Marble Arch Station）、スピーカーズ・コーナー（Speakers' Corner）と呼
ばれる場所がある。ロンドンのホテル等で配られている観光名所案内のカードに
よれば次のように説明されている。「スピーカーズ・コーナーは、19世紀の中葉
以来、自らの権利のために闘う人々が集会をするための場所となってきた」。

　歴史を紐解いてみると、1855年に日曜日の商業活動を禁止する日曜営業規制法
に反対する暴動がこの場所で発生したのを皮切りに、労働者の選挙権拡大を求め
たチャーティスト運動などがここで展開された。これらの事情を受けて1872年
王立公園及び庭園について規制するための法律（An Act For the regulation of
the Royal Parks and Gardens 1872）より集会の許可権限が公園当局に委任さ
れ、一般にスピーカーズ・コーナーのような一定の場所が、わいせつや神への冒
瀆、国王への侮辱や平穏を紊乱する表現を除いて、集会や演説を行う目的で使用
することができる場所であるとされるようになったと言われている。他方、それ
以外の場所での演説は道路交通法や各種の許可権限等によって禁止されたり、あ
るいは制限されたりしている。このような禁止されていない範囲で市民としての
自由を享受できるという形での権利保障形式は、1998年人権法（Human Rights
Act 1998）が導入される以前の「市民的自由の保障」というイギリス特有のもの
であった。

　近年では、2003年のイラク攻撃への参加の是非をめぐる政府への批判の声が高
揚した際に、公園当局がこの問題での演説を禁止しようとしたことがあったが、
激しい世論の非難を受けて方針の撤回が行われている。今日では、実際に演説や
集会を目の当たりにすることは少ないという印象があるが、この場所が、イギリ
スの民主主義や自由を象徴するものであることは間違いない。

第6章　経済的自由権

1．経済的自由とは

　日本国憲法の中に経済的自由という具体的な項目は設けられていない。しかし、居住・移転の自由、海外渡航の自由、国籍離脱の自由、職業選択の自由や財産権等、人の経済活動に関する自由は明文上で保障されており、これらを総合して、経済的自由権と呼ぶ。

　住む場所や単なる移動も含めて"自由に移動する"、あるいは、定められた要件（資格試験など）さえクリアすることができれば誰でも"なりたい職業に就ける"といったことを内容とするこれらの権利は、専制的な国王や封建制の下では制限されていた自由への歴史を反証して成立している。このため、国家による干渉を排除し、自由な経済活動等を保障することが近代社会にとって不可欠な構成要素として位置付けられ、私的経済活動の自由を原則とする社会が形成されるようになった。

　しかし、上記の自由を重視した資本主義が発展する過程において、富は一部の実力者に集中することが明らかとなり、多くの貧困者・失業者が生み出されるようになった。この貧富の格差問題は自由放任主義の資本主義による解決が難しく、社会政策や福祉政策といった国家による積極的な介入を必要とした。この結果、20世紀以降の憲法における経済的自由権は、過度な自由競争による弊害の是正措置としてであれば積極的な規制もされうる権利として位置付けられたのである。

　日本国憲法では個人の経済活動に関する自由や権利は憲法22条や29条によって保障されている。しかし一方で、これらの条文は「公共の福祉」の要請に基づく制限を明言している。このことから、信教の自由（20条）や表現の自由（21条）に代表される精神的自由権の場合とは異なり、経済的自由権については①公共の安全や秩序を維持するという見地による消極的な目的に基づく規制

だけでなく、②福祉国家的理想に基づく均衡のとれた社会経済の調和的発展という見地に基づく積極的な目的による規制措置を講ずることが憲法上許容されている（最大判1972年11月22日刑集26巻 9 号586頁［小売市場判決]）。また、経済的自由権に対する規制は社会政策や経済政策との関連が深く、どうしても立法府による政策判断が尊重され、場合によっては"住居の立ち退き"や"特定商売の不許可"といった個別的には理に適わないものも生み出される。しかしながら、二重の基準論と呼ばれるアメリカ的な考え方においては、経済的自由権の侵害事案の多くが、民主制の根幹を成すとされる精神的自由権の侵害事案に比して民主制の破壊に至るような致命的な結果に至らないと解されており、より厳格な違憲性審査は必要ないとされている。

2．職業選択の自由

(1) 職業選択の自由の内容

　憲法22条 1 項は「何人も、公共の福祉に反しない限り、居住、移転及び職業選択の自由を有する」と定める。職業選択の自由は薬事法距離制限事件判決（最大判1975年 4 月30日民集29巻 4 号572頁）において最高裁が「人が自己の生計を維持するためにする継続的活動であるとともに、分業社会においては、これを通じて社会の存続と発展に寄与する社会的機能分担の活動たる性質を有し、各人が自己のもつ個性を全うすべき場として、個人の人格的価値とも不可分の関連を有するもの」と判示しているように、経済活動に関する自由であるだけでなく、個人の人格とも深い関わりをもつ自由として位置付けられる。そして、職業選択の自由は職業の開始、継続、廃止を選択する自由だけでなく、選択した職業の活動内容や態様に関する職業活動の自由も含まれる。このため憲法学においては、営利を目的とする営業の自由についても、憲法29条にある財産権保障と併せて理解した上で、職業選択の自由の中に包括されるものと解している。

(2) 職業選択の自由に伴う制限

(i) 消極目的規制

　職業選択の自由に対する規制のあり方について、大きく分けると 2 つの目的

による規制があるとされる。第1は人の生命や健康、公衆衛生といった社会生活における安全の保障や秩序の維持等を守るという消極的な目的に基づいて行われる規制である。これを消極目的規制と呼ぶ。この消極目的規制に対する審査基準を示したのが前述の薬事法距離制限事件判決である。薬局の開設許可に関して、既存薬局からの距離制限を設けていた当時の薬事法の内容自体についても問題とした当該事件において最高裁は、職業の許可制を職業の自由に対する強力な制限であるとみなし、この規制の合憲性を肯定するためには、「重要な公共の利益のために必要かつ合理的な措置であること」と、「職業の自由に対するより緩やかな制限である職業活動の内容及び態様に対する規制によつては目的を十分に達成することができないと認められること」が必要であるとの判断基準を示すこととなった。憲法学ではこれを厳格な合理性の基準と呼んでいる。

　この他に消極目的規制に該当する具体的例としては、①医師や弁護士など一定の資格を有するもののみがその業務を行えるとする資格制、②病院や飲食店など国や都道府県などから許可や認可を得ないと開業できない許可制、③クリーニング店など行政への届け出が必要とされる届出制などもありうる。

(ii) 積極目的規制

　職業選択の自由に対する第2の規制は、国民経済の円滑な発展や社会の利便性の促進、経済的弱者の保護等、社会政策および経済政策という積極的な目的に基づき行われる積極目的規制である。この審査基準は中小企業保護政策の一環として小売市場を許可規制の対象としたことを問題とした小売市場事件判決によって明らかになったとされる。当該事件について最高裁は、「個人の経済活動に対する法的規制措置については、立法府の政策的技術的な裁量に委ねるほかなく、裁判所は、立法府の右裁量的判断を尊重するのを建前とし、ただ、立法府がその裁量権を逸脱し、当該法的規制措置が著しく不合理であることの明白である場合に限って、これを違憲として、その効力を否定することができる」として、明白性の原則を示すと共に、この原則に合致する場合には、職業選択の自由に対する積極目的規制もありうることを判示している。

　この他、積極目的規制に該当する具体例としては、国から特別に許可を与えられた企業のみが営業できる電気、ガス、鉄道事業などに対する規制が挙げら

144

れる。

（iii）目的二分論

（ i ）（ ii ）で説明したように、裁判所は、職業選択の自由に関する国の規制について、当該規制が消極目的による場合は厳格に審査し、積極目的による場合は立法府の判断を尊重して緩やかに審査するという対応を取っている。これは目的二分論と呼ばれるが、それですべての事案を処理できるわけではないことに注意する必要がある。

3．居住・移転の自由および海外渡航・国籍離脱の自由

（1）居住・移転の自由の内容と制限

憲法22条 1 項は職業選択の自由とともに居住・移転の自由も定める。居住・移転の自由は自分で選んだ土地に居住し、あるいは移動することを公権力からの妨害なしに行うことを意味し、旅行の自由も含まれる。経済活動を行う上で、人と物の自由な移動が不可欠である点を重視し、居住・移転の自由は経済的自由に分類される。しかし、居住・移転の自由には自己の欲するところへ移動するという人身の自由という側面や、この移動を通じた経験は人の精神にとって意義が大きいことから精神的自由という側面もあることに留意しなければならない。

居住・移転の自由については「公共の福祉に反しない限り」という文言が条文に記されているように、制限を受ける場合もある。例えば、感染症のまん延防止を目的とした強制入院などもこれに当たる（感染症の予防及び感染症の患者に対する医療に関する法律19条、20条、46条）。また、懲役刑や禁固刑を受けた者は刑務所に拘置される（刑法11条、12条、13条）ほか、自衛官は防衛大臣が指定する場所に居住しなければならないと定められているように（自衛隊法55条）、立場や職務の特殊性によって居住場所に制限を受ける場合もある。

（2）外国に移住する自由と国籍離脱の自由

憲法22条 2 項は「何人も、外国に移住し、又は国籍を離脱する自由を侵されない」とするが、最高裁は外国に移住する自由の中には、一時的に外国へ旅行することも含まれるとの判断を示している（最大判1958年 9 月10日民集12巻13

号1969頁）。それ故、外国への移住や外国旅行に対する規制としては旅券（パスポート）の発給制限が挙げられ、紛争地域への取材を試みたジャーナリストに対し旅券の返還が命じられるなどの問題が発生している。

　また、国籍の離脱については、国籍法11条1項が「日本国民は、自己の志望によつて外国の国籍を取得したときは、日本の国籍を失う」と定めている。しかしながら、日本国籍から離脱する自由を認めてはいるものの、単に無国籍になることを目的とした国籍離脱までは認めていない。

4．財産権

（1）財産権の意味

　憲法29条1項は「財産権は、これを侵してはならない」と定める。ここで言う財産権とは財産的価値を持つ権利全てを意味している。このため、目に見える物に対する所有権だけでなく、著作権や特許権などの知的財産権や漁業権なども財産として想定されている。

（2）財産権に課せられる制限

　一方で憲法は財産権が制限される場合があることも定める。第1は憲法29条2項が定めているように、「公共の福祉」の要請に従って、財産権が使用できる場合や処分できる場合を制限する場合である。いわゆる森林法共有分割制限事件判決（最大判1987年4月22日民集41巻3号408頁）では、共有林の分割請求について持分価格の過半数を必要としていた森林法旧186条を問題とし、最高裁は、財産権について権利に内在する制約があるだけでなく、立法が社会全体の利益を図るために加える規制により制約を受けることを判示した。そして、この規制には様々なものがあるため、「公共の福祉」に適合するかどうかは規制の「目的、必要性、内容、その規制によつて制限される財産権の種類、性質及び制限の程度等を比較考量して決すべきもの」としたのである。

　財産権に対して憲法が定める第2の制限は、憲法29条3項が「私有財産は、正当な補償の下に、これを公共のために用ひることができる」としているように、「公共のために用ひる」場合である。どのような場合が「公共のために用ひる」場合にあたるかについては、広く社会公共の利益を実現するための手段

としてなされるものが該当すると考える見解が通説となっている。

　また、「正当な補償」の内容については、一部の者のみが負担を課せられたり、財産権を剥奪等されたりするような「特別の犠牲」といえる場合に「正当な補償」が受けられると考えられていた。しかしながら、補償内容については、最高裁が農地改革事件判決（最大判1953年12月23日民集7巻13号1523頁）で示した相当補償説と呼ばれる判断基準と、鳥取県土地収用補償金請求事件判決（最判1973年10月18日民集27巻9号1210頁）や学説などが支持をする完全補償説と呼ばれる判断基準との間に学説上の対立が見受けられたが、和歌山県土地収用補償金請求事件（最判2002年6月11日民集56巻5号968頁）において最高裁は再び相当補償説を採用するなど、問題としては未だに解決しえない状態にある。

参考文献

松本哲治「経済的自由権を規制する立法の合憲性審査基準（一）・（二・完）」民商法雑誌113巻4・5号（1996年）、同113巻6号（1996年）

小山剛、棟居快行「経済的自由権と規制」法学セミナー579号（2003年）

第7章　身体的自由権

1．はじめに

　どのような経済的・社会的状況におかれていても、身体が拘束されていないことは、その人が自由である前提である。何が起きるか分からない長い人生の中で、絶対に道を踏み外さないとは言い切れないし、冤罪への関与を疑われることもありえる。憲法では、今までの歴史をふまえて、18条、31条、33-40条にかけて、人身の自由の規定を設けている。

2．適正手続の重要性

（1）適正手続の内容

　憲法は、国家が刑罰権を濫用する可能性を小さくするため、主に手続面から制約を定めている。その基本となる条文が、「何人も、法律の定める手続によらなければ、その生命若しくは自由を奪はれ、又はその他の刑罰を科せられない」とする適正手続である（憲法31条）。まず、刑事裁判の進め方をはじめとした手続が法定され、しかもそれらが適正である必要がある。特に、本人に刑罰を科そうとしている理由を伝え、弁解・防禦の機会を与える「告知と聴聞」（notice and hearing）の保障が重要である。さらに通説では、手続に加えて実体（刑法）も法文で明記した上で（罪刑法定主義）、その内容の適正さや罪刑の均衡などを求めている。

（2）行政手続との関係

　行政手続には、税務調査や患者の強制入院など、大きな不利益が及びうるものもある。判例・通説は、憲法の人身の自由の規定は、行政手続にも保障が及ぶとしている。もっとも、行政手続の性質に応じて保障される程度は異なる。

3．被疑者の権利

(1) 不当に逮捕されないために

　たとえ警察が不審者を発見しても、裁判官が「犯罪を明示する令状」を発してからでなければ、逮捕することはできない（憲法33条、令状主義）。これによって、捜査機関の恣意的な逮捕を防ごうとしている。

　ただし、この原則には例外が 2 つある。第 1 に、「現行犯として逮捕される場合」（憲法33条）は、誰が犯人かが明らかであり、逃亡や罪証隠滅を防ぐためにその場で拘束する必要性が高いことから、逮捕状が不要とされる。ただし、電車内の痴漢冤罪事件のように、現行犯逮捕でも間違える可能性がある。

　第 2 は緊急逮捕である。法定刑の上限が 3 年以上の罪については、一定の場合に「直ちに裁判官の逮捕状を求め」、認められなければ「直ちに」釈放することを条件に、令状なしで逮捕できる（刑事訴訟法210条 1 項）。一般には逮捕してすぐに令状が出されれば合意であると考えられ、実務でも一定の頻度で用いられているが、令状主義の原則にてらすと問題がある。

　警察官が逮捕し身柄を拘束する場合、検察は、原則として最大で23日以内に起訴するかを決めなければならない。ごく簡単には、次の通りである。

逮捕	→	検察官送致	→	勾留請求	→	勾留延長請求	→	起訴
48時間以内		24時間以内		10日		10日以内		

　原則として24時間、最大でも96時間しか拘束できないイギリスに比べれば、23日間は決して短いとは言えない。しかし、実務では、逮捕・勾留をするための証拠がそろっている軽微な別の事件で逮捕し、その間の取調べを利用して本命の事件の自白を得ようとすることを繰り返し、23日を超えて拘束する別件逮捕・別件勾留が行われている。いつまで続くか不明な長期間の拘束によって心身共に疲れ果て、捜査機関に迎合した虚偽の「自白」をしてしまいやすくなり、冤罪を生み出す危険が強まる点からも問題がある。

(2) 不当な抑留・拘禁からの自由

　拘束された被疑者が希望すれば、拘禁理由が公開の法廷で示される（憲法

34条第2文、刑事訴訟法82-86条）。イギリスの人身保護令状（writ of habeas corpus）に由来する権利である。現実には、被疑事実と刑事訴訟法60条1項上の勾留理由（定まった住居がない、罪証を隠滅すると疑うに足りる相当な理由、逃亡すると疑うに足りる相当な理由のいずれか）を裁判官が示すのみで有名無実化しているが、家族や友人、支援者が傍聴することで、被疑者を励ます効果はある。

（3）住居の不可侵

憲法は、家宅捜索や押収についても、「正当な理由に基いて発せられ、且つ捜索する場所及び押収する物を明示する令状」を求めている（憲法35条1項）。これは、プライバシー保護の観点からも重要である。

憲法35条から、違法な手続で得た証拠は、たとえそれが真正なものであっても証拠能力を否定する違法収集証拠排除法則が導かれる。違法な捜索・押収からプライバシーや財産権を守り、裁判所が違法捜査に加担しないことで人々の信頼を維持し、捜査機関に違法捜査を思いとどまらせようとするためである。判例も、「令状主義の精神を没却するような重大な違法があり、これを証拠として許容することが、将来における違法な捜査の抑制の見地からして相当でないと認められる場合」に限ってではあるが、この法則を認めている（最判1978年9月7日刑集32巻6号1672頁［大阪覚せい剤事件］）。

4．被告人の権利

（1）証人に質問する権利

伝聞には不正確な場合や誤解が多く、これが決め手の1つとなって有罪にされたのではたまったものではない。そこで、憲法37条2項前段は、被告人側が証人に法廷で直接質問し、その様な証言を正しうる機会を保障した（証人審問権）。この機会のない供述の証拠能力を否定するのが、伝聞法則である（刑事訴訟法320条）。ただし、伝聞法則には多くの例外が認められている（刑事訴訟法321-328条）。また、裁判所も、検察官がとった調書（検面調書）と法廷で裁判官の前で話す内容が違う場合、前者を信用する傾向にあることが指摘されている（調書裁判）。

（2）弁護士を呼ぶ権利

　身柄を拘束された被疑者・被告人は、警察や検察と1人で対峙することになる。両者の力の差は明白である。そこで、憲法37条3項第1文は、弁護人依頼権を保障した（憲法34条も保障）。この権利に実質的な意味を持たせるのが、弁護人が捜査機関の立ち会いなしで被疑者・被告人と接見し、書類や物を自由にやり取りできる接見交通権である（刑事訴訟法39条1項）。日本の裁判所は、取調の供述内容を信用する傾向にあるほか、起訴されればほとんどが有罪となる。被疑者からすると、いかに早く弁護士と相談できるかが肝心である。

　一方で、捜査機関は接見の日時を指定できる（刑事訴訟法39条3項、被告人に対してはできない）。これについて判例は、「刑訴法39条の立法趣旨、内容に照らすと、捜査機関は…原則としていつでも接見等の機会を与えなければなら」ず、接見を指定できるのは、「接見等を認めると取調べの中断等により捜査に顕著な支障が生ずる場合に限られ」るとした（最大判1999年3月24日民集53巻3号514頁［安藤・斎藤事件］）。また、「逮捕直後の初回の接見は、…弁護人の選任を目的とし、かつ、今後捜査機関の取調べを受けるに当たっての助言を得るための最初の機会であ」るため、「被疑者の防御の準備のために特に重要である」（最判2000年6月13日民集54巻5号1635頁［内田事件］）とした。

　憲法37条3項第2文は、決して安いとは言えない弁護士費用の支払いが難しい被告人に対して、無償で弁護士を付けることを保障している（国選弁護人制度）。憲法37条が明文で保障しているのは被告人に対してのみだが、刑事訴訟法37条の2が、勾留中の被疑者にも国選弁護人を付けることを保障している。しかし、弁護人依頼権の重要性からすると、逮捕時点から保障すべきである。ちなみに近年では、初回は無料で面会に行く当番弁護士制度が作られている。

（3）憲法38条上の権利

　憲法38条は、冤罪をできる限り防ぐために、次の権利を保障している。

　まず、「自己に不利益な供述」を強要してはならず（1項）、取調べ前の被疑者と公判前の被告人に対して、黙秘権があることを告げなければならない（刑事訴訟法198条2項・291条4項）。捜査機関の誘導にのせられた「自白」を行いにくくするためである。

　次に、強制・拷問・脅迫したり、不当に長く拘束した上で得た自白は、たとえそれが正しくても、証拠として用いることができない（2項、自白法則）。任意性のない自白は虚偽である可能性が高い、黙秘権などの権利をより確実に保障する、適正なプロセスの下で自白を得るべきことなどが理由とされる。

　そして、強制などがなされずに行った自白であっても、他に証拠がなければ有罪にはできない（3項、補強法則）。被疑者・被告人の勘違いやその場しのぎの迎合による誤判を防ぐほか、捜査機関に自白以外の客観的な証拠を集めさせようとするためである。

　しかし、捜査機関のシナリオ通りに自供しない被疑者に対して強引な取調べがなされても、それが密室で行われる限り、立証は困難を極める。これでは、憲法38条上の権利を保障した意味が薄れてしまう。そこで、取調べの全過程を録画・録音し（取調の全面可視化）、取調べ時の弁護士の立ち会いを認めることが提唱されている。日本では2016年に、裁判員裁判対象事件などごく一部の事件で、取調べの全面可視化を原則として行うことを刑事訴訟法301条の2に明文化した。しかし、大幅な例外規定があり、今後の運用によっては、取調の全面可視化が形骸化しかねない。

5．絶対的禁止事項

（1）奴隷的拘束

　憲法18条は、労働者を事実上監禁して自由に移動できなくするような「奴隷的拘束」を、絶対的に禁じている。また、強制的な土木工事への従事や徴兵など、広く「本人の意」に反して強制される「苦役」も、原則として禁止される。災害時の救援活動への従事命令（災害対策基本法65条、道路法68条2項など）は、一般にはその緊急性から合憲とされるが、刑事罰付きで強制すること（災害救助法7・32条）は憲法18条に反するとの説もある。

（2）残虐刑

　憲法36条が「絶対に」禁じている「公務員による拷問及び残虐な刑罰」で真っ先に思い浮かぶのが、死刑制度である。判例は、「『残虐な刑罰』とは、不必要な精神的、肉体的苦痛を内容とする人道上残酷と認められる刑罰を意味」

し（最大判1948年6月30日刑集2巻7号777頁）、火あぶり・はりつけ・さらし首・釜ゆでなど、「執行の方法等がその時代と環境とにおいて人道上の見地から一般に残虐性を有するものと認められる場合には…残虐な刑罰」にあたるが、現行の絞首刑は36条に違反しないとした（最大判1948年3月12日刑集2巻3号191頁）。しかし、どのような方法であれ、人を殺めることに変わりはない。

また、無期懲役・禁錮刑受刑者は、そもそも確実に仮釈放される保障はなく、近年では30年以上服役しなければ仮釈放を認めない運用がとられ、仮釈放よりも死亡によって拘禁を解かれる人の方が多いのが実情である。日本の刑事施設では自由を著しく制約した処遇が行われていることも加味すると、無期刑も「残虐な刑罰」にあたる可能性を検討すべきである。

6．再　審

裁判官や裁判員も人間である以上、いかに慎重な手続に則って審理したとしても、間違った判断を下す可能性がある。そこで、刑事訴訟法は、「明らかな証拠をあらたに発見したとき」（435条6号）など7つの理由がある場合に、再審を認めている。

最高裁は、再審も、確定判決で認定された事実に「合理的な疑い」（常識にてらして、少しでもクロではない可能性があること）が生じれば開始できるとして、「『疑わしいときは被告人の利益に』という刑事裁判における鉄則が適用される」ことを認めた（最決1975年5月20日刑集29巻5号177頁［白取決定]）。日本の裁判所は、冤罪の可能性が強く指摘される事件であっても再審を認めない傾向にあるが、半世紀近く拘禁され続けていた死刑確定者の袴田巌氏が再審を認められ釈放されるなど、変化の兆しも見られる（静岡地決2014年3月27日判時2235号113頁。その後、東京高裁が再審請求を棄却したものの、最高裁が東京高裁の判断に誤りがあるとして、事実上再審を開始する方向で高裁に差し戻した（最決2020年12月22日裁時1759号1頁））。

参考文献

杉原泰雄『基本的人権と刑事手続』（学陽書房、1980年）
飯島滋明編著『憲法から考える実名犯罪報道』（現代人文社、2013年）

第 8 章　社会権

　社会権とは人間らしくあるために国家の積極的な配慮を求める権利であり、「国家による自由」とされる。日本国憲法で社会権として分類される権利は、生存権（25条）、教育を受ける権利（26条）、勤労の権利（27条）および労働基本権（28条）である。

　社会権は経済的自由への制限を前提とした権利である。自由権が国家からの介入を排除することを基本的性格とする一方で、社会権は社会的および経済的弱者のために国家に対し何らかの行動を求めることを基本的性格としている。ただし、社会権的側面と自由権的側面を併せ持つものもある。なお、社会権の発生の歴史的経緯については第Ⅰ部第2章で述べられているので、本章では日本国憲法における社会権の具体的内容について概説を行う。

1．生存権

　25条の生存権は「健康で文化的な最低限度の生活を営む権利」を保障し、これを根拠として医療保険や生活保護などのさまざまな社会保障が実現されている。しかし、「健康で文化的な最低限度の生活」とは具体的にどのようなものなのだろうか。例えば、テレビ、携帯電話またはクーラーは含まれるのだろうか。日本国憲法が具体的にどのような生活を「健康で文化的な最低限度の生活」と想定しているのかは25条では示されていない。そのため、25条を直接の根拠にして現行の社会保障制度による給付の不足あるいは社会保障制度そのものの不存在（立法または行政の不作為）に対して違憲確認訴訟を提起することは可能であるのかという問題が生じている。これは生存権の法的性格にまつわる問題であり、①プログラム規定説、②具体的権利説、③抽象的権利説の3つの学説が存在している。

　プログラム規定説は、25条とは、これを直接の根拠として国に対し生存権の実現を請求することができるような具体的な権利ではなく、国の政治的および

道徳的義務が宣言されたものにすぎないとする。そのため、当該学説によると、どのような社会保障制度を設けるのかは国の裁量によるため、25条を直接の根拠として立法その他の必要な措置を求めることができない。当該学説はかつて有力説であったが現在は支持されていない。

　具体的権利説とは、生存権の内容が立法権と司法権を拘束できるほど明確であるとして、25条を直接の根拠として、給付が不足している場合だけではなく、制度そのものが不存在である場合にも、違憲訴訟を行うことが可能であるとする。ただし判例では、具体的権利性は否定されている（最大判1948年 9 月29日刑法 2 巻10号1235頁［食糧管理法事件］）。

　抽象的権利説は、25条の内容を具体的権利であることを否定しつつそれを具体化する法律によってはじめて具体的な権利となるとする見解である。その際、国に対しその抽象的な内容を具体化するよう、立法やそのほかの必要な措置を求めることができると併せて主張される。当該学説によると、立法がある場合には、これを根拠として裁判により具体的給付を請求することが可能になり、実際には生活保護法に代表される個別の施行立法と25条を一体として捉えて、生存権の具体的権利性が裁判では争われることとなる。他方、具体化立法が存在しない場合でも、立法の不作為について違憲の確認を行いうる、あるいは具体的な給付を請求できると主張するなどの説も存在する。

　25条を支える制度として最も重要なものは生活保護制度である。生活に困窮した際に最後に頼るセーフティーネットであり、新型コロナウィルス流行により申請者は増加した。しかし、生活保護制度は非常に厳しい状況下にある。生活保護費のうち生活扶助は物価指数下落を理由として2013年から2015年に段階的に減額され、食費を削って生活をせざるを得ない場合がある。そもそも受給が認められない場合もある。また、介護については財政上の問題に加え、人材不足も深刻な問題であり長年解消されていない。要介護者が希望する場所で希望するサービスを受けることが難しくなっており、結局、家族が介護をせざるを得ず、老老介護になる場合や介護に伴う退職により生活に困窮する場合などもある。近年は未成年者が家族の介護を担っているヤング・ケアラーの問題がようやく認知され、支援策が始まったばかりである。

　従来、社会権は社会的および経済的弱者のためのものとの理解がある。しか

し、まじめに働いても一向に生活が豊かにならない人が徐々に増えるなど、格差が拡大・固定化しつつある、このような状況下では、私たちの生活の基礎となる生存権はすべての国民のためのものであると捉えなおすべきである。そして積極的な役割を見出し、担当大臣の広範な裁量を縮小させ、厳格な違憲審査を行うべきであろう。

2．教育を受ける権利

　日本国憲法において26条の教育を受ける権利とは、主に子どもの権利であり、言い換えると子どもの学習権であり、自らに教育を施すことを大人一般に対して求めるものである（最大判1976年5月21日刑集30巻5号615頁［旭川学テ事件］）。

　教育を受ける権利は子どもが主体であるが、子どもが自らを教育することができないために、いずれかに教育を施すように求めなければならない。この帰属先については、教科書としての不合格認定をめぐる家永訴訟以来、国家教育権説と国民教育権説との間で激しく争われていた。国家教育権説は子どもの学習権を実現するのは国家であるとする。公教育は国民全体の意思により決定されるべきものであり、議会制民主主義の下、その内容や方法は、国会が制定する法律により具体化されるものとし、本説によると教師の教育の自由は制限される。国民教育権説は、親を中心とする国民全体に26条を実現させる責務があり、教育の専門家である教師がこの責務を国民全体にかわり、遂行しているとするものである。

　両説の対立に対し、最高裁はいずれも極端で採用することができないとして、教師、親および国家がそれぞれに妥当な範囲で教育を受ける権利を実現することを認めた。具体的には教師は、「教授の具体的内容及び方法」、親は「家庭教育等学校外における教育や学校選択の自由」および国には「それ以外の領域」で「必要かつ相当と認められる範囲」でそれぞれの自由を認めた（最大判1976年5月21日刑集30巻5号615頁［旭川学テ事件］）。当該事件で最高裁は三者それぞれの自由の範囲を認めているが、実際には国に認められた範囲は広範である。近年の改正教育基本法では愛国心条項が規定されるなど、国家の役割が強化されているが、最高裁が、「自由かつ独立の人格として成長することを

妨げるような国家的介入」は憲法26条、13条から許されない（最大判1976年5月21日刑集30巻5号615頁［旭川学テ事件］）としていたことは注目に値する。

　現在、教育の多くの部分は学校を前提としている。学校という場所からの解放といえるオンライン教育はなかなか進まず、また学校教育という制度からの解放にあたるフリースクールやホームスクールは認められていない。新型コロナウィルス流行により学校教育にはとくにオンライン対応などが早急に求められている。しかし、これ以前より様々な事情から学校で学ぶことが難しい子どもが数多く存在していたにもかかわらず、その対応は十分ではなく一部の子どもは置き去りにされてきたといえる。教育を受ける権利が子どもの権利であることに立ち返り、その特性に合わせた多様な教育の提供を行うべきではないか。

　26条2項は義務教育の無償を規定している。この無償の範囲について、すべて法律によるとする法定説も存在していたが、もはや支持されておらず、現在は、授業料のほか教科書代など教育にかかる一切の費用とする就学費無償説と、授業料不徴収のみを意味し、それ以上は立法政策に委ねられているとする授業料無償説が存在している。無償の範囲について最高裁は、「無償とは授業料不徴収の意味と解するのが相当」（最判1964年2月26日民集18巻2号343頁［教科書無償化事件］）とした。現在は義務教育諸学校の教科用図書の無償措置に関する法律により教科書代が無償となっている。

3．勤労の権利

　25条で生存権が保障されているが、原則として、国民は自らの生活のため、労働者となり、勤労の対価として賃金を得るべきと考えられている。そこで27条1項では、国に対して労働の機会を求めることができる勤労の権利が保障されている。労働者と使用者との関係は原則として私的自治の原則および、これから派生した契約の自由に委ねられているが、使用者に対して労働者は極めて弱い立場にあるため、私的自治の原則および契約の自由を修正するものとして、27条2項は勤労条件の法定、つまり、労働条件、賃金や勤務時間などを定める法律を設けることを規定する。これを具体化したものが、労働基準法や最低賃金法などである。27条3項では児童酷使の禁止が規定されており、これ

を具体化するため、労働基準法56条では、原則として児童の就労を禁止している。

4．労働基本権

　近年、不況により多くの企業は人件費を削減し、非正規労働者に多くの業務を依存している。これは私企業にとどまらず、ハローワークや市役所などの公的機関も同様である。非正規雇用は収入や雇用が不安定である。また正規雇用でも長時間労働や低賃金などの問題があるほか、新型コロナウィルス流行による経営不振により突如、解雇を命じられるケースが報道されている。このような状況下では労働者と使用者との立場の違いはとくに大きくなる。この格差を修正するため、労働者には28条の労働基本権が認められている。これは団結権、団体交渉権および団体行動権から構成され、労働三権とも呼ばれる。

（1）団結権

　労働者には使用者に労働条件などについて交渉を行うための労働者の団体を結成する団結権が認められている。労働者団体への加盟を促すことは最終的に労働者の利益へとつながることから、団結権は憲法21条の結社の自由とは異なり、強制加入はある程度認められている。さらに、使用者との交渉に労働者側は団体として団結する必要があるため、労働者組合には一定程度、組合員である労働者に命令することができる統制権も認められている。しかし、統制権にも限界があり、組合の命令に強制力があるかは、問題となる活動が組合の目的の範囲に含まれるか、さらに、目的の範囲であってもその協力を組合員に義務とできるかによる（最大判1968年12月4日刑集22巻13号1425頁［三井美唄労組事件］）。

（2）団体交渉権

　団体交渉権とは、労働者の団体が使用者と対等に交渉できることである。そこで合意に至った内容は労働組合法に基づき、労働協約として締結されると規範的効力を有することになる。団体交渉権とは、労働者団体が使用者と交渉した後、労働協約を締結し、これが規範的効力を持つことまで含む。

（3）団体行動権

　労働者が団体を形成し交渉を行っても、使用者がその要求を受け入れない場合もある。そのような場合に労働者団体には使用者との交渉を有利に進めるためにストライキ、職場占拠またはサボタージュなどの団体行動（争議行為）を取ることが認められており、これを団体行動権（争議権）と呼ぶ。これらは憲法で認められた労働者の権利であるので、正当な団体行動の場合は、労働組合法により刑事責任および、債務不履行・不法行為などの民事責任を追及されることはない。

（4）労働基本権への制約

　労働基本権は労働者に認められているものであるが、公務員である場合には団体行動権が否定されており、さらに警察職員などの一部の職種では団体行動権のみならず労働基本権すべてが否定されている。公務員の労働基本権について、当初、最高裁は13条の「公共の福祉」や15条の「全体の奉仕者」を根拠として、その制限を合憲とした（最大判1953年 4 月 8 日刑集 9 巻 8 号1189頁［政令201号事件］）。その後、最高裁は「全体の奉仕者」を根拠とする制約を否定した。公務員の労働基本権への制約を「国民生活全体の利益の保障」から内在的制約と位置づけた上で、その制約が合憲と認められる条件を、①公務員への労働基本権と国民生活全体の利益を比較衡量し、その制約が必要最小限度にとどまる場合、②国民生活に重大な障害をもたらすおそれを避けるためにやむをえない場合、③違反者に対して課せられる不利益が必要な限度を超えない場合、④人事院などの代償措置がある場合、とした。そして合憲限定解釈を行い、とくに争議行為禁止違反に対する刑事罰の対象をできるだけ小さくとらえようとしていた（最大判1966年10月26日刑集20巻 8 号901頁［全逓東京中郵事件］）。しかし後に最高裁は比較均衡論を維持したものの、13条の「公共の福祉」（本判決では「国民全体の共同の利益」）という不明確かつ抽象的概念を再び用い、労働基本権への制約を合憲とした。その理由として、①公務員の地位の特殊性と職務の公共性、②公務員の勤務条件は国会が定めた法律により規定されており、政府が国会から委任されていない事柄に対して団体行動を行うことが的外れであること、③公務員が団体行動を行ったとしても市場の抑制力が

働かないこと、④相応の措置としての人事院の存在などが挙げられていた（最大判1973年4月25日刑集27巻4号547頁［全農林警職法事件］）。なお、岸・天野裁判官は補足意見の中で代償措置が「迅速公平にその本来の機能を果たさない場合」に団体行動権を認めていた。しかし最高裁は、人事院勧告凍結にもかかわらず「代償措置本来の機能を果たしていなかったということができない」とし、争議行為への懲戒処分を合憲とした（最判2000年3月17日判時1710号168頁［全農林（82秋季年末闘争）事件］）。

参考文献
中村睦男『社会権の解釈』（有斐閣、1983年）
樋口陽一ほか『注釈日本国憲法（上）』（青林書院、1984年）
『法律時報9月臨時増刊　労働基本権―4・2判決の20年』法律時報753号（1989年）
樋口陽一ほか『注解法律学全集2　憲法Ⅱ〔第21条〜第40条〕』（青林書院、1997年）
葛西まゆこ『生存権の規範的意義』（成文堂、2011年）
野中俊彦ほか『憲法Ⅰ』（有斐閣、第5版、2012年）
市川正人「公務員の労働基本権の制限と最高裁」法学教室247号（2001年）

イギリスにおける人権⑤：社会権

1．はじめに

　特定の国家において広範囲にわたり保護される経済的および社会的権利の概略を述べることは難しい。そもそもこれらの権利が何であるのか、そしてどこまでを研究範囲とするべきなのかを見極めることは難しい。さらに当該権利に限らず、その権利の妥当性を評価することで客観的な基準を示すことは難しい。これらの問題は、しかしながら、国家が拘束されている適切な条約を参照し、そして当該条約の適用を監督する機関の結論に基づき国内の状況を評価することで、ある程度取り組むことが可能である。

　連合王国の場合、これらの目的にかなう最も適切な条約は1961年のヨーロッパ社会憲章（European Social Charter）である。社会憲章の規定は、2000年のEU基本憲章の草案の元になったにもかかわらず、これはEUではなく、ヨーロッパ評議会の条約である。社会憲章は1962年に連合王国によって批准された。しかしながら、連合王国は後述の議定書、また、条約の改正版を批准していない。

　そしてまた、連合王国は社会憲章のすべての条項を受諾していない。受諾する条文の数を最小限にして憲章を批准することは可能である。広い範囲に及ぶ条約の72の条項のうち、連合王国は60の条項を受諾している。もっとも、その多くの条文は労働者および労働組合の権利に関係している。しかしながら、本条約が適用されるのは、教育、社会保障および保健医療にもわたり、そのうえ、1996年の改正ヨーロッパ社会憲章（連合王国は批准していない）は住宅供給にも及ぶ。

　ヨーロッパ社会憲章はヨーロッパ人権条約の弟であり、ヨーロッパ人権条約はヨーロッパ評議会の条約としてよく知られている。社会憲章（およびその議定書）は、しかしながら、「一方ですべての人権が、つまり市民的、政治的、

経済的、社会的又は文化的権利の不可分の性質を持つ必要性を強調し、他方で
ヨーロッパ社会憲章が新しい勢いを与えるものであることを強調したことを想
起し」とする1996年の改正ヨーロッパ社会憲章の前文の文言に表されているよ
うに、等しく重要である。

　社会憲章第1部は、批准をした国家に対し、「国内及び国際的性格を有する
すべての適当な手段を用いて追及するべき政策目的として、次の権利及び原則
が効果的に実現されうる状態」を継続することを求めている。それは以下のよ
うである。

　1条　すべての者は自由に就いた職業において生計を得る機会を有する。

　2条　すべての労働者は、公正な労働条件についての権利を有する。

　3条　すべての労働者は、安全かつ健康的な作業条件についての権利を有する。

　4条　すべての労働者は、自己及びその家族の相応な生活水準のために十分でかつ公
　　　　正な報酬についての権利を有する。

　5条　すべての労働者及び使用者は、その経済的及び社会的利益を保護するために、
　　　　国内的又は国際的団体への結社の自由についての権利を有する。

　6条　すべての労働者及び使用者は、団体交渉する権利を有する。

　7条　児童及び年少者は、彼らが被る身体的及び精神的危険に対する特別の保護につ
　　　　いての権利を有する。

　8条　妊婦であって雇用されている女子及び、適当な場合には、その他の雇用されて
　　　　いる女子は、その労働において特別の保護についての権利を有する。

　9条　すべての者は、個人的な資質及び利益に適合した職業の選択を助けることを目
　　　　的とする職業指導のための適当な便宜についての権利を有する。

　10条　すべての者は、職業訓練のための適当な便宜についての権利を有する。

　11条　すべての者は、到達可能なできる限り最高水準の健康を享受することを可能と
　　　　する借置から利益を受ける権利を有する。

　12条　すべての労働者及びその被扶養者は、社会保障についての権利を有する。

　13条　適当な資力のない者は、社会的及び医療扶助についての権利を有する。

　14条　すべての者は、社会福祉サービスから給付を受ける権利を有する。

　15条　障害者は、その障害の原因及び性質のいかんにかかわらず、職業訓練、リハビ
　　　　リステーション及び社会復帰についての権利を有する。

　16条　社会の基礎的単位としての家族は、その十分な発展を確保するために、適当な
　　　　社会的、法的及び経済的保護についての権利を有する。

　17条　母及び子は、婚姻上の地位及び家族関係にかかわりなく、適当な社会的及び経
　　　　済的保護についての権利を有する。

18条　締約国の国民は、他の締約国の領域内において、妥当な経済的又は社会的理由に基づく制限に従うことを条件として、当該国の国民と平等の資格で有償の職業に従事する権利を有する。

19条　締約国の国民である移民労働者及びその家族は、他の締約国の領域内において保護及び援助についての権利を有する。

　これら19の権利および原則は、総計72の条項を有する憲章第２部19箇条に詳細に展開されており、このうち、連合王国は60の条項を受諾している。しかしながら、当該権利が無制限ではないことは明らかとされており、憲章〔第５部〕31条は「法律で定められた制約又は制限であって、かつ、他人の権利及び自由の保護のため又は公の利益、国の安全、公衆の健康若しくは道徳の保護のため民主的社会において必要なもの」を課しうることを規定している。これはヨーロッパ人権条約のいくつかの規定（特に８、９、10、11および12条）に用いられている文言に表れている。

２．ヨーロッパ社会権委員会

　憲章はヨーロッパ社会権委員会により監督されており、これはヨーロッパ評議会の議員総会より選出された法律の専門家により構成されている。委員会のメンバーはヨーロッパ評議会の構成国から選出される。委員会は２つの機能を有しており、１つめのものは当該国家が受諾した権利にまつわる国内法およびその実施についてメンバーからの定期的な報告書を受理することである。国内の状況を不正確に述べないことを確証しなければならないが、労働組合および使用者団体はこれらの報告書にコメントをすることが許されている。

　情報の提供を受け、委員会は当該国家がさまざまな義務を遵守しているかについて結論を下す。これらの結論は政府に提出され、ヨーロッパ評議会の閣僚委員会が勧告をおこなうこともある。過去には頻繁に無視される傾向にあったが、現在、結論は、ヨーロッパ人権裁判所で法源として認知され、参照されるほど極めて重要なものとなっている。この意味で委員会の結論は間接的に法的効力を有している。

　1960年代から本過程が開始されて以来、現在では監督は20回目のサイクルになる。監督のサイクルはおよそ４年間である。委員会は監督のそれぞれのサイ

クルに4つの報告書を公表し、各報告書は憲章の権利の異なる箇所を扱う。本章執筆時、監督は20回目のサイクルにあり、このサイクルは2006年から始まったものである。これまで連合王国については3つの報告書が公表されており、連合王国が拘束されることを受諾した憲章の条文で、60のうち41を扱っている。

　委員会は結論で、連合王国での経済的および社会的権利の保障に関する状況は良好という識見を示している。しかし、委員会の報告書の基礎となる評価は数年遅れのものであり、現実時間をそのまま反映しているものではないので、注意が必要である。言い換えると、当該国家の4年前の状況に対して審査をおこなっている。

　連合王国の場合、これはつまり、連立政権への審査は2005年から2010年の労働党政権の記録に基づくものであることを意味する。委員会はこれまでに3つの報告書、つまり、20回目のサイクルの監督で、2007年から2010年に及ぶ期間に基づくサイクルの第1の報告書（1、9、10、15および18条について）、2008年から2011年に及ぶ期間に基づくサイクルの第2の報告書（3、11、12、13および14条について）、2009年から2012年に及ぶ期間に基づくサイクルの第3の報告書（2、4、5および6条）を公表している。

　監督としてのもう一つの手段には、集団的申立があり、国内労働組合団体および認可されたNGOにより委員会に申立が可能になっている。当該手続の下、憲章の義務違反であると、ある国家が公式的に申し立てられると、当該申立を扱う上で委員会は、上記のような運営上の監督能力というよりむしろ、準司法判決的能力を有するものとして位置づけられる。しかしながら、連合王国は集団的申立をおこなう権利を承認していない数少ない国家の1つなのである。

3．連合王国の報告書

　20回目のサイクルの監督でのこれらの3つの報告書で連合王国は、これまでのところ、41の義務を遵守していると評価されている。本章執筆現在、残る19への評価がおこなわれているところであり、2015年には完了し、発行される見通しである。現在のところ、連合王国は、調査を受けた41の義務のうち、24に

ついては遵守をしているものの、14については違反とされている。残る３つの
規定については、どうしたことか、委員会は十分な情報がないとして、結論に
至ることができなかった。

　2015年に調査される予定の残る19の規定について委員会がどのように判断を
下すのかを予測することは不可能であるが、委員会がこれらの義務を前回調査
した際に、つまり、19回目のサイクルの監督で指摘していたことがある。その
際、委員会は、連合王国は19のうち７つの規定を遵守し、８つは違反している
と結論づけ、委員会は残る４つについては判断を下すには資料が不十分だとし
ていた。20回目のサイクルの監督においてもこれらの結論が繰り返されるのか
はわからないが、そうなりそうである。

　そのようになりそうな理由は、連立政府樹立の選挙以降の2010年から、イギ
リスの政治は緊縮をおこなっているからである。この影響は、福祉計画の削
減、雇用の権利の範囲および内容の制限などである。2010年以降、社会的およ
び経済的権利に発展的な前進があったと認めることはありえないだろう。20回
目のサイクルの最後の報告書は19回目のサイクルの最後の報告書とよく似たも
のになるのだとすると、連合王国は憲章の義務の多数をなんとか遵守したこと
になるであろう。

　したがって、20回目のサイクルの最終報告書の公表により当該サイクルが終
わり、数字が見直されると、連合王国はおそらく、憲章の31の義務の遵守、22
の違反、そのほかの７つについては判断の留保となるであろう。連合王国が社
会的および経済的権利を保護しているという評価は衝撃的なものであるが、こ
れは今に始まったことではなく、イギリス政府が以前より違反してきたという
衝撃的な告発であり、これはつまり、法の支配に対し、国家がいかに本質的に
ひどいことをおこなってきたのかということを表しているのである。特に、マ
グナ・カルタの800周年の記念の年に。

　これ以上、いかに情勢が悪くなりうるかを見極めることは難しい。今はま
だ、連合王国はかろうじて多数の義務を明らかに遵守していると言えるが、イ
ギリスが憲章の特定の条項を侵害していると委員会が結論づける根拠が１つだ
けではなく、複数にわたるという状況もある。特にこれは、労働者の権利、労
働組合を結成する権利、団体交渉権およびストライキをおこなう権利などを扱

う5条および6条で、憲章の「労働」と呼ばれる規定に当てはまっている。社会憲章はストライキをおこなう権利を明示的に認めた初めての国際条約であった。

　しかしながら、これら「労働」の規定について、長年にわたり、そして多数の理由から違反していることが指摘されているということは、連合王国が社会憲章に違反しているということの表れなのである。20回目のサイクルの監督から、2つの実例を取り上げると、以下のようである。

・〔第2部〕5条は団結権に関するものである：委員会は、2つの理由から連合王国がこれを遵守していないとする結論に至った。
・〔第2部〕6条4項はストライキをおこなう権利に関するものである：委員会は、3つの理由から連合王国がこれを遵守していないとする結論に至った。

4．ヨーロッパ社会権委員会報告書

　専門家委員会によるもっとも近時の報告書では、連合王国の社会的および経済的権利の粗末な状況が示されている。当該報告書は2、4、5および6条を取り扱っており、連合王国についてはこれらすべての違反が指摘されている。これらの規定は公正な労働条件の権利（2条）、公正な報酬についての権利（4条）、団結権（5条）および団体交渉権（ストライキをおこなう権利）（6条）を取り扱っている。言い換えると、これはつまり、賃金、労働時間および労働組合の権利に関する問題なのである。

　賃金に関する限りでは、憲章〔第2部〕4条1項は労働者の権利として、「労働者及びその家族に相当な生活水準を与える報酬」を認めている。委員会は12回目のサイクルの監督（1991年）以来、制定法による最低賃金（1998年に制定）が「明らかに不公平」であるとして連合王国が当該規定違反であると結論づけている。2012年の労働者の1時間当たりの最低賃金は、1991年よりも上昇しているものの、21歳以上である場合は6.19ポンド、21歳未満である場合は4.98ポンドとされている。

　20回目のサイクルの監督期間中、政府は最低賃金をめぐる状況および、社会

憲章4条1項の適合性についての釈明することを求めた。政府によると、国内の最低賃金はナショナル・ミニマムである約51％あたりに位置しており、「生活給として設計されたものではなく、公的給付が利用可能であることを念頭にして検討しなければならない」ことを確実に伝えるため、としていた。しかしながら、これでは委員会を納得させることは不十分である。

委員会は、子どものいない独身の労働者の平均所得が35,883ポンドとするユーロスタットのデータに言及し、これと比較をすると、国内の最低賃金は21歳以上の成人の場合、12,048ポンドにすぎないことを指摘していた。それゆえ最低賃金は平均所得のたった39.4％でしかない。委員会によると、4条1項は、最低賃金が平均所得の少なくとも50％に設定されなければならないという意味に解釈されている。加えて、最低賃金が50％から60％の場合は、国家はこれにより相当の水準の生活を確保できることを示さなければならないとしている。

ゆえに連合王国は、ヨーロッパの基準として求められている出発点に一致する賃金の保障に違反し続けていることは明白であった。したがって、導入以来、国内の最低賃金は着実に改善しているにもかかわらず、委員会は国内の最低賃金が設定され続けている比較的に質素なレベルに対して以前からの批判を繰り返すと同時に、連合王国に4条1項違反であるとの結論を繰り返し下した。

同時に、委員会は時間外労働をおこなう労働者のための時間外分の報酬への保障が不在であることを含め、賃金の支払いに関連して、イギリス法のほかの側面に対しても批判をおこなった。これは締約国が「時間外労働に対する割増し報酬率」を承認することを保障する4条2項違反であることは明らかである。この場合もまた、委員会は前のサイクルの監督中、批判をおこなっているが、イギリス政府は返答を拒否していた。

5．ヨーロッパ社会憲章の義務の遵守

上記の労働条件に対する委員会の懸念と政府の憲章義務の遵守については決して論じつくしてはいない。労働者への公の休日に対する給付への保障の不在（〔第2部〕2条2項）、危険または健康に有害な職業に従事する労働者に対して取られる措置の不十分さ（〔第2部〕2条4項）および労働者の週休の保障

の不在（〔第2部〕2条5項）についても懸念がある。

　すでに示したように、ほかの分野への懸念としては、労働組合の権利、つまり憲章5条については、以下のようなことが言及されている。

　　　経済的及び社会的利益を守るために地方、全国及び国際的な組織を作り、そして、労働者や使用者のこれらの組織への加入の自由を確保、又は促進する観点から、締約国は国内法によりこの自由を弱体化させてはならず、また、弱体化させるように適用してはいけない。この条文の保障は国内法や規則により作成される方針にも適用される。軍隊の構成員へのこれらの保障の適用及び、当該カテゴリーの人物にどの程度保障されるのかを規定する原則も、等しく国内法および規則次第とされている。

　委員会は長年、イギリス法が労働者の自治への不当な介入により当該規定を侵害しているとの見解を示している。この懸念は特に、労働組合が裁判所による処罰を受けた組合員に補償をすることを違法とするものや、さらにストライキや争議行為への参加を拒否した者に対する労働組合内部での処罰（罰金または除籍によるもの）を制限することに関係している。これらの結論に至る際、委員会はこの制限は31条（上記のもの）の下で正当化しうるとする政府の議論を退けている。

　労働組合の自治から、団体交渉に話を変えると、委員会は連合王国が、団体交渉の仕組を促進しなければならないという義務を締約国に課す〔第2部〕6条2項違反であると、長年、結論を下している。ここでの主な問題は、労働者が団体交渉を妨げるために用いられてきた使用者による反組合の策略に関連している。使用者によるある策略は、労働組合の組織を拒否するように金銭で誘惑するというものであった。

　ヨーロッパ人権裁判所は、このようなやり方はヨーロッパ人権条約11条違反であると、*Wilson v United Kingdom* [2002] ECHR 552において宣言した。政府はこれに応じ、使用者が、労働者による団体交渉支援を諦めさせることを目的として、金銭で誘惑し、個別交渉へと変更させようとすることを違法とする制定法を導入した。しかしながら、当該制定法は、金銭で誘惑された労働者にしか不服申立が認められていない。

　委員会は当該法律の修正条項が、憲章6条2項の要求を全くもって満たしていないと指摘している。委員会の見解では、労働者が組合への支援をやめるよ

うに金銭で誘惑された場合に、労働組合にも不服申立を可能にするべきである
としている。もし労働者がそのような誘いを受けた場合、組合は屈服し、ほか
の労働者の立場は弱体化されるであろう。事実、もし労働者が誘いを受けてし
まったら、だれにも不服申立をおこなう資格がないのである。

6．ヨーロッパ社会憲章とストライキ権

　すでに指摘したように、ヨーロッパ社会憲章はストライキをおこなう権利を
初めて明示的に認めた国際条約であり、その〔第2部〕6条4項では団体交渉
権を効果的に行使するために締約国は、以下のことを承認することを約束しな
ければならない。

　　ストライキ権を含め、利益争議の場合における団体行動についての労働者及び使用
　　者の権利。ただし、既に締結された労働協約から生ずる義務に従う。

　委員会はおおまかに3つの根拠から当該規定が侵害されているとの見解を示
している。

　侵害されているとする第一の理由は、争議行為の対象に「過度な制限」が設
けられているからである。委員会は、労働者がストライキをおこなう場合は、
直接の使用者に対してのみとする現在の条件を強調する。これにより、問題と
されている人物が今現在の使用者ではない場合、組合は、形式はともかく、こ
の事実上の使用者に対して行動を起こすということができない。企業の所有権
の複雑な形態から問題が生じるのである。これはつまり、持株会社では、使用
者とは異なる者により、雇用に影響する決定がおこなわれているということで
ある。

　第二に、委員会を悩ませている問題はほかにもあり、それはイギリス法で
は、団結行為が完全に禁止されているために、労働者が紛争をおこなっている
ほかの労働者を支援することができないということである。これについては近
年、重要な判例があり、ヨーロッパ人権裁判所（*NURMT v United Kingdom*
[2014] ECHR 366）は団結行為はヨーロッパ人権条約11条1項により保護され
ている権利であるが、しかしながら、イギリス法における完全な禁止は、「他
人の権利及び自由の保護」のため「民主的社会において必要なもの」とする11
条2項の下、正当化できるものであるとした。

　ヨーロッパ人権裁判所およびヨーロッパ社会権委員会はますますそれぞれの法理を展開させている一方で、しかし、この件について、委員会は問題となっている団結行為について裁判所とは異なる見解を示した。委員会が示した見解は、ストライキをおこなう権利とは条約よりも憲章におけるもののほうがより具体的であり、そしてその範囲は広範囲に及ぶとするものであった。憲章は団結行為をおこなう権利を保障するのみならず、民主的社会との調和を考えると、憲章31条の下、禁止は正当化しえないのである。

　争議行為の対象に対する厳しい制限だけではなく、社会権委員会は、争議行為を行うに労働組合が遵守しなければならない手続での高いハードルを含むほかの懸念も挙げている。ヨーロッパ人権裁判所は上記の*RMT*事件で扱うことを避けたが、委員会は辛辣で決定的なやり方でもって取り扱っている。委員会は一貫して厳格な手続の抑制（使用者に、ストライキをおこなうか否かの投票をおこなう意思があることを明示的に通知しなければならない義務）は過剰であることを指摘している。

　第三に、委員会はさらに、合法的な争議行為に参加した労働者を解雇から完全に保護することができないことについても懸念を示している。イギリス法上、合法的な争議行為に参加したことによる解雇が不当として保護されるのは紛争から最初の12週間に限られる。委員会によると、12週間という限定は恣意的であり、委員会はこのような時間による制限は「団体行動権の効果的な行使に対する」障害になるとしたILOの専門家委員会の見解にも言及した。

7．おわりに

　以上から、連合王国は、連合王国が拘束されている、労働者のための権利の中心的となるものの多数に違反していることは明らかである。これらの違反はヨーロッパ社会憲章の多数の条文に及んでおり、侵害の理由が複数に及ぶ事例もいくつかある。しかしながら、社会憲章は労働者の権利のみを扱っているだけではなく、つまり、12条も重要なのでる。これは社会保障システムの構築と維持、そしてそれを「良好な水準」とする（〔第２部〕12条２項）義務に関するものである。

　20回目のサイクルの監督に際して、再調査がおこなわれている期間中に、主

に給付水準の不十分さに関しても、これらの規定違反が指摘されていた。調査の期間は2008年から2011年であり、この期間の大半が労働党政権であったということは重要なことである。これは、連立政府の2012年社会福祉改革法の制定および施行以前のことであり、本法については、委員会はイギリスの社会保障制度に「本質的な変化がもたらされた」と認めている。

これらの広範囲にわたり、また議論の的になっている改革は連合王国の社会憲章、つまり、12条および良好な社会保障制度を設けてこれを維持しなければならないという義務違反をさらに強めるものである。2012年社会福祉改革法は社会福祉の予算、社会福祉への依存および社会福祉の給付金を削減するために設けられた緊縮の手段なのである。社会権委員会から、なお一層の批判を受けないということはありえない。つまり、緊縮と社会福祉は共存しえない呉越同舟なのである。

連合王国の社会憲章への侵害と、政府がこれに対処することを拒んでいることは、社会的および経済的権利への政府のかかわりだけではなく、法の支配へのかかわりについて、深刻な問題が生じていることを表しているのである。忘れてはいけないのは、社会憲章とは、政府が遵守することを期待されている法的義務を生じさせている国際条約であるということである。2006年にビンガム（Bingham）卿が以下のように述べたことは名高い。

「法の支配に対する現存の原則は、国家が国際法の義務を遵守することを求めている。ゆえに、条約であろうと国際慣習および慣行であろうと、いずれからも導き出される法は国家の行為を統治する。私は、この命題について争いがあるとは思えない。」（Lord Bingham, 'The Rule of Law' [2007] 66 *Cambridge Law Journal* 67）

　　［訳注］本稿を翻訳するにあたり、ヨーロッパ社会憲章および改正ヨーロッパ社会憲章の邦語訳は、松井芳郎ほか編『国際人権条約・宣言集（第3版）』（東信堂、2005年）87頁以下に依拠した。

コラム：イギリス憲法研究の面白さと英会話の難しさ

　この本を共同執筆している著者たちには共通した特徴がある。憲法を専攻し、研究テーマとしてイギリスの憲法制度に関心を持つ大学の教員という点である。それゆえ、仕事柄「調査・研究」のためにイギリスを訪れることがしばしばある。このように書くと、みなさんは流暢に（＝ぺらぺらと）英語を操りながら難解な憲法問題について颯爽とインタビューを行い、議論をこなしている姿を想像されるかもしれない。だが、実情は必ずしもそうではない。

　日本では、明治期以来、西洋諸国の法制度を移入しながら近代的な法制度を構築してきた。そこで、研究者（≒大学の教員）となるための一つの素養として外国の法制度に通暁していることが求められてきた（法科大学院制度の導入以来、多少の変化は見られるが）。つまり、英米独仏等の「準拠国」を対象に、「比較法研究」を行う訳である。実際、日本国憲法についてみても、国会やその選挙制度、それを踏まえた議院内閣制のあり方などとの関係で、イギリスの制度には興味深い題材がそこかしこに散らばっている。このような研究を行ううえで、外国語の勉強が必須であることは間違いないが、その際に最も重要なことは、さしあたり外国語の文献をきちんと理解できる読解力である。他方、一般に「外国語ができる」という場合にイメージされる会話能力はなおざりにされることも多い。事実、私の知るかぎり（自分も含めて）、多くの研究者の英会話能力はそのリーディングやライティングに比較して、相対的に場合によっては著しく劣ることが多い。

　以下、この本に携わるわれわれが、実際に経験した英会話にまつわる哀しいエピソードを2つ紹介してみよう。なお、いずれのケースでも筆者は張本人ではなく、単なる目撃者である。

①喫茶店にて

　紅茶を注文するとき、誰しも英語ではきちんとその数え方をつけると中学の頃習った記憶があるだろう。'A cup of tea, please!' みなさんは、何が運ばれてきたのかおわかりだろうか？発音が悪かったからか、その店は紅茶をポットで出す店だったからかは定かではないが、なんと出てきたのはカプチーノ。他方、嘘のような本当の話だが、カプチーノを頼んだところ、'a cup of tea' が出てきたこともあった。

②レストランにて

　日本語でも、食事などを終えて会計を頼む際には、いくつかの言い方があり、人によって頼み方は異なるだろう。英語では勘定書はbillという単語であるから、'Excuse me, bill please!'と言えば、請求書をもった店員が現れるはずであった。だが、店員はにこやかに'OK!'と答えると、店の奥から一杯のビールを持って現れた。それ以来、われわれの仲間うちでは、お勘定の際には言葉ではなく、紙に文字を書くジェスチャーで勘定書を頼むことが主流となっている。

　このようなエピソードを紹介すると、みなさんの心の中に本書の内容の信憑性についての疑念を惹き起こしてしまうかもしれない。こんな英語力で学問に関するインタビューや議論など本当にできるのか？と。だが、研究上の会話に際しては、対象としている内容についての一定の知識と理解があれば、実はコミュニケーションは意外にスムーズに成り立つのだ。日本語ができるからといって日本語で書かれた難しい本がすぐに理解できる訳ではないことは、たとえば教科書等の内容がすぐに理解できるとは限らないことからも明らかだろう。重要なのは、問題についての知識を持ち、理解をすることである。本書を使って、日本との比較を意識しながらイギリス憲法についての関心を持ち、勉強してみて欲しい。

　もちろん日常会話はできるに越したことはないが、コミュニケーションをしようという気力あるいは相手の心に響くような笑顔があれば、それで十分にイギリスでの滞在を満喫することができる。大切なのは流暢に英語を話すことではなく、正確に伝えることだということを最後に申し添えておきたい。

第9章　人権の国際的保障
—開放型と閉鎖型—

1．はじめに

　人類に未曾有の惨禍をもたらした第二次世界大戦を経て、国際社会は「人権」を全面に打ち出した。国際社会は、人権規定と権力分立を有する憲法（近代憲法）が実際には人権を保障できなかったことを目撃し、一国の人権問題は「国内問題」ではなく、国際社会の問題でもあるという認識に至った。では、数多の、多様な人権条約（後掲〔表1〕参照）は、実際に役立っているだろうか。日本国憲法が保障する人権と国際人権条約が保障する人権はどのような関係にあるのか。日本の人権保障システム（統治機構）は国際人権条約の提供する保障システムとどのような関係にあるのか。それは、本書が比較の対象とするイギリスと同じか。それとも違いがあるのか。違いがあるとすればなぜか。本章では、人権の保障システムという観点から、日本とイギリスを比較する。

　最初に概観すると、イギリスはヨーロッパ人権条約（Convention for the Protection of Human Rights and Fundamental Freedoms／略称として European Convention on Human Rights）やEUとの関係から、人権を多層的に保障するシステムの中にあり、かつ、ヨーロッパのシステムは実効性を有するがゆえに、多様な人権問題が表面化し、取り組まれるのに時間がかからない上、取り組み方について豊富な例を共有できるが、国内システムと国際システムの衝突の可能性もある（開放型）。他方、そうした多層的システム下にはない日本は、外から受ける影響は弱く、問題の発見・取組みに時間がかかり、対応は必要最小限となりやすく、情報交換も限定的である（閉鎖型）。

2．国際人権保障の興隆—「宣言」から「実践」へ—

(1) 国際人権条約の誕生

人権問題は国際社会の問題であるとは実際にどういうことか。その淵源は、

1941年のアメリカ合衆国大統領ルーズベルトの一般教書演説に挙げられた4つの自由（言論の自由、信教の自由、欠乏からの自由、恐怖からの自由）である。これは1941年大西洋憲章、1942年連合国共同宣言へと引き継がれ、全体主義体制との戦争ととらえる連合国軍側の正当化根拠となった。そして第二次大戦後、国際的平和機構として創設された国連においては、国連憲章中に人権の尊重および遵守が掲げられ（1、55、56条）、国連は人権の国際的保障に取り組んでいく。まず世界人権宣言が1948年に採択されたが、法的拘束力を有するものではなかったので、条約化して法的拘束力を与える作業が続けられた。その結果、ようやく1966年に、経済的、社会的および文化的権利に関する国際規約および市民的及び政治的権利に関する国際人権規約（以下、それぞれ社会権規約、自由権規約、また両者を合わせて国際人権規約と称す）が採択された（1976年発効）。ここに世界史上初めて、人権を包括的に規定し、加入できる国家の範囲を限定しない普遍的な人権条約が成立した。他方、人種、女性、子ども、障害者、移住労働者のように人の中でも人権を侵害・差別されやすいグループに着目した人権条約や、拷問や強制失踪のように人権侵害の中でももっとも強度なものに着目した人権条約など、問題の重要性・緊急性に即して個別の人権条約が随時制定されてきた。国連における人権のメインストリーム化は一層進行中である。さらに、アジアを除く地域では、ヨーロッパ人権条約を筆頭に、米州人権条約、アフリカ人権憲章と、地域的人権条約が誕生している（〔表1〕参照）。なかでもヨーロッパ人権条約は、ナチズムに対する反省と共産主義の防波堤として、国際人権規約に先駆けて実現した（1950年署名、1953年発効）。

〔表1〕主要な国際人権条約一覧

代表的な国際人権条約	起草／署名	発効	日本の批准
自由権規約 *	1966	1976	1979
自由権規約第1選択議定書（個人通報）	1966	1976	未批准
自由権規約第2選択議定書（死刑廃止）	1989	1991	未批准
社会権規約 *	1966	1976	1979
社会権規約選択議定書（個人通報）	2008	2013	未批准
ジェノサイド条約	1948	1951	未批准
難民条約	1951	1954	1981

難民条約選択議定書	1967	1967	1982
人種差別撤廃条約＊	1965	1969	1995
女性差別撤廃条約＊	1979	1981	1985
女性差別撤廃条約選択議定書（個人通報）	1999	2000	未批准
拷問等禁止条約＊	1984	1987	1999
拷問等禁止条約選択議定書（国際査察）	2002	2006	未批准
子どもの権利条約＊	1989	1990	1994
子どもの権利条約選択議定書（個人通報）	2011	2014	未批准
移住労働者権利条約＊	1990	2003	未批准
障害者権利条約＊	2006	2008	2014
障害者権利条約選択議定書（個人通報）	2006	2008	未批准
強制失踪条約＊	2006	2010	2009
ヨーロッパ人権条約	1950	1953	N/A
ヨーロッパ社会憲章	1961	1965	N/A
EU基本権憲章	2000	※	N/A
米州人権条約	1969	1978	N/A
アフリカ人権憲章	1981	1986	N/A

※リスボン条約（2009年発効）によって法的拘束力獲得

（2）国際人権条約の実施―国内機関（統治機構）と国際機関の連携―

　国際人権条約はどのように実現されるのか。国連は世界政府ではない。各国家に代わって人権を実現する権限も能力も財源も非常に限られている。よって、国際人権条約の実施は、第一次的には各国家に委ねられており、各国の統治機構の仕組みやその実効性に大いに依存する。他方、国際人権条約は条約の国内的実施を監視する様々な国際的実施措置を備えており、それが国内的実施の促進、ひいては人権保障の実現を確保する役割を果している。国内的実施の実効性は国際的実施の実効性に依存し、同時に後者の実効性は前者の実効性に依存する。両者は車の両輪のような関係にある。

（i）国際人権条約の国内的実施

　条約の国内的実施については、立法、司法、行政のそれぞれの領域で問題となる。前提として、各国は、条約の批准に際して、国内法の条約との適合性を確認し、不適合であれば国内法整備を行い、条約を批准する（留保を付すという選択肢もあるが、留保の程度によっては条約批准の意味が失われる）。議会

が法律を制定し、政府が政策を実行する際に、条約の実施を念頭におくことが求められており、裁判所は条約を直接適用したり、または国内法の解釈指針として用いることが求められている（具体例は後述する）。他方、既存の立法機関や司法機関では不十分であるという認識から、国連パリ原則（1993年国連総会決議）にのっとり、多くの国が政府から独立した国内人権機関を創設している。

(ii) 国際人権条約の国際的実施

　国際人権条約の画期的な点は、各締約国が条約上の義務を果しているかを監視し、国際人権基準の実現を促進する国際的実施措置を設けた点である。この国際的実施措置には、国家報告、国家通報、個人通報、調査手続、個人申立・国家申立（人権裁判所型）等がある。

　国家報告は、締約国による条約上の人権尊重・確保の義務の履行を監視するために、各締約国に定期的に国内の人権状況及び改善措置に関する報告書を提出させ、条約機関が当該報告書を検討し、総括所見を出し、勧告を出す（重要項目を選択しフォローアップに付す場合あり）。現在、国連の9つの国際人権条約（〔表1〕で＊を付した条約）はいずれも国家報告を備える。さらに、2006年に発足した国連人権理事会にも国連加盟国は定期的に報告書を提出することになっている。国家報告には各国の人権状況の定点観測というメリットがあり、かつ国家の受け入れやすい方法であるが、実際に人権を侵害されている個人に対する直接的救済とはならない上、国家に都合のよい内容の報告書が提出される危険性がある。その点で、NGOが国家報告に対するカウンター・レポートを条約機関に提供する仕組みが発展しており、前述の欠陥を是正する利点がある。国家通報は、締約国が条約上の義務を果さない場合に、他の締約国が条約機関に通報し条約機関が審査する制度であるが、これまで実際に利用されたことはない。

　個人通報（individual communication）や個人苦情申立（individual complaint）は、条約締約国によって人権を侵害された個人が、条約機関に対して人権侵害の通報等を行い、これを条約機関が審査する制度である。事前に、各条約の予定する仕組みに従って、条約に付された選択議定書を批准するか、国家が宣言を行う必要がある。通報等を通じて先例が集積することは条約の内容を明確にし、締約国による解釈の指針となると同時に、条約機関の実効性・信

頼性を高める可能性を有する。21世紀に入るまでは自由権規約にしかなかったが、現在、前述した9つの条約のうち移住労働者権利条約を除き、この制度が利用できる。調査手続を備える条約もある（締約国の事前承認必要）。

　さらに、地域的人権条約であるヨーロッパ人権条約、米州人権条約およびアフリカ人権憲章は人権裁判所を有する。具体的人権侵害について裁判所が判決を出せるというのが上記の制度との違いである。次に、このような仕組みの存在がどう生かされるのかについて日英を比較する。

3．イギリス：ヨーロッパの中のイギリス

（1）第二次世界大戦以降のイギリス憲法の位置づけ―イギリス憲法と　　「ヨーロッパ憲法」―

　近代憲法の先駆者であるイギリスだが、成文憲法典として明文化されていないがゆえに、また普遍的人権宣言という発想と一線を画してきた国であるがゆえに、権力分立にせよ、議院内閣制にせよ、人権（イギリスでは市民的自由であるが）にせよ、その継受には一定の困難が伴う。イギリスから独立した植民地が憲法起草の際に参考にしたのはヨーロッパ人権条約であった。仮に、継受できるとしても、継受すべきものであろうか。世襲貴族という身分によって議員になれる貴族院、貴族院の一部である最上級裁判所（裁判所としての貴族院）、三権にまたがる権限を有する大法官といったイギリス憲法の特徴は、民主主義、司法権の独立、権力分立という近代憲法の基本原則から見れば違和感を持つであろう。そして、それが比較憲法学上の違和感にとどまらず、国内機関と国際機関との相互関係の中で実際にクローズ・アップされるのが、ヨーロッパという地域の特徴である。前述の特徴は、労働党の「憲法改革」の中で「現代化」（世襲貴族院議員の廃止［一部例外あり］、最高裁判所の設置、大法官の職務変更）されたが、それは内的要因だけでなく、外的要因にも起因する。

　第一に、ヨーロッパ人権条約である。同条約が設置する「ヨーロッパ人権裁判所」（European Court of Human Rights、以下、人権裁判所）は、国内の判断をヨーロッパ人権条約違反と判断し、締約国に法改正を迫る。イギリスも人権裁判所の判決を受けて国内法改正を行ってきた。人権裁判所は、「補完的」存在であるが、その実効性と権威ゆえに、事実上の役割は、ヨーロッパの憲法

裁判所だという評価も存在する。

　第二に、EUである。当初経済統合から始まったが、現在、経済通貨統合、共通外交・安全保障政策、警察・刑事司法協力等のより幅広い分野での協力を進めている政治・経済統合体である。EU法は、国内において直接効を持ちヨーロッパ人権条約以上にイギリスを直接拘束してきたがゆえに、EU離脱という帰結をもたらした。ヨーロッパ憲法条約は実現しなかったが、その実質的な内容はリスボン条約（2009年発効）によって実現されており、「ヨーロッパ憲法」としての実体を備えつつある。なお、EU自身もEU基本権憲章を備えており、同憲章はリスボン条約によって法的拘束力を備えた。よって、ヨーロッパ自体も一枚岩ではなく、人権裁判所と「EU司法裁判所」（Court of Justice of the European Union）が衝突しうる関係にある。

（2）国際人権条約の受容：閉鎖型から開放型へ

　イギリスは変型方式をとるので、条約が国内的効力を得るには国内法による受容が必要である。よって、条約の影響が国内システムに及ぶことを遮断できる（閉鎖型）。イギリスはEC（EUの前身）加盟の際に、EC条約の直接効を可能にするために、1972年ヨーロッパ共同体法を制定した。他方、ヨーロッパ人権条約は、国内法によって受容されなかったが、人権裁判所の判決の実際上の影響力ゆえに、1998年人権法（以下、人権法）以前から一定の影響力を及ぼしていた。そして、人権法によってヨーロッパ人権条約適合的に行動する義務が議会以外の公的機関に課されたので、そして、可能なかぎり、国内法をヨーロッパ人権条約適合的に解釈しなければならないので、ヨーロッパ人権条約は事実上、国内法よりも高められた地位（いわば憲法的地位）にある。また、人権裁判所判決を考慮しなければならず（人権法2条）、人権裁判所判例の影響力は一層強くなっていることから、そして、人権裁判所自身が国内判例に耳を傾ける姿勢を有していることから、国内機関と国際機関の関係は開放型となりつつある。

　ヨーロッパ地域においては、国内の統治機構による人権保障システムだけでなく、ヨーロッパ人権条約やEUの提供する人権保障システムもあり、両者が多層的、多元的に機能するところから、人権保障の実効性を高める一方、場合

によっては国内機関と国際機関との間で摩擦が生じる。それは、人権法に対する批判、人権裁判所に対する批判、EUに対する懐疑的姿勢となって表れている。たとえば、政府は人権裁判所に歯止めをかけるヨーロッパ人権条約第15議定書（補完性の原則と評価の余地を前文に追加）の実現に尽力した。そして、保守党は人権法の廃止とイギリス独自の権利章典制定、EU離脱を問う国民投票の実施を2015年5月の総選挙マニフェストに掲げ、総選挙に勝利した。EU離脱については、2016年6月に行われた国民投票の結果（離脱51.9％、残留48.1％）に基づき、保守党政権は3年半の時間を要してようやく実現したことから、EU離脱がいかに容易なものでなかったかを示している。人権法の廃止と権利章典制定も、ECHR締約国であることを継続するのであれば、おのずとそこには制約がある。一国の憲法で決めることに限界があるという事実（そこにイギリスは反発しているわけだが）が如実に示されている。

4．日本：アジアの中の日本

（1）日本国憲法の位置づけ―国際人権法との同時代性―

　日本国憲法（1946年公布、1947年発効）は、日本がポツダム宣言を受諾し、日本の非軍事化・民主化・自由化を約束したという文脈において、連合国軍の占領下に制定された憲法である。ここでは国際人権法との同時代性という観点から制定過程に言及する。元々起草作業を予定していなかった連合軍総司令部民政局の起草チームは、在京の図書館での諸外国の憲法の収集から始めた。その中にはアメリカ合衆国憲法、マグナ・カルタ、ワイマール憲法のみならず、ソヴィエト憲法などもあったという。国際人権法との同時代性という点で興味深いのは、起草メンバー内部の議論から見えてくる当時の認識である。「政治道徳の法則は、普遍的なものであり、この法則に従ふことは、自国の主権を維持し、他国と対等関係に立たうとする各国の責務である」（日本国憲法前文）については、メンバー内部でも意見の対立があった。政治道徳と主権の関わりはないというケイディスの批判に対して、ハッシーは次のように反論する。国連の成立によって、ケイディスのような議論は時代遅れになったのであり、すべての国家を拘束する基本的な政治道徳があること、主権の行使が普遍的な政治道徳を破る場合には、主権を行使する権利を有しないこと、このような前提

が一般に認められていることが、現在進行中のニュルンベルグ裁判の基礎であると。これは、国際人権法が第二次世界大戦後に興隆した理由と重なっている（傍点筆者）。いわば、日本国憲法は、世界人権宣言（1948年）と「同時代」なのである。そして、日本国憲法は、社会権（アメリカ合衆国憲法には存在しない）を含む、当時の水準を十分に満たす権利章典を有していたといえよう。

（2）国際人権条約の消極的受容―閉鎖型―

　前述のような出自からすれば、国際人権条約の積極的な受容が生じても不思議ではないが、現実はその反対である。〔表1〕からもわかるように、日本は強制失踪条約を除き、いずれの国際人権条約も発効してから加入しており、率先してイニシアティヴを取るというよりは、一定数の国の賛同を確認してから加わるという消極的な姿勢である。条約批准に際して国内法との適合性については吟味し必要な措置をとってきたが（たとえば、女性差別撤廃条約批准時の男女雇用機会均等法制定や障害者権利条約批准時の障害者差別解消法制定など）、批准後は、条約はあまり影響力を発揮していない。自動的受容方式をとる日本の場合、条約は批准・公布されれば自動的に国内的効力を有するが、裁判所が国際人権条約を適用・参照するのは一部の下級裁判所にとどまってきた。

　こうした状況の原因として、イギリスとの比較から明らかなのは、日本が国際人権条約との関わり方を最小限にとどめているため、そこからの影響を受けにくいシステムになっており、国内の統治機構に影響を及ぼさないからである。第一に、日本は条約機関に通報を行う制度に参加していない（〔表1〕の個人通報は全て未批准）。批准するためには日本の司法制度との関係を慎重に検討する必要があるという説明を30年以上維持しているが、もはや合理的な理由とはいえない（自由権規約選択議定書は現在116カ国が批准）。第二に、国家報告は、現在、ほぼ毎年、いずれかの条約機関において報告書が審査され、その中には、毎回、勧告を受けている問題もある（たとえば旧民法900条4号ただし書〔婚外子法定相続分差別〕は複数の条約機関から繰り返し勧告を受けた）。だが、積極的に取り組まれていない。国内人権機関の実現も頓挫している（2003年人権擁護法案廃案）。外交政策では、日本の位置するアジアに様々な人権問題がありながらも、日本政府は人権を正面に据えた外交政策を展開す

ることは回避してきた。さらに、アジアには地域的人権条約がいまだ存在しない。アジアとヨーロッパは異なる点が多く単純な比較は避けるべきだが、他方でアジア自体にも変化のきざしはある（2009年にアセアン政府間人権員会が発足したことや、2014年に韓国憲法裁判所が、憲法裁判世界会議においてアジア人権裁判所を提唱するコミュニケを出したことなどがその例である）。

　興味深いことに、裁判所において新たな動向が観察できる。最高裁判所は、2013年婚外子法定相続分差別訴訟において違憲決定を下したが（最大決2013年9月4日民集67巻6号1320頁）、その際、条約機関の勧告と諸外国の立法動向に言及した。その後、民法900条4号ただし書は改正され、法廷相続分における婚外子差別は解消された。そして、2015年12月に最高裁が再婚禁止期間を違憲、夫婦同氏制を合憲と判断した際には、国際人権条約に言及したのは反対意見・意見のみであったが、2021年6月に夫婦同氏制について合憲判断を行った際には、多数意見も条約機関の見解に言及している。最高裁判所が国際人権法との関わりを深めていくのだとすれば、国際機関と国内機関の接合面に新たな変化が生じることになる。

　20世紀前半に二回も世界大戦を経験したヨーロッパは、第二次世界大戦後、EUやヨーロッパ人権条約のような地域的枠組みを多層的に構築し、国家の在り方を変更（主権の一部委譲）することによって、平和の基盤を固めてきた。日本は、このことから何を学べるであろうか。少なくとも、開放型をとりうる日本国憲法を有する日本が、閉鎖型を持続することについては再検討すべき段階にある。

参考文献

阿部浩己・今井直・藤本俊明『テキストブック国際人権法（第3版）』（日本評論社、2009年）

申惠丰『国際人権法（第2版）』（信山社、2016年）

江島晶子「多層的人権保障システムにおけるグローバル・モデルとしての比例原則の可能性」長谷部恭男ほか編『現代立憲主義の諸相』（有斐閣、2013年）

江島晶子「憲法の未来像（開放型と閉鎖型）―比較憲法と国際人権法の接点―」全国憲法研究会編『日本国憲法の継承と発展』（三省堂、2015年）

第Ⅲ部　統　治

ダウニング街。1732年以来10番地が首相官邸（初代の住人はロバート・ウォルポール）。
1989年、安全警備上の理由から鋼鉄の門がつくられてしまった。（撮影、柳井健一）

第1章 統治総説

1．権力分立

（1）権力分立の意味—権力分立とは何か

　権力分立とは、国家作用を立法、行政、司法の3つの異なる作用に分け、それぞれ別の機関に担当させ、分担各機関相互間に抑制・均衡関係を設け、そうすることによって権力の集中と濫用を阻止しようとする思想ないし制度のことをいう。そして、権力の濫用を阻止する趣旨は、国民の権利、自由の擁護という憲法の目的に奉仕するためである。

（2）近代憲法における権力分立

　1789年フランス人権宣言は、16条において、「権利の保障が確保されず、権力の分立が定められていないすべての社会は、憲法をもたない」と規定し、権力分立を近代憲法の必要条件とする。これは市民革命によって打倒された絶対王政下においては権力集中による人権弾圧、恣意的な政治が行われたことに対する裏返しであるといえる。

　なお、近代憲法下のフランスにおいては、主権者国民の意思を直接に反映する議会（立法権）が他の2権に優越するという観念が成立した。そして、このことは「議会中心主義」といわれた。

　議会の優位、立法権の優位という発想においては、裁判所による違憲審査によって国会が制定した法律を国民から選出されていない裁判官が違憲・無効などと判決することは、国民主権の否定であると考えられる。こうした発想の背景には、この当時の裁判所に対する不信があったことも影響しているといえようが、いずれにしても、近代憲法下においては、裁判所による違憲立法審査制度は一般には否定されていた。

　これに対して、アメリカの場合は、すべての権力に対する不信、議会に対す

る不信もあり、三権対等との発想の下、近代憲法下においても裁判所による違憲立法審査が認められていた。しかし、アメリカの違憲立法審査権も、合衆国憲法典に明文で規定されているのではなく、1803年のマーベリ対マディソン事件連邦最高裁判決の中で認められるにいたったものである。

　なお、近代憲法下においては、国王に行政権がある場合などがあったが、この場合には、「権力分立」の主張が主権者国民意思の貫徹（議会優位）を阻止するイデオロギーとして機能することもあったことに留意する必要がある。

（3）日本国憲法における権力分立

　日本国憲法は、内閣に衆議院の解散権を付与し（69条）、裁判所に違憲立法審査権を付与し（81条）、国会に対する抑制・均衡関係を設けているが、三権相互の関係を対等な抑制・均衡関係として理解すべきではない。日本国憲法は、国民主権原理を採用した帰結として国会を「国権の最高機関」（41条）と位置づけ、国会優位の権力分立制を採用しているといえる。国会は、立法権の行使を通じて、さらに、財政監督権、条約承認権、国政調査権などの広範な権能を通じて国政に関するコントロール機能を有する地位にあるといえる。

（4）権力分立制の現代的変容

　日本国憲法が41条において国会を「国権の最高機関」と位置づけているように、現代憲法においても「議会優位の権力分立制」という理念は継承されているといえる。しかしながら、その実態、内実は、行政国家現象、政党国家現象による行政権優位、内閣優位という状況に変容している。さらに裁判所による違憲審査制の一般化による司法国家現象による変容もみられ、「議会優位の権力分立制」という理念は揺らいでいる。

　まず、現代憲法においては福祉国家、積極国家理念が採用され、社会保障、経済政策など行政の任務の拡大がみられる。さらに、行政の専門技術性が増大することによって政府提出法案、委任立法の増大もみられ、行政権の役割は肥大化している。

　また、現代憲法下においては政党国家現象もみられる。例えば、議院内閣制を例にとれば、内閣総理大臣は議会が選出するが、政党制が発達した下では議

会多数党の党首が選出されることが通例であるといえる。そしてこの首相は、議会多数党の党首として議会を支配するとともに、内閣の長として行政を支配することになる。こうなると、議会は内閣不信任決議を出せず、内閣の責任追及が困難になる。さらに、議会は内閣が提出する法案、予算を機械的に承認するスタンプの役割に成り下がってしまうといえる。このようにして、行政府（内閣）が行政権のみならず、立法権も掌握し、国政の中枢となり、内閣統治制、首相統治制といわれる現象が生じる。日本の場合には、基本的に、自民党の長期単独政権であり、官僚と自民党の一体化、司法を自民党が支配（内閣による最高裁裁判官の任命を通じて）することによって、さらに、内閣統治制の傾向が顕著であるといえる。

2．国民主権

(1) 主権の意味

国民主権原理は、日本国憲法の三大原理ともいわれる重要な基本原理であるが、その意味をめぐっては様々な議論がある。

主権という用語は、16世紀にフランスのJ・ボダンによって理論化された。近世の絶対王政形成期において、国王権力の確立を目指し、一方で、対外的には、ローマ法王、神聖ローマ皇帝からの独立を、他方で、対内的には、封建領主からの独立を達成することが意図された概念である。

主権には、以下の3つの意味があるとされる。第1の意味は、主権を国家権力そのもの、統治権ととらえるもので、ポツダム宣言8項が、「日本国ノ主権ハ本州、北海道、九州及四国並ニ吾等ノ決定スル諸小島ニ局限セラルベシ」という場合の主権は、この意味に当たる。第2の意味は、国家権力の最高独立性を意味する用法で、日本国憲法前文の「自国の主権を維持し」という場合の主権がこれに当たる。第3の意味は、国の政治の在り方を最終的に決定する力または権威という意味で、憲法前文の「ここに主権が国民に存することを宣言し」や1条の「主権の存する日本国民の総意」という場合の主権がこの意味に当たる。

（2）国民の意味

つぎに、国民主権にいう国民とは何かについては、2つの異なった理解が存在する。第1のとらえ方は、国民を抽象的・観念的な国籍保持者の総体ととらえる考え方で、フランス憲法学でいうナシオン（nation）と理解するものである。この場合の国民は、抽象的、観念的な存在で、ナシオンの場合には、赤ん坊を含め意思決定能力のない人々も含める概念である（過去の国民や将来の国民も含むと考える立場もある）。具体的で生身の人々ではないので、自ら主権を行使することができない。主権の行使は、国民代表に委ねられることになり、主権の保持者と主権の行使者が分離されることになる。

第2のとらえ方は、国民を政治的意思決定能力を有する具体的な市民の総体ととらえる考え方で、フランス憲法学でいうプープル（peuple）と理解するものである。プープルの場合には、国民は社会契約参加者、有権者ということになり、主権の行使が可能となり、主権の保持者と行使者が分離しない。

（3）国民主権の意味

（i）ナシオン主権

国民主権の国民をナシオンととらえるナシオン主権においては、国民が主権を直接行使できるわけではないので、「主権が国民に存する」という国民主権の意味は、国家権力の究極的な正当性が国民にあるという、権力の正当性原理、国政の最高権威を指し示すものになる（正当性の契機）。

ナシオン主権においては、直接民主制は否定され、代表民主制が採用され、主権は国民代表たる国会議員によって行使される。議員は全国民の代表であって、個々の選挙区の代表ではなく、議員に対し訓令を与える命令的委任は禁止され、有権者の意思に拘束されず、議会における発言・表決の自由、免責特権が付与され、いわゆる純粋代表（政治的代表）と呼ばれる。

ちなみに、イギリスの政治家エドマンド・バークは、有名な1774年の「ブリストル演説」において、「代議士はそれぞれの選挙区から選出されるが、いったん議会に議席を占めれば、全国民の代表であって、自己の良心に従って、国民全体の利益を基準として判断しなければならない」（中野好之訳『エドマンド・バーク著作集2』みすず書房、1973年）と述べ、このことを端的に表して

いる。

(ii) プープル主権

国民主権の国民をプープルととらえるプープル主権においては、国民が直接主権を行使することが可能であるから、「主権が国民に存する」という国民主権の意味は、国家権力そのもの、国政の最高決定権が国民にあることを意味するものとなる（権力性の契機）。

プープル主権においては、有権者の主権行使が可能であるので、国民投票などの直接民主制が原則となり、代議制が採用されるとしても、それは直接民主制をあくまで補完するものにすぎない。国会議員は有権者の意思に拘束され、命令的委任が当然となり、国民に議員罷免権が与えられ、訓令違反の議員は罷免されることとなる。

(4) 日本国憲法の国民主権

通説は、日本国憲法の国民主権原理には、正当性の契機（すなわち、国民を抽象的・観念的な国籍保持者の総体ととらえる）と権力性の契機（すなわち、国民を政治的意思決定能力を有する具体的な市民の総体ととらえる）との「2つの側面が併存」していると解している。

ナシオン主権に対しては、主権原理を正当性の問題に矮小化するあまりに内容空疎なもので、君主主権を否定するものにすぎないとの批判がなされる。また、フランス革命期において、ナシオン主権原理の下で、制限選挙が導入され、国王も国民代表とされるなど、ナシオン主権原理はブルジョアジーによる権力の独占を正当化する理論であったともいえる。

その後、労働者階級による普通選挙の要求が実現するようになると、個々の議員は再選を期待するがゆえに、事実上、ある程度、有権者の意思に拘束されるようになり、議会は有権者の意思を反映すべきだという社会学的代表、半代表制へと変化した。しかしながら、これはあくまで事実上の変化であり、法的にみれば、依然として、命令的委任の禁止、免責特権が維持されている。

日本国憲法は、こうした過程、すなわち、ナシオン主権からプープル主権への過渡期にあるといえ、ナシオン主権原理に適合的な規定とプープル主権に適合的な規定とが併存している。

ナシオン主権に適合的な規定としては、①前文の「日本国民は、正当に選挙された国会における代表者を通じて行動し」、「その権力は国民の代表者がこれを行使し」の部分、②43条1項の「両議院は、全国民を代表する」の部分、③51条「両議院の議員は、議院で行つた演説、討論又は表決について、院外で責任を問はれない」とする免責特権、である。

これに対し、プープル主権に適合的な規定としては、15条1項の「公務員を選定し、及びこれを罷免することは、国民固有の権利である」として罷免権を認めている部分、79条2項の最高裁判所裁判官国民審査、95条の特別法の住民投票、96条の憲法改正国民投票の直接民主制の規定がこれに当たる。

(5) イギリスの国会主権

イギリスにおいては、国民主権とはいわず、法的な主権は国会にあるとする国会主権という。そしてこの国会は、「女を男にし、男を女にする以外何でもできる」とされ、オールマイティーであるとされている。歴史過程を通じて徐々に国王、貴族院の権限が削減されていき、庶民院の優位が確立するとともに、19世紀の第1次（1832年）、第2次（1867年）、第3次（1884年）の選挙法改正を通じて選挙権が労働者階級にまで拡大されるようになり、法的主権は国会にあるが、政治的主権は国民にあるといわれるようになってきた。

3. 選挙権と選挙制度

日本国憲法は、「公務員を選定し、及びこれを罷免することは、国民固有の権利である」（15条1項）とするが、選挙権は選挙制度を通じて行使される。したがって、選挙制度のあるべき姿は選挙権行使のあり方との関係で検討される必要がある（なお選挙権は、「公務」とみるか、「権利」とみるかで争いがあるが、通説は、両方の性質をもつとし、二元説と呼ばれる）。また、日本国憲法は、前文において「日本国民は、正当に選挙された国会における代表者を通じて行動し」、「その権力は国民の代表者がこれを行使し」と規定し、代表民主制を採用することを基本とすることを明らかにする。代表民主制国家においては、選挙制度の具体的ありようがその国の国民主権実現の程度を規定するといえる。それゆえ、選挙制度の問題は、常に、国民主権原理、議会制民主主義原

理に照らして検討されなければならない。

（1）選挙に関する憲法上の原則

　選挙に関する憲法上の原則としては、普通、平等、直接、秘密、自由選挙の原則がある。

（i）普通選挙

　歴史的には、性別、財産、収入、教育による制限選挙が存在していたが、日本国憲法は15条3項において「成年者による普通選挙」の原則を明文で規定するとともに、44条において選挙人資格について「人種、信条、性別、社会的身分、門地、教育、財産又は収入によつて差別してはならない」と規定する。普通選挙の原則と関わっては、外国人の選挙権、受刑者の選挙権、選挙犯罪者の選挙権などが問題となる。

（ii）平等選挙

　平等選挙の原則とは、歴史的に存在した財産、教育などによって複数の投票権を付与する複数選挙制や、財産や社会的身分によって選挙人を等級に分け等級ごとに代表を選出する等級選挙制を否定し、投票の価値の平等を要請するものである。平等選挙の原則に関わっては1票の価値の不平等が問題となる。

（iii）直接選挙

　直接選挙の原則は、有権者が選挙人を選出し、その選挙人が議員などを選挙する間接選挙を排除する。日本国憲法は93条2項において、地方公共団体の長、議員などについては明文でこれを規定するが、国会議員の選挙については明文の規定は存在しない。それゆえ、学説においては間接選挙も許容されるとする説も存在するが、間接選挙は、主権者国民の意思の正確な反映を阻害するものであり、国民代表の正当性を希薄化させるものであり妥当ではない。

（iv）秘密選挙

　秘密選挙の原則とは、公開選挙を排除し、選挙人の自由な意思の表明を保障しようとするものであり、日本国憲法は15条4項でこれを明文で規定する。

（v）自由選挙

　自由選挙の原則とは、投票の自由、選挙運動の自由など選挙過程全体における自由を意味するものである。投票の自由は棄権の自由を要請し、これにより

強制投票制は禁止される。選挙運動の自由をめぐっては、現行公職選挙法が「べからず選挙法」とも称されるように戸別訪問の禁止など諸外国に見られない過度の規制を課しており、規制の合憲性をめぐって議論がある。

(2) 選挙区制

選挙区制には、選挙区の定数、投票の方法（単記、連記、名簿式）の組み合わせによってさまざまな類型があるが、代表法の観点からは、多数代表制、少数代表制、比例代表制に大別することができる。

多数代表制は、議員の選出を選挙区の多数派に委ねる制度で、典型は小選挙区制である。小選挙区制の長所は、一般に、二大政党制を助長し、安定政権を導くことにあるとされる。短所は、少数意見が反映されないことにある。

少数代表制は、多数派のみならず、一定の少数派にも代表選出の機会を与える制度で、制限投票制、累積投票制がその典型であり、かつて日本の衆議院選挙で採用されていた中選挙区制は制限投票制の一種である。中選挙区制は、「準比例代表制」とも称され、得票率と議席率が比較的一致するといわれるが、選挙が個人中心になりがちであるとも批判され、日本においては、このことが派閥政治、金権腐敗政治の原因となったともいわれる。

比例代表制は、得票率に応じて議席を配分する制度である。長所としては、議会に民意の縮図を作りだすことにあるとされるが、短所としては、小党分立を招き、政局を不安定化し、政党の離合集散によって政権が構成されることにあるとされる。

以上の長所・短所は、一般的な傾向を示したもので、小選挙区制が二大政党制を、比例代表制が小党分立を必然的にもたらすわけでもない。政治状況の相違によって異なった作用をもたらすこともある。

なお、現代の代表制は、半代表制、社会学的代表制といわれ、有権者意思の議会への反映が要請されており、有権者意思の反映を歪める恐れのある小選挙区制に対しては、これに適合的でないとされる。

1994年に公職選挙法の改正により小選挙区比例代表「並立制」が導入された。導入当初は小選挙区300、比例代表200、6対4の比率で、もともと小選挙区制に傾斜していたが、2000年には比例代表の20削減が行なわれ、さらに小選

挙区制に傾斜した。現在の定数は、さらに定数削減が行われ、小選挙区289、比例代表176である。

「並立制」は、民意の公平な反映という観点から問題があるといえる。憲法47条は「選挙区、投票の方法その他両議院の議員の選挙に関する事項は、法律でこれを定める」としており、選挙区制の採用について一定の裁量を認めている。しかし、「ある選挙区制が、選挙権者の意思の議会への反映を系統的に歪めるように機能している場合には、制度そのもの、あるいは特定状況のもとでのその適用が憲法14条の平等の要請、ないし43条1項の『代表』の積極的規範意味……に違反するとされることがありえよう」（樋口陽一『憲法Ⅰ』青林書院、1998年、168頁）。なお、1999年には、「並立制」を合憲であるとする最高裁判決が下されている（最大判1999年11月10日民集53巻8号1704頁）。

4．政　党

現行の日本国憲法には「政党条項」は存在しない。政党が現在の議会制民主主義において不可欠な重要な役割を果たしているとはいえ、あくまで、政党は、憲法21条で保障される結社の一つであり、結成の自由、活動の自由が保障されている。

他方で、政党は、他の一般の結社とは異なり、国民意思の媒介などの「公的役割」を果しており、そこから一定の規制や助成がなされている。例えば、政治資金規正法は、政治腐敗の除去を目的に政治資金の公開及び一定の寄付制限を定めている。

さらに、1994年には政党助成法が制定され、5人以上の国会議員または2％以上の得票を有する政党に対する国庫助成が導入された。しかし、政党助成については、政党の「公認」と排除をもたらし政党間の平等を侵害する、政党が政党助成に依存することによって国民との資金面でのつながりが希薄化し、結果として政党の媒介機能が低下するとの批判もある。

現在の日本において政党の劣化が顕著な問題として浮上してきている。経済同友会は、「国会運営の停滞など政治の機能不全は、特に二大政党の政党としての能力不足に起因する。政党政治の根幹である政党力を底上げするため、政党法を早期に制定すべきである」という。自由民主党の「日本国憲法改正草

案」も、64条の2第1項において、「国は、政党が議会制民主主義に不可欠の存在であることに鑑み、その活動の公正の確保及びその健全な発展に努めなければならない」とし、同条3項では、「政党に関する事項は、法律で定める」とし、政党法を制定するともする。自民党「日本国憲法改正草案Q＆A」では、「政党法の制定に当たっては、党内民主主義の確立、収支の公開などが焦点になる」としており、「党内民主主義」を口実にした政党への介入が懸念される。64条の2第2項では、「政党の政治活動の自由は、保障する」と規定してはいるものの、「党内民主主義が確立していない」、「活動が公正でない」、「健全でない」などの理由で、国家が政党の活動に介入してくる恐れがある。ボン基本法の政党条項の下、1956年にドイツ共産党（KPD）に対し違憲判決が下され、解散させられた歴史があるように、政党条項は、政府の気に入らない、反体制政党を弾圧する手段となる恐れがある。

　他方で、政党が「理想像からますますかけ離れている」現実があることもまぎれのない事実である。党員もいない、地方組織もない、規約もない、いるのは「生き残り」のために離合集散する議員たちだけであるから、簡単に新党を結成したり、合併したり、解散したりする。2012年総選挙は、二大政党選挙どころではない、新党が出来ては消え、文字通り、離合集散する、小党乱立の選挙となった。国民的基盤がない議員集団に過ぎない「政党」であるので、選挙の生き残り戦術で、簡単に「新党」結成、解散、合流という状況が生じた。サラリーマン川柳にあるように、まさに「党名を覚える前に投票日」といった状況であった。国民的基盤のない政党の粗製乱造では日本の民主主義の先行きは危ういというのはいうまでもない。国民的な基盤に基づく本来の政党の姿に立ち返ることが民主主義の再生にとって不可欠であるといえよう。

5．「政治改革」20年余の総括—二大政党制の「進展」と「崩壊」—

　小選挙区制が導入された「政治改革」から20年余が経った。ここで、「政治改革」20年余の総括、すなわち、二大政党制の「進展」と「崩壊」過程を跡付けてみたい。

　まず、①二大政党制の「進展」についてである。自民・民主の二大政党の議席占有率は、05年総選挙85％、09年総選挙89％と、おおむね85％程度に及んで

おり、また、得票率の合計においても、05年総選挙69％、09年総選挙69％で、約 7 割に達している。数値の上では、二大政党制の「母国」イギリスに匹敵する状況になってきていた。他方、小選挙区制導入以前、例えば、90年総選挙においては、社会党136議席、共産党16議席で、両党の議席占有率は総議席512議席中29.6％であったが、小選挙区制導入以降、共産党、社民党などの憲法改悪阻止派、護憲派の議席は「激減」した。05年総選挙、09年総選挙では、いずれも、共産党 9 議席、社民党 7 議席、12年総選挙では、共産党 8 議席、社民党 2 議席で、その議席占有率は480議席中わずかに 2 ％に過ぎない状況となった。小選挙区制導入のねらいが憲法改悪阻止派、護憲派の議会制からの排除にあったことがわかる。

　次に、②09年政権交代についてである。09年の政権交代は「民意による初めての政権交代」という「積極的」側面を有しているとはいえるが、しかし他方、「民主党に政権交代したけど何も変わらないじゃないか」という議会制民主主義に対する不信、政治不信を招来したといえる。それとの関連で、③民主党政権の評価をめぐっても検討する必要がある。普天間の県外移設をいった鳩山、脱原発をいった菅、あるいは野田と、それぞれ微妙以上の違いがあるとはいえ、結局は民主党という政党の体質、組織的下支が欠如している、寄集め政党であって、その後迷走し、「決められない政治」にいたり、最終的に構造改革・軍事大国路線へ「復帰」する、そして国民の失望を招くといった事態にいたった 。

　そして、こうした民主党に対する失望、二大政党に対する不信が、④第 3 極や橋下ポピュリズムへの期待を生み出した。しかし、第 3 極、維新は、組織や党員のいない議員集団に過ぎず、その結果簡単に離合集散を繰り返し、結局は右から自由民主党を補完する勢力に過ぎないことがあらわとなり、急速に失速するとともに、さらなる政治不信の元凶ともなった 。

　そして、⑤12年総選挙は、多くの国民にとって投票する先がないということになり、自由民主党「 1 強多弱」体制となった。しかし、自由民主党の「勝利」ともいえない。というのも、12年総選挙の自由民主党の比例区の得票率は26.7％で、政権交代を喫した09年総選挙よりも僅かに0.9％得票率がアップしたに過ぎない。秘密保護法、集団的自衛権解釈変更、原発再稼働、消費税10％

など、安倍政権が行おうとする政策に対してはことごとく国民の多数が反対しており、多くの人々に支持されているとは到底いえない。各種の世論調査でも、安倍「支持」の理由のトップは「他に適当な人がいない」などの消極的理由で、政策が支持されているわけではない。しかし、ここに至って、二大政党制の「崩壊」は指摘できるかもしれない。

⑥13年参院選は、共産党の「躍進」もみられたが、「ねじれ」解消による安倍自民党の暴走が本格化することになった。今や、安倍に文句をいえる勢力は党内にも存在せず、党内集権化による自民党内リベラル派の衰退がみられ、安倍首相のやりたい放題という状況に陥った。

⑦14年総選挙は、安倍政権の側にとってみれば「時間がたてばたつほど、自分たちに不利」ということで、「解散するなら今でしょ」といった感じの争点隠しの大義なき解散であった。しかしこの選挙結果により、さらに4年間安倍暴走政権が「延命」する可能性が生じた。第3極ブームは完全に終焉し、ここでも「1強多弱」体制の下における安倍政権に対する消去法的「支持」、消極的「支持」が特徴であった。安倍政権はけっして支持されているわけではない。しかし、「他の政党もダメだね」ということで、「入れるところがない」というのが大方の国民の反応であったであろう。戦後最低の投票率はそのことを如実に物語っている。こうした中、自由民主党政治に真っ向から対決する共産党が躍進したのである。

⑧16年参院選では、全国32の1人区において野党4党の統一候補が11議席を確保したが、与党は自民党56議席、公明党14議席、121の改選議席中70議席を獲得し、改選過半数を上回った。さらに、16年参院選の結果、参院においても自民、公明、おおさか維新の会、日本のこころを大切にする党の改憲4党が161議席、3分の2を確保し、憲法改悪に向けた危機的状況が現出した。

⑨17年総選挙においても、相変わらず、基本的に「安倍一強」状態が続いている。自公の与党で合計313議席、3分の2（310議席）を上回った。

⑩2019年参院選では、自民が単独過半数を割り込み、改憲勢力が3分の2を割り込んだことは特筆に値するが、相変わらず自公で過半数を確保している。

いずれにしても、この20年間で日本の民主主義は劣化したといえるのではなかろうか。

6．小選挙区制の「母国」イギリスにおける選挙制度改革の動向

　「政治改革」論は、「小選挙区制→二大政党制→政権交代」というウェストミンスター・モデルに立脚し、イギリスをモデルとしている。しかし、こうしたイギリス・モデルは、実は、「本家」イギリスでも危機的状況にあり、見直しの議論がある。以下では、イギリスの現状についてみてみることにしよう。

　1940年代、50年代、60年代は、二大政党の得票率の合計はおおむね90％程度であったが、70年代から低落傾向をみせ、おおよそ70％台、05年総選挙では68％、10年総選挙では65％と60％台に低下している。10年総選挙は、保守党も、労働党も過半数を獲得できない、いわゆるハング・パーラメント（宙ぶらりんの議会）となり、戦後初めて、連立政権となった。14年EU議会選挙は、EU脱退を主張するイギリス独立党（UKIP）が27.49％の得票率で第1党となり、24議席を獲得し、労働党の20議席、保守党の19議席を上回る結果となった。以上のことからすれば、もはやイギリスでは二大政党制は「崩壊」しているといえるのかもしれない。

　そして、こうした状況もあって、この間のイギリスでは、ウェストミンスター・モデルに対する批判が強まってきている。すなわち、二大政党制の下で首相に権限が集中し、これを止める手段がない。選挙はあるがひとたび勝利すれば、これをコントロールする手立てがない、「選挙による独裁」だとの批判である。97年ブレア労働党政権の成立により、憲法改革の一環として、選挙制度改革が行われ、新設されたスコットランド議会、ウェールズ議会、さらにそれまでEU諸国で唯一小選挙区制で行われていた既存のEU議会選挙などにも比例代表制が導入され、イングランド、ウェールズの地方議会を除けば、小選挙区制は、ウェストミンスター国会のみという状況になってきている 。

　そして、保守・自由の連立政権は、2011年5月5日に、現行小選挙区制の維持か、それともAV（Alternative Vote、優先順位付投票制）に改めるかを問うレファレンダム（国民投票）を実施する法律（Parliamentary Voting System and Constituencies Act）を制定するに至った。AVは、1人区において、有権者は候補者に順位を付けて投票し、過半数を制した候補者がいれば当該候補が当選、過半数を制した候補がいなかった場合には、最下位の候補者

の第2順位票を上位の候補者に配分し、これと第1順位票を合算し、過半数に
なれば当選、過半数にならなければさらに下から2番目の候補者の第2順位票
を合算するというものである。

　保守党は小選挙区制維持、自由民主主義党は元来、比例代表制支持、労働党
がAV支持で、AVに関するレファレンダム（国民投票）の実施は、保守・自
民の連立にあたっての「大いなる妥協」であって、保守・自民の各党は、レ
ファレンダム運動において自由に自らの主張を展開できるとするものであった。
世論の動向も、選挙制度改革を支持するかと問われれば、広範な支持がある
が、小選挙区制かAVかと問われれば、両者に大した違いがない、あるいは、
ハング・パーラメントの常態化などの理由で、世論は真っ二つであった。ま
た、レファレンダムでAVが否決、単純小選挙区制が支持されれば、今後しば
らくの間、選挙制度改革は困難になる恐れもあった。他方、AVがレファレン
ダムで支持された場合も、これを将来の比例代表制に向かう第1歩とみること
ができるのか、それとも、当面AVに固定化し、比例代表制への改革が遅れる
のか、評価が分かれるところであった。

　2011年5月5日に、レファレンダムが実施され、結果は、AV支持32％、反
対68％で、小選挙区制の維持が決定された（投票率42％）。この結果について
は、マニフェスト違反を繰り返す自民党に対する反発がAV不支持となって現
れた、そもそも比例代表制ではなく改革案がAVであったことなどが敗因とし
て指摘される。レファレンダムでは敗北し、小選挙区制が維持はされたが、小
選挙区制改革をめぐって国民投票を実施しなければならない事態に追い込まれ
ている、小選挙区制に対し相当に評判が悪いというのが今のイギリスの状況で
あることは間違いないのである。

参考文献

杉原泰雄・只野雅人『憲法と議会制度』（法律文化社、2007年）

小松浩『イギリスの選挙制度―歴史・理論・問題状況』（現代人文社、2003年）

上脇博之『ここまで来た小選挙区制の弊害』（あけび書房、2018年）

小松浩『議会制民主主義の現在―日本・イギリス』（日本評論社、2020年）

イギリスにおける統治①：
国会主権、法の支配、大臣責任制

1. 国会主権と法の支配

(1) 二つの憲法原理

　国会主権と法の支配は、イギリス憲法の二大原理である。成文憲法がないイギリスの憲法実践から、この二つの原理を引きだしたのは、19世紀後半に活躍したA・V・ダイシー（Dicey）という憲法学者である。彼が著した『憲法序説』（1885）は、現在でもイギリス憲法に大きな影響を与え続けている。

　ダイシーは、イギリスの国会は「自然のうえで不可能でないことはすべてなしうる」のであり、国会制定法を変更できる権限をもつものは国会以外には存在しないと述べた。ここで述べられていることは、国会の制定する法律が、最高の法規範だということにほかならない。

　ダイシーの述べたもう一つの憲法原理が法の支配である。この原理は、①「通常の法」の優位が、政府から恣意的権力行使や広い裁量権を取り除く、②そのような法は、司法裁判所によって、権力者も含むすべての人に平等に適用される、③憲法とは、司法裁判所によって定義され施行される個人の権利の結果である、というものである。つまり、裁判所が歴史の中で生み出した「法」が、個人の権利を保障するというのである。

　二つの憲法原理は、17世紀の憲法闘争の結果として生み出されたものである。その歴史を簡単に追ってみよう。

(2) 二つの憲法原理の成立
(i) 前　史

　16世紀イギリスで起きたのは、チューダー朝の国王が、国会の制定する法律を利用して自己の権力の増大をはかったことである。こうして、国会における国王が最高の権力を有するという考えが生まれてくる。

　法の支配については、国王裁判所への裁判権の集中が進む。判例が集積してコモン・ローのルールが生み出され、法律家を養成する仕組みも整い、そのような判例法は、「国土の法（law of the land）」として法律家に共有されていくことになる。その核心は、財産権と人身の自由であった。

(ii)　17世紀憲法闘争

　1603年エリザベスは死去し、スコットランド王ジェームズ6世がジェームズ1世として即位した。このスチュアート朝で、国王大権と「国土の法」のどちらが優位するかをめぐって、議会および裁判官と国王が対立する。

①布告（proclamation）と法律　　17世紀初頭、イギリスの国王は大権による立法（独立命令）が認められており、ジェームズ1世はこれを多用した。布告は星室庁裁判所（国王大権に基づく特別裁判所の一つ）で執行された。これに対して、コモン・ロー裁判所の一つである人民間訴訟裁判所主席裁判官であったエドワード・クックは、王は国土の法が認める範囲内で大権を行使するのであり、国王は布告によって犯罪を創設することはできないと述べた（Case of Proclamations（1611）12 Co Rep 74）。

　国王大権による独立命令は、星室庁裁判所などの特別裁判所が1640年に廃止されることによって、ようやく消滅したのである。

②税と法律　　正式な税は、国会制定法で国民の同意をえなければならない。これが、「国土の法」が求めたことであった。問題は、間接的な税についてである。国王は、国王大権に属する外国との貿易や国土の防衛に関する税は国会で決めなくてもよいと主張した。それに対して、議会は、国王大権も国土の法の下にあり、外交とか防衛という理由だけで、法律によらない課税をすることは許されないと主張した。

　コモン・ロー裁判所の一つである財務府裁判所は、1606年のベイト事件判決（Bate's Case（1606）2 St Tr 371）において、貿易に関して国会によらず課税する国王大権を認めた。この判決に対して、庶民院では、大きな批判が巻き起こった。

　緊急事態における船舶の確保を理由に課された船舶税の支払いを拒否して起訴されたハムデン（Hampden）の裁判で、弁護側は、緊急事態での国会によらない課税は認められるが、その判断は国会がおこなうと主張した。それに対

して、国王側は、平時での課税は国会によらなければならないが、緊急事態では国王が法律によらず徴収できるのであり、その判断は国王がおこなうと主張した。財務府裁判所は、国王を支持したのである（R v Hampden（1637）3 St Tr 825）。

ハムデン判決は1640年の船舶税法によって否定された。国王の法律によらない課税権は、権利章典4条によって否定され、現在にいたっている。

③人身の自由と法律　　1627年から28年にかけて、税と法律の問題は人身の自由へと展開していった。チャールズ1世が「強制借り上げ金」（強制公債）という事実上の課税を徴収しようとしたからである。借りるのだから税金ではないというのであるが、その金が返してもらえないことは明らかだった。専制的権力者が法を恣意的に解釈しようとするのは、いつの時代でも変わらない。

このとき、多くの有力者が税の支払いを拒否した。国王は、彼らを逮捕し収監したのである。その中のダーネルら5人が、人身保護令状を請求し、国王大権による拘禁の合法性を問うた。これが、有名な「5人の騎士事件」（Darnel's Case［Five Knights Case］（1627）3 St. Tr. 1）である。

ここで、ダーネル側は、マグナ・カルタ29条の「いかなる自由人も、その同輩の合法的裁判によるか、あるいは国土の法によるのでなければ、逮捕あるいは監禁されてはならない」という規定を援用し、「国土の法」とは、法の適正な過程（due process of law）であるから、正式起訴のない、単なる「国王の特別命令」による拘禁は、それに反すると主張した。しかし、当時のコモン・ロー裁判所はダーネルらの主張を認めなかった。この判決は、「国土の法」に期待をかけていた多くの人々を落胆させた。

しかし、この決定は、有力者だけでなく当時の選挙民（中世以来の選挙資格の財産要件は、インフレが原因で機能せず、有権者は成年男子の3分の1まで増えていた）の不評を買い、1628年の選挙においては、借り上げ金反対派の多くが当選したのである。こうして成立した1628年の国会において、権利の請願が採択されるのである。庶民院議員となっていたクックが起草した請願は、「最近種々の陛下の臣民が、なんら理由を示されずに監禁され」たことを理由に、国会制定法による同意なしには、「いかなる贈与、貸付、上納金、税金、もしくはこれに類する負担」も強制されないこと、また拒否を理由に身体を拘

束されないことを求めたのである。国王は権利の請願に対して渋々裁可をしたが、その後、強引に国会を解散し、議会派の中心人物エリオットらを逮捕するという行動に出る。国王大権による人身の自由の制約は、1640年の人身保護令状法で違法とされた。

④長期議会から王制復古へ　　権利の請願が採択された国会の後、1640年まで国会は召集されなかった。11年の無議会時代を経て召集された国会をチャールズはすぐに解散せざるを得なくなる（短期議会）。その後、改めて召集された国会では、絶対王制に対する反対が噴出し、両院と国王は決定的に対立する（長期議会）。1642年、国会は国王派と議会派に別れ内戦状況に至る。この武力衝突を制したのは議会側であり、貴族院の廃止、チャールズ1世の処刑を断行するが、護国卿クロムウェルが死去すると混乱状況に陥った。混乱を収拾するため復活した長期議会が解散した後、総選挙が行われ、新たに選出された国会議員たちは、チャールズ1世の息子チャールズ2世を国王として迎えたのである。これが1660年の王政復古である。

　復古王朝は、長期議会初期のチャールズ1世が裁可した法律については認める方針をとり、星室庁裁判所などの特権裁判所および船舶税などの特権的課税は廃止された。こうして復古王朝は、財政的に国会に全面的に依拠しなければならなくなったのである。

⑤国会主権の確立　　後期スチュアート朝の問題は宗教であった。チャールズ2世の弟ヨーク公（後のジェームズ2世）がカトリックに改宗していたことが、イギリス人の反カトリック感情を刺激し、ヨーク公から王位継承権をはく奪しようとする当時の野党による排斥法運動が起きる。チャールズは、解散と無議会政治によって排斥法の成立を阻止し、85年に死去する。ジェームズ2世は、カトリック教徒を優遇し、カトリック教徒を排除するために制定された審査法を適用免除する。審査法で課された宣誓と他の義務を拒否したことが問題となったヘイル判決（Goddon v Hales（1686）11 St Tr 1165）において、裁判官は、特別な事件において、国王が判断する理由に基づいて刑事法を適用免除することは国王大権であると述べた。この判決に刺激されたジェームズは、1687年、信仰の自由宣言を出し、宗教に関する刑事法を停止した。これが名誉革命を決定づけた。

　革命によって制定された権利章典は、法律停止権（１条）および法律適用免除権（２条）は、国会の同意ない限り違法であると宣言した。こうして、制定法の効力を妨げる国王大権は否定されたのである。

⑥裁判官の独立　　17世紀の経験は、国王によって自由に罷免される裁判官は、国王の意に沿った判決を下して、「国土の法」を無視するということを明らかにした。1701年の王位継承法において、裁判官は、両院の指示によるのでなければ、「非行なき限り」罷免されないことが規定され、裁判官の独立が保障されたのである。

(iii) 17世紀憲法闘争の成果

　以上のように、国会主権と法の支配というイギリス憲法の二つの原理は、17世紀の憲法闘争によって確立した。国会が二つの原理の障害であった国王大権（特権裁判所、課税、独立命令）を力ずくで排除したのである。

　この歴史から導かれる17世紀憲法闘争の含意は、「国土の法」を保障したのは、裁判所ではなく国会だったということである。つまり、国会主権は、イギリス人の自由と財産を「国土の法」で保障するために勝ちとられたのである。

　17世紀憲法闘争をこのように捉えるならば、国会主権が法の支配を実現したといってよいだろう。

　２．国会主権と大臣責任制

(1) 大臣責任制とは何か

　イギリス憲法で語られる大臣責任制とは、内閣が国会に責任を負うという議院内閣制の基本的ルールのことである。大臣責任制は、ダイシーが主張したもう一つの憲法原理である憲法習律（constitutional convention）から導かれる。憲法習律とは、裁判所で強行される法ではないが、憲法上の慣習であり、権力者が守ることが期待されている規範のことである。

　大臣責任制には、二つの形態がある。第一に、個々の大臣が担当省庁の行為について国会で説明責任を負うという個別責任である。次に、大臣が内閣の決定について国会に対して連帯して責任を負うという連帯責任である。

　この制度の淵源もまた17世紀の国会主権にある。以下で説明しよう。

(2) 大臣責任制の歴史的展開

　名誉革命で確立した国会主権は、国王、貴族院、庶民院で構成される国会に最高の立法権があるという原理である。ここで重要なのは、国王が国会の構成要素の一つであることである。名誉革命の帰結としては、国王は立法権の一翼を握ったはずであった。しかし、国王は、1708年にスコットランド民兵法案の裁可を拒否したのを最後に、立法拒否権を事実上失う。

　このように、国王が立法権と課税権を完全に失ったということが、議院内閣制を生み出す第一の条件である。次に、国王がその他の大権を維持したことが第二の条件である。この均衡関係が、議院内閣制を生み出していく。

　まず、権利章典は、国会は頻繁に開かれることと規定していたが、課税権を失った国王は、財源を得るために毎年国会を開くようになる。さらに、国会は、財源を供出するだけでなく、その使い方もチェックするようになる。毎年の予算を承認するようになるのである。

　次に、国王は、枢密院における国王という古い形態で統治していくが、両院の協力を得るために、両院に影響力のある有力者を枢密院の中でも特に選ばれた役職につけ助言を求めるようになる。これが内閣のはじまりである。

　こうして、国王によって官職をえたもののなかで、特に国王の周りで国王の大権行使に助言をあたえる集団が、国王によって任命されるようになる。その中心が第一大蔵卿（後に首相と呼ばれるようになる）であった。紆余曲折はあるが、この首相を中心とする少人数のグループが公式に内閣と呼ばれるようになるのである。

　この流れに対して、庶民院の独立を名誉革命の大義とする考え方からすると、国会議員が国王に官職を付与されることはその大義を掘り崩す「腐敗」にみえた。王位継承法は、議員の官職保有について厳しい規制を加えていた。これが撤回されなかったならば、議院内閣制の展開はありえなかったであろう。

　以上のように、内閣は国王と国会のバランスの中に生成してくる。18世紀の国会には、国王を支持するグループと庶民院の独立を主張するグループが存在していた。庶民院の独立を主張するグループは、国王大権を実際に行使する大臣を攻撃する。その手段は、当初、刑事訴追であった。そのうちに、大臣は刑事訴追を受ける前に辞任するようになる。このような個別の責任追求は、18世

紀初期には確立した。

　内閣という集団が国王大権を実際に行使することが明らかになってくると、内閣のメンバーに対する攻撃は内閣全体の問題となる。これが18世紀末のことである。そして、19世紀に入ってようやく、連帯責任が正式に憲法上のルールとして認識されるようになる。それが必要になるのは、19世紀初頭に救貧法や公衆衛生といった行政の仕事が増えるからである。こうして、19世紀中葉には、内閣は連帯して庶民院に責任を負うという連帯責任が確立し、自由党と保守党の二大政党が出現し、交代で行政権を担うようになるのである。国王は総選挙で可半数の議席を獲得した政党の党首を首相に任命するようになる。重要なのは、この時代には政党の規律がまだ緩やかであったため、内閣は庶民院のコントロールに全面的に服し、庶民院の支持が失われれば総辞職するか解散しなければならなかったということである。ダイシーは、こうして確立した議院内閣制のルールを憲法上の習律として描いたのであった。

(3) 議院内閣制の現代的変容

　20世紀初頭に労働党が結成され、保守党、自由党、労働党の三党による争いとなり、二大政党制は崩れる。労働党は着実に統制を拡大し、二次大戦直後の総選挙において、単独過半数を獲得する。その後のイギリス政治は、保守覚と労働党の二大政党制となった。しかし、この二大政党制は、19世紀のそれとは性格が大きく変容した。

　まず、厳格な政党規律が、個々の議員の独立性を失わせた。国会議員は政党の支持を受け、選挙民は政党を支持して投票する。政党の規律に従わなければ、公認を失うことになりかねない。政党が選挙で示す「マニフェスト」は、選挙民との公約であり、個々の議員は、それに賛成することが要請される。つまり、与党の平議員（バックベンチャーと呼ばれる）は、政党執行部である内閣を支持しなければならないのである。しかし、この要請は、内閣が連帯して庶民院のコントロールをうけるという19世紀の憲法ルールを反転させ、庶民院が内閣を支えるルールへと変容させた。

　この段階に至って、議院内閣制の二つの理解があらわれることになる。伝統的な解釈は、行政権を担当するのはあくまでも内閣であり、内閣は庶民院に対

して連帯責任を負うことを強調する。首相は、閣議の議長にすぎず、他の閣僚と対等関係である。連帯責任制のルールは、閣僚が内閣の方針に一致して賛成していることを要請する。

　もう一つの理解は、首相を中心に議院内閣制を理解する立場である。政党の党首はマニフェストを提示して有権者の審判を受け、庶民院の過半数の議席を得た政党の党首が首相になる。有権者に信任された首相は、その任期中国家の運営を任され、マニフェストに書かれた政策を大臣たちを指揮しながら実現する。内閣は正式の決定機関ではなくなり、閣議もあまり開かれなくなる。首相が任期中に行ったことの是非については、次の総選挙で選挙民の審判を受ける。

　前者を内閣中心構想、後者を首相中心構想と呼ぼう。イギリス憲法の本質は、一体としての内閣が国会のコントロールを受けるという内閣中心構想にあったはずであり、現在でもその側面がなくなったわけではない。たとえば、議院内閣制は、首相が国民の利益に決定的に反したとき、首相を罷免するという法的効果をもっている。サッチャー（Thatcher）は人頭税で選挙民の怒りをかい、政権の支持率が低迷し、彼女と衝突した閣僚が辞任していく中で、最終的には退陣を余儀なくされた。議院内閣制のこの法的効果は、内閣中心構想に立たないと理解できないだろう。

　しかし、イギリス憲法には、その構造からして首相中心構想と親和的な要素がある。それは、イギリス憲法が今でも権力をもつ国王の存在を前提としているということである。

　ダイシーの憲法習律によると、国王はまず首相を指名するのであり、首相が閣僚を国王に推薦するのである。すでにのべたように、強力な政党と大衆民主主義の出現は、国会の内閣に対する統制力を失わせてしまった。国会の統制能力が落ちた現代型議院内閣制において、内閣ではなく選挙民と直接結びついた首相が国王の権力を実質的に使用するようになるのである。

　戦後労働党と保守党の二大政党制において首相のリーダーシップは顕著である。特に重要な事項は、首相自らまたは首相と数人の閣僚で実質的な決定が行われた。また、首相は、自己の政策を実行するために閣僚委員会を作り、そこで実質的な計画を練らせた。首相の決定した議題に対し、閣議が承認を与え

る。これが、当時の内閣統治（cabinet government）の姿であった。

　ただし、サッチャー以前は、重要事項は閣議で決定し、国会に対して内閣が連帯して責任を負うという伝統的規範は守られていた。しかし、戦後のコンセンサス政治を破壊することを政治的な信条としていたサッチャーは、閣僚委員会さえ使わず、閣議を開くことも少なくなった。内閣統治ではなく、首相統治の出現である。ブレア（Blair）もサッチャーを踏襲し、首相のリーダーシップで統治をおこなった。行政権を内閣と規定している日本国憲法であれば、このような首相中心主義は憲法上の疑義を生み出すが、成文憲法のないイギリスにおいては、このようなあり方も憲法違反だとはいえないのである。

　しかし、首相中心の議院内閣制は、強力な行政権に対する抑制力に欠ける。この問題についてイギリスの憲法学者トムキンス（Tomkins）は、国会主権を基本とする大臣責任制を強化することによって対抗すべきだと考える。この考え方は、政治的空間から憲法的思考を除外してしまわないためにも重要であるように思われる。首相中心構想は、多数者（日英の選挙制度を見る限り、本当に多数者なのかも疑問なのだが）が誤った選択をして、国民全体が大きな損失を被る危険性を排除できない。憲法とは、そのような危険を察知し、再考を迫る仕組みのはずである。その役目を、裁判所だけに任せるわけにはいないように思われる。

3．国会主権と法の支配の現在

　最後に、国会主権と法の支配をめぐる憲法的問題をいくつか検討しよう。

（1）貴族院の権限

　20世紀初頭、福祉国家への移行を象徴するアスキス内閣の「人民予算」を貴族院が否決した。これをきっかけに、貴族院と庶民院の対立が起こる。アスキス内閣は、選挙で勝利した場合に新貴族を創設するという約束を国王から取り付け、庶民院を解散し勝利する。アスキスは、貴族院の権限を縮小する国会法を準備し、これに賛成しないと新貴族を創設すると貴族院に通告し、1911年国会法が制定されたのである。

　1911年国会法は、①金銭法案（money bill、租税や財政に関する法案）は、

庶民院から貴族院に少なくとも会期の終了1ヶ月前に送付されれば貴族院の同意がなくても成立すること、②一般法律案については、貴族院は法案の成立を2年遅らせることができることを規定していた。さらに、1949年国会法は、②について、引き延ばすことができる期間を1年に短縮した。

　1958年、世襲貴族で構成されてきた貴族院に、一代貴族という任命制の議員が導入された。そして、1999年貴族院法は、大部分の世襲議員から議員の資格をはく奪した。2005年の憲法改革法によって最高裁判所が設立され、貴族院の法曹貴族（一代貴族）は、最高裁判所裁判官となった。したがって、現在の貴族院議員の大部分は、任命制の一代貴族である。

(2) 裁判所の権限の拡大と国会主権

　サッチャー政権による市民的自由の抑圧は、裁判所による人権保障の要請を高め、憲法学説の中には、コモン・ローの国会制定法に対する優位を主張するものもあらわれた。そのような背景のもと、1998年人権法が制定され、ヨーロッパ人権条約が国内法化された（第二部　第一章　イギリスにおける人権①：1998年人権法）。1998年人権法は、国会制定法がヨーロッパ人権条約と整合することを求める。裁判官は、制定法を人権条約に適合するように解釈し、その解釈が不可能な場合には、法律が人権条約に適合しないという宣言（不適合宣言）をおこなう。

　また、ECに加入するために制定された1972年ECに関する法律は、EC法に反する国会制定法の効力を否定した。裁判官は、制定法をEC法に適合するよう解釈しなければならないし、それが無理であれば、EC法を優先させなければならない。

　しかし、裁判官が、これら過去の法律を根拠に、新しく制定された国会制定法の効力を否定することは国会主権に反しないのだろうか。

　この問題については、次のように考えることができる。国会制定法の中には、憲法的な重要性をもつものがあり、上の二つの制定法はそのような性質のものであるから、後の制定法に優位しても国会主権原理に反しない。国会は、このような憲法的制定法をいつでも廃止できるのである。

　とはいっても、裁判所の権限の拡張が国会主権を掘り崩していることは否定

できない。

　猟犬を使った野生動物の狩りを禁止した「2004年狩猟法」は、1911／1949年
国会法によって成立した。同法の無効を主張して提起された訴訟において、原
告は、1949年国会法は1911年国会法を利用してなされたものであるから無効で
あって、したがって、1949年国会法に依拠した狩猟法も無効だと主張した。

　貴族院判決（R（Jackson）v Attoney-General［2005］UKHL 56,［2006］1
AC 262）は、実体判断をおこない、狩猟法は合法であると認めた。8個の個
別意見の一致点は、①1949年国会法で決められた手続に基づく国会は、普通の
国会と変わらない第一次的立法権である、②1911年国会法で明示的に除外され
ている議員の任期の変更を1949年国会法で変更することはできない、というこ
とであった。注目すべきは、貴族院判決は、何が法律であるか決定するのは裁
判所の権限だと判示したことである。裁判所が憲法的制定法によらずに、国会
制定法の効力を否定する可能性を傍論としてではあれ明示したことは、現代イ
ギリスにおける国会主権と法の支配の現段階を示すものである。

　なお、イギリスのEU離脱を支持する国民投票の結果を受け、テリーザ・メ
イ首相が、EU離脱の手続をとろうとしたが、最高裁判所は、政府が離脱の手
続をおこなうためには、改めて国会制定法が必要だという判決をだした（ミラ
ーⅠ判決　［2017］UKSC 5）。さらに、最高裁判所は、EU離脱についての庶
民院の審議を実質的に打ち切るボリス・ジョンソン首相の国会閉会の決定を違
法と判断した（ミラーⅡ判決　［2019］UKSC 41）。

　改めてEU離脱が争点となった2019年総選挙で、離脱を正面から主張したボ
リス・ジョンソン率いる保守党が勝利した。ジョンソン政権は、裁判所の権限
を見直そうとしている。地方分権やレファレンダムの憲法上の位置づけも含め
て、イギリス憲法の動揺はしばらく続きそうである。

参考文献

浜林正夫『増補版 イギリス市民革命史』（未来社、1971年）

浜林正夫『イギリス名誉革命史（上・下）』（未来社、1981年、1983年）

Adam Tomkins, *Public Law*（Oxford University Press, 2003）

AW Bradley, KD Ewing and CJS Knight, *Constitutional and Administrative law*, 17th
　edn. (Pearson, 2018)

第2章　日本の天皇制とイギリスの王制

1．日本の象徴天皇制度

(1) 天皇の地位―国政に関する権能を有しない「象徴」

　天皇は、日本国の象徴・日本国民統合の象徴とされ、その地位は、「主権の存する日本国民の総意に基く」（1条）。戦前の神権天皇制が大きく改変されて、国民主権とできるかぎり調和する形で象徴天皇制度として日本国憲法に残ったと言える。統治権を総攬し元首であった戦前の天皇は、すべての政治的権能を奪われ、戦争放棄条項により統帥権という名の軍事的権能を奪われ、政教分離により宗教的権威を奪われたのちに、新たに「象徴」としての地位のみが創設されたと考えるべきである（創設的規定説）。通説は、戦前戦後を通じて「象徴」であるという点では連続しており戦後もなおも象徴であることを宣言したものであるとの理解を示す（宣言的規定説）。しかしながら、戦前において「象徴」であったのか疑問であるし、たとえ象徴的な側面を有していたと理解するとしても、元首であり統治権の総攬者である「象徴」と、「国政に関する権能を有しない」（4条）と明記される「象徴」との間に継続性を見ることは無理があろう。

　天皇の地位は、「象徴」とされる。「象徴」とは、「ハトは、平和の象徴である。」という言い方があるように、抽象的なものをわかりやすく具体的なもので表すものである。「国政に関する権能を有しない」（4条1項）と明確にされているので、「象徴」であることから、何らかの権限などが引き出されるべきではない。天皇が元首であるかどうかが議論されることがある。元首の定義次第であるが、戦前に元首であったことを想起すれば、安易に元首であることを肯定すべきではないだろう。

（2）皇位の継承

　皇位は、「世襲」で継承される（憲法 2 条）。それを受け、現行の皇室典範は、「皇統に属する男系の男子」（皇室典範 1 条）である「皇族」（同 2 条）が皇位を継承すると定める。生前退位の結果、現在、有資格者は 3 名である。

　「皇位」の継承者を男性のみに限定する現行法制が憲法14条の「両性の平等」に違反するのではないかという点について、合憲説は、世襲の象徴天皇制度を憲法自体が承認しているのであるから憲法14条の例外であるとし、違憲説は、「世襲」は当然には性差別容認を含まないとする。政府見解は、合憲説に立ち、「皇位の安定的継承のために」女性天皇が提言されたこともあったが、秋篠宮家の男子誕生で議論は頓挫したままである。

（3）国事行為の形式的・儀礼的性格

（i）国事行為

　天皇は、国政に関する権能を有せず、天皇の権能は「この憲法の定める国事に関する行為のみ」（＝「国事行為」）である。すなわち、国事行為は、形式的・儀礼的なものにすぎず、その実質的な内容を決定するのは別の機関である。具体的には、憲法が定める国事行為は、以下の13個であり、《　》の中にあるのが実質的な決定権者である。すなわち、①内閣総理大臣の任命（6 条 1 項）《国会の指名（67条 1 項）》、②最高裁判所長官の任命（6 条 2 項）《内閣の指名（6 条 2 項)》、③憲法改正、法律、政令、条約の公布（7 条 1 号）《国会、内閣》、④国会の召集（7 条 2 号）《内閣》、⑤衆議院の解散（7 条 3 号）内閣》、⑥国会議員総選挙施行の公示（7 条 4 号）《内閣》、⑦官吏の任免と大使・公使の信任状の認証（7 条 5 号）《内閣総理大臣、内閣》、⑧大赦、特赦、減刑、刑の執行の免除と復権の認証（7 条 6 号）《内閣》、⑨栄典の授与（7 条 7 号）《内閣》、⑩批准書、法律の定めるその他の外交文書の認証（7 号 8 号）内閣》、⑪外国の大使・公使の接受（7 号 9 号）《内閣》、⑫儀式をおこなうこと（7 号10号）《内閣》、⑬国事行為の委任（4 条 2 項）《内閣》、である。

　そして、このような形式的・儀礼的な国事行為であっても、天皇独自の判断で行われるのではなくて、「内閣の助言と承認」（3 条）に基づいて行われるのである。

(ii)「国事行為」の対する２つの見方

国事行為が、結局のところ、形式的・儀式的なものであるとする点においては、日本の憲法学説は一致している。しかし、国事行為が形式的・儀礼的なものであるとの結論に至る説明においては、見解の対立が存在する。

第一の考え方は、国事行為それ自体は本来的に形式的・儀式的でではなく、実質的決定権が他の国家機関にあると規定され、あるいは明文の規定のない場合には、「内閣の助言と承認」の中に実質的決定権が含まれる結果、国事行為が形式的・儀礼的なものになると考える（結果的形式説）。

第二の考え方は、憲法４条において国事が国政と明確に区別されていることから、国事行為は本来的に形式的・儀礼的な行為であり、内閣の助言と承認によって、形式的・儀礼的なものとなるのではないと考える（本来的形式説）。

結果的形式説は、日本の象徴天皇制度をイギリス王制の立憲君主制と類似するものとして把握しているようであるが、本来的形式説は、日本の象徴天皇制度をイギリス王制とは異質なものとして描いており、本来的形式説の方が、妥当であると思われる。その点をつぎに確認してみよう。

２．イギリスの王制

(1) 国王の地位

イギリスの主権原理は、「国会主権」（Parliamentary Sovereignty）であり、国会制定法が最高法規としての権威をもつ。そして、国会は、国王（または女王）、貴族院および庶民院の３つから構成され、正確には「国会における国王（または女王）」と表記される。

封建時代には、国王が貴族の代表者などを集めて、枢密院の諮問を受けたり、国会での議論に配慮してて立法をしていた。市民革命によって国王は絞首刑に処せられ、王政復古の後に海外へ逃げた国王の代わりに、貴族院および庶民院が議決により新しい国王を選定し、王制は残りながら、専制君主制から立憲君主制へとその性格を大きく変えた。立法をなす中心的舞台は庶民院と貴族院となり、そこが政治の実権を握るようになるのである。いわば、従来支配の権威が国王にあったが、それを国会が呑み込むことにより、支配の正当性の源泉が「国会における国王」に移動した。さらに、歴史が流れると、国王が法律

の裁可を拒否することはなくなり、さらには、貴族院が立法機能においては庶民院に比べて劣位におかれ、現在においては、国民から直接選ばれる庶民院が国政の中心とされるのである（議会制民主主義）。しかし、なおも、法形式的には、国王は、主権者の一部分を構成し、立法権能の一部を有することに変わりはない。

(2) 王位の継承

　王位の継承は、旧来の土地相続のコモン・ロー上のルールである長男子相続制に従ってきた。それによれば、女子よりも男子が、そして、長子が優先する（ただし、土地相続のルールでは、姉妹の間では共有となるとされるが、王位継承については、長女が単独で継承するとされる）。これに国会制定法による変更が加えられてきた。まず、1701年王位継承法は、王位継承者が、ジェイムズ1世の長女エリザベスの娘でありハノーヴァー選帝候未亡人であるソフィアの直系卑属たる法定相続人であり、プロテスタントでなければならないとし、カトリック信者またはカトリック信者と結婚した者は王位を継承できないと定めている。また、1936年退位法は、エドワード8世とその子孫から王位継承資格を奪った。これら2つの法律は、王位継承資格の範囲を制限するものであった。しかし、2013年王位継承法は、2つの差別を解消した。1つは、男子優先の解消であり、2011年10月28日の後に出生した者の性別は、他の者に対する優先を与えるものではないとし、男性であっても優先されないとした。2つは、カトリック信者との婚姻を欠格事由から除外したのである。

　日本とは異なり、王位継承資格にロイヤル・ファミリーの一員であるという制約がないこともあり、資格者の総数はかなりの数に上り、イギリス王室のHPに掲載されているだけでも、第1順位のチャールズ皇太子（The Prince of Wales）、第2順位の皇太子の長男であるウィリアム王子（The Duke of Cambridge）、第3順位であるその長男のジョージ王子（Prince George of Cambridge）、第4順位であるその長女のシャーロット王女（Princess Charlotte of Cambridge）、第5順位であるその次男のルイ王子（Prince Louis Arthur Charles of Cambridge）など22名がいる。したがって、日本のように資格者不足が理由で法改正がなされたわけではない。

(3) 国王大権（royal prerogative）

(i) 国王大権の内容

　国王が有している「国王大権（royal prerogative）」は、従来から慣習法上（イギリス法で言うコモン・ロー［common law］上）認められてきた。20世紀に入り、福祉国家、行政国家と言われる中で、行政権限が多様化するとともに、2度の「国民総力戦」を経験したイギリスにとっては、従来から認められてきた国王大権だけででは不十分であり、かつ、不明確であるので、国会制定法により国王に新たな権限を付与したり、新たな行政機関を創設しそれに権限を付与したりすることが行われてきた。しかしながら、なおも多くの重要な権限が残されている。

　「国王大権」の具体例をあげれば、①首相、大臣、裁判官、枢密顧問官、大主教・主教などの任命権、②議会召集・開会・解散権や法律裁可権、③外交関係に関わる権限（条約の締結など）、④軍隊統帥権、⑤叙勲授与権、⑥制定法からの免除、⑦訴えの取り下げ、⑧恩赦権、⑨官制大権、などがある。形式的にはいまでもこれらの権限は国王の権限であり、長年の歴史の中で確立した憲法習律によって、実質的には、首相や大臣などの助言に拘束されて行使されている（大臣助言制）。ただし、部分的には法典化が進んでおり、例えば、議会解散権は、2011年議会任期固定法により、国王大権から除かれ、議会の自律解散権として再構成された。

(ii) なおも残る国王の出番

　「国王大権」の行使が憲法慣習に拘束されているといっても、国王による裁量的な行使の余地がまったくなくなったわけではない。本来的には、国王の権限であるから、憲法習律によっても行使のルールが明らかでない場合には、王の政治的判断がはたらく余地があるとされる。典型的には、首相の任命である。日本国憲法のように、内閣総理大臣の国会による指名手続に該当する手続が存在しないイギリスでは、庶民院議員の総選挙の結果、庶民院で多数の議員の支持を受け政権を担いうる党首を国王が首相に任命すべきであるという憲法慣習がある。総選挙の結果、いずれかの政党が議席の過半数を獲得しなかった場合には、誰を首相に任命するかについて、国王の側に裁量の余地が発生するかもしれない。

したがって、イギリスの国王大権は、日本のようにまったく形式的・儀礼的なものにすぎないわけではなく、また、実際上もその行使がつねに大臣の助言に従って行われるとは言えないのである。

3．日本とイギリスの違い

イギリスの国王が一定の権限を有するのは、いまもなお主権の担い手であることからして、理解できないわけではない。そして、その国王を実質的に国民のコントロールの下に置くには、国王を絞首刑にし、さらに議院内閣制を発達させるという長い苛酷な歴史が必要であったのである。

そのように権力を漸進的に制限し民主化してきた歴史は、評価されるべきであろう。しかしながら、「今日では、イギリス的君主制を連想しながら象徴天皇制を解釈することは、現行憲法が天皇の政治的権能にはめた厳しい枠をゆるめることになるだけではなく、天皇を媒介して内閣の権限を憲法以上に強化することになりかねない」（長谷川正安「天皇の国事行為」杉原泰雄・樋口陽一編『論争憲法学』38頁）ことに注意すべきであろう。一切の政治的権能を有さないと明確に定められている象徴天皇制度は、イギリスの王制とはその基本的な構造において異なることが忘れられるべきではない。

もちろん、イギリスの王制から学ぶ点も多くあろう。性差別の解消をめざす継承資格の改正も一例である。また、日本国憲法下で、「菊タブー」と言われるように、象徴天皇制度を批判する自由が十分に保障されていない実情と比較するとき、イギリス国王制を批判する自由が実態的に保障されていることも銘記されるべきである。

参考文献

横田耕一『憲法と天皇制』（岩波新書、1990年）

奥平康弘『「萬世一系」の研究（上）（下）』（岩波現代文庫、2017年）

皇室典範に関する有識者会議報告書（2005年11月24日）（http://www.kantei.go.jp/jp/singi/kousitu/houkoku/houkoku.html）

植村勝慶「王位継承ルールの変更―2013年王位継承法の成立―」倉持孝司・松井幸夫・元山健編著『憲法の「現代化」―ウェストミンスター型憲法の変動―』（敬文堂、2016年）

コラム：殺人許可証と国王大権

　ジェームズ・ボンドという男をご存じだろうか？イギリスの対外諜報機関ＭＩ
６（ちなみに、ＭＩ５が国内諜報機関）のエージェント（スパイ）である。イア
ン・フレミングの原作を映画化した007－ダブル・オー・セブン（日本では従来
ゼロゼロ・セブンと読まれることが多かった）シリーズは、ショーン・コネリー
主演で1962年に公開された第１作『007は殺しの番号』（原題：Dr. No）以来、
第24作目となるダニエル・クレイグ主演の最新作『SPECTRE』（原題）が日本
では2015年11月に公開予定となっている。大人の色気と憂いを帯びたやんちゃで
シニカルなボンドに憧れる者は、男女を問わず多い。この映画、内容はもちろん
多くのフィクションに彩られている。

　なかでも設定上のポイントの１つが、「殺人許可証」の存在である。これは、
任務の遂行に当たって自らの判断で容疑者を殺害しても責任を問われないとの免
責付与の許可証（ライセンス）であり、ＭＩ６ではこの権限を持つ者が00（ダブ
ル・オー）要員と呼ばれる。シリーズ第１作や第16作『消されたライセンス』
（原題：Licence to kill）等のタイトルからも、このような設定がシリーズの最も
重要な舞台装置となっていることがうかがえる。

　ここで突然大真面目な憲法論になるのだが、国家がこのような権限を個人に対
して合法的に与えることは可能だろうか？日本の法制度を前提に考えた場合、国
家がそのような許可を与える権限を持つことも、個人が公務員としての地位を前
提にそれを与えられることも、まったく不可能であろう。

　だが、イギリスの場合、この「殺人許可証」という制度が全くのフィクション
であると断言できるか否かは難しい。むしろ、法的には、あってもおかしくはな
いかもしれない。その理由が「国王大権」（royal prerogative）と呼ばれる権限
の存在である。これは国王が慣習上つまり歴史的に認められてきた一定の権力、
権利、免責あるいは特権等の集合体であり、国王のためにではなく政府が役割を
果たすためのものであって、国会制定法ではなく、コモン・ローに由来するもの
とされる（現在ではその大部分は行政権によって行使されている）。中世以来、
国家に仇なす者の殺害を国王が認めてきたとしたら、殺人許可証が存在したとて
も、あながち不思議ではないということになる。

　ちなみに、British Airwaysの機内映画では、007シリーズの大部分を見るこ
とができるそうなので、搭乗の際には是非ご覧ください。

第3章 国 会

1. はじめに―憲法秩序における国会の役割―

　憲法41条は、国会は「国権の最高機関」であり「国の唯一の立法機関」と規定する。この条文は、イギリス憲法の国会主権に由来すると考えられる。しかし、憲法41条がイギリス憲法由来だということは、これまで、あまり強調されてこなかったように思う。「イギリスと日本」を対比させる本書においては、少々大胆にイギリス憲法の視点から日本国憲法における国会について解釈してみたい。

2. 国会の基本的地位

(1)「唯一の立法機関」
(i) 法律とは何か

　まず、法律とは何かが問題になる。法律は、国家の主権の具体的あらわれであり、憲法に違反しない限り、国家に属する人や領土や物に対して、最高の拘束力を発揮する。その法律の制定権を国会が独占するというのが、「唯一の立法機関」の意味である。

　法律の意味内容を定義しようとする法律概念を実質的意味の法律という。国会が作る法規範が法律だという形式的意味の法律概念だと行政権が独立の法規範を制定できると解釈される余地があるから適当ではない。実質的意味の法律概念に立つべきである。

　実質的意味の法律を、国民の権利義務に関する法規範（法規）と考える学説は狭すぎるだろう。法律を「法規」と解するならば、それ以外の事項、たとえば行政組織を政令で制定することも可能になってしまう。実質的意味の法律は、「法規」ではなく「一般的抽象的法規範」を意味すると解するべきである。国家行政組織法3条が、「省、委員会及び庁」を法律で定めると規定して

いるのは、41条と適合している。

(ii)「唯一の立法機関」の意味

　実質的意味の法律の制定を国会が独占するということを国会中心立法の原則というが、条例（94条）、議院規則（58条2項）、最高裁判所規則（77条1項）は、憲法上認められたその原則の例外である。

　また、法律を国会だけで制定するというのが、国会単独立法の原則である。憲法改正（96条）、条約（73条）、一の地方自治体のみに適用される特別立法（95条）は、この原則の憲法上の例外である。

(iii)　権力分立と政令

　国会が唯一の立法機関であることの含意には、行政権は法律の制定ができないことが含まれる。内閣が制定する政令（73条6号）は法律を執行するための細則および法律による具体的な委任がある場合にのみ許される。法律による具体的な委任のない白紙委任の法律は違憲無効である。また、勲章等の栄典の授与が、法律の根拠なく政令によって行われていることは違憲であろう。

(2)「国権の最高機関」

　成文憲法のないイギリスでは法律が最高法規であり、法律を制定する国会が主権的な機関となる。すなわち、唯一の立法機関であることが、国権の最高機関であることを意味するのである。日本国憲法という最高法規をもつ日本において、イギリスと全く同じ論理はあてはまらないが、国会と他の機関との関係においては参考にすべきだと考える。

　しかし、憲法学では、41条の「国権の最高機関」について法的な意味はないという「政治的美称説」が有力である。それに対し、「国権の最高機関性」に法的意味を読みとる有力な学説は、国会が対等関係の三権のうち、国政の中心としての「最高の地位」にあるという。

　政治的美称説は、最高責任地位説に対し、具体的な法的効果が明らかでないとし、権限配分が不明瞭な権限は国会に推定されるという最高責任地位説が主張する法的効果は、政治的美称説に立っても代表民主政を理由に導くことができると批判する。

　政治的美称説が上の法的効果を認めるのであれば、最高機関性から導くべき

だと考える。ただし、権限推定という法的効果が「国権の最高機関」という文言にふさわしいといえるかという問題は残る。

　ここでは、イギリス憲法との比較に基いて、41条の国権の最高機関性から、衆議院の自律解散と違憲立法審査権の付随的審査制を主張した少数説に賛同しておきたい（清水睦）。イギリス憲法の国会主権の含意は、立法権の独占によって行政権をコントロールし、裁判所の違憲立法審査を除外するところにある。自律解散が議院内閣制にとって憲法上の問題を何ら生じさせないことは、最近、イギリスの実例が示したところである。また、81条の違憲立法審査権を否定するわけにはいかないが、41条からするとその権限は司法権の枠の中に限定されなければならないと解される。

3．両院制

（1）イギリスとの対比

　憲法42条は、国会が衆議院と参議院で構成されると規定する。イギリス憲法との対比からは、最高機関の構成要素に天皇が含まれていないということを確認しておくべきだろう。イギリスでは、国王が国会の構成要素であることが、イギリス型議院内閣制の憲法的構造に大きな影響を及ぼしている。それに対し日本国憲法では、天皇は三権とは切り離された独自の存在である。日本国憲法を立憲君主制にひきつけて解釈することは、42条からしても不可能である。

（2）両院制の意味と衆議院の優越

　イギリスにおける上院は、下院に対するチェック機関である。アメリカの上院は、各州の代表であり、下院と対等関係にある。

　それに対して、日本の参議院の位置づけは、それほど明確ではない。内閣総理大臣の指名、予算の議決、条約の承認については、両院の議決が異なる場合、両院協議会が開かれるが（必須）、そこで意見の一致をみなければ衆議院の議決が国会の議決となる。参議院が衆議院の議決を受け取ってから、所定の期間を経過した場合にも衆議院の議決が国会の議決となる。内閣総理大臣の指名、予算、条約という国家統治の根本にかかわる事項について、衆議院の意思が貫徹するところをみると、日本国憲法における両院制の中心が衆議院である

ということがわかる（衆議院の優越）。しかし、参議院は単なるチェック機関
だとはいえない。というのは、法律の制定について両院の議決が異なる場合、
衆議院は出席議員の3分の2以上の多数で再可決しなければならず、この要件
は、通常であればクリアするのは難しいからである（この場合、両院協議会を
開くこともできるが、必須ではない。）

（3）「ねじれ国会」

　1994年に衆議院の選挙制度に小選挙区（正しくは、小選挙区比例代表並立
制）が導入された結果、衆議院の過半数を得た政党の党首が絶大な権力を奮う
イギリス型の政治が実現するようになった。しかし、日本の国会がイギリスと
異なるのは、強力な参議院の存在である。「ねじれ国会」とは、野党が参議院
で過半数の議席を確保するという事態であり、こうなると、内閣は政策を実現
できないことになる。これまで、民主党が政権を獲得していく状況（2007年）
において、また、民主党から自民党へ政権が戻る状況（2010年）において、
「ねじれ国会」が生じた。しかし、日本の憲法が参議院に大きな権力を与えて
いることが「ねじれ」を生じさせているというのは転倒した議論だろう。そう
ではなく、憲法が参議院に大きな権力を与えているにもかかわらず、衆議院を
小選挙区制によってイギリス型に変容させてしまったことが「ねじれ」を生み
出したと考えるべきではないだろうか。

　日本国憲法は、強力な二大政党が交代で政権を担うモデルを採用していない
のではないだろうか。強力な参議院の存在からすると、二大政党制よりも多党
制の方が日本国憲法に適合していると考えられる。

4．国会の活動

（1）会期制

　国会は一定の期間（会期）のみ存続する。常会は年に一回召集され（52
条）、会期は150日である（国会法10条）。臨時会は、内閣が召集するか、いず
れかの院の総議員の4分の1以上の要求で内閣が召集する（53条）。この53条
の規定は、内閣の召集権とともに、野党の国会開催要求権を規定したものであ
る。しかし、2015年、常会における新安保法制の強行採決後、内閣は、野党議

員の正式な要求を無視し臨時会を召集しなかった。2017年には、野党の要求が
3か月以上放置された後、臨時会がたった一日だけ召集され、冒頭で衆議院が
解散された。これらの内閣の対応は、明らかに違憲である。特別会は、衆議院
の解散による総選挙後に召集される（54条1項）。臨時会と特別会の会期は、
両議院の一致の議決で決定する（国会法11条）。会期は両議院の一致の議決で
延長できる。会期の延長については、常会は1回、臨時会・特別会は2回まで
と決められている（国会法12条）。会期と会期延長の決定について、両院の議
決が一致しない場合、衆議院の議決が優越する（国会法13条）。

　重要なのは、懲罰以外のすべての議案は、会期内になされなければ廃案にな
り、次の会期に継続しないということである（会期不継続の原則）。ただし、
この原則には例外があり、委員会に継続審査になった法案については、次の会
期に継続する（国会法68条）。

(2) 独立活動・同時活動の原則・参議院の緊急集会

　衆議院と参議院は、それぞれ独立して活動するが、同時に召集され閉会す
る。衆議院が解散された時には、参議院も同時に閉会となる。

　衆議院が解散された後、特別会が召集されるまでの間、国に緊急の必要があ
り、どうしても国会の関与が必要な場合、内閣は参議院の緊急集会を召集する
ことができる。ここで採られた措置は、次の国会開会の後十日以内に、衆議院
の同意がない場合には、その効力を失う（54条2項）。

(3) 会議の諸原則
(i) 定足数
　議事・議決の定足数は総議員の3分の1である（56条1項）。
(ii) 公　開
　両議院の会議は公開である。ただし、出席議員の3分の2以上の多数で議決
したときは、秘密会を開くことができる（57条1項）。

5．国会の権能

(1) 内閣総理大臣の指名（67条）

日本国憲法では、「国会議員の中から国会の議決」で、内閣総理大臣を指名
し（67条）、天皇が任命する（6条）。イギリスでは、内閣総理大臣の任命権は
現在でも国王にあるが、国王は、庶民院の過半数の議席を獲得した政党の党首
を任命するという憲法習律が確立している。

　内閣総理大臣の指名には衆議院の優越があり、参議院が異なる指名をした場
合に両院協議会を開いても一致がみられない場合、または、参議院が衆議院の
議決を受け取ってから10日以内に議決しない場合には、衆議院の指名が国会の
指名になる。

（2）予算の承認（60条）

　予算を内閣が自由に決定できるとすれば、国会が内閣をコントロールするこ
とはできないだろう。したがって、内閣によって作成された予算は国権の最高
機関である国会が承認しなければならない。

　予算の承認は法律の制定と全く同じ性質をもつというのが予算法律説であ
る。イギリスではそう考えられている。それに対し、予算法規範説は、予算と
法律との違いを主張する。確かに、予算と法律では形式が異なるが、問題は、
どこまで性質が異なるかである。法律の場合、内閣が国民の同意していない権
限を行使しないよう、立法権は国会が独占する。その趣旨は予算についても同
様であり、国会による予算の修正に限界はないと考えるべきであろう。

　予算の承認には衆議院の優越があり、参議院が否決したとみなすための期間
が30日であるほかは、内閣総理大臣の指名と同様である。また、予算は衆議院
に先に提出しなければならない。

（3）条約の承認（61条）

　条約とは、国家同士が結ぶ約束のことであり、日本においては、そのまま国
内法として効力をもつ。したがって、条約は実質的意味の法律であり、国会の
承認がなければならない。

　条約の締結は内閣の権限である。これは、条約が、相手国との交渉によって
なされるからである。

　問題は、憲法が「時宜によっては」事後承認を認めていることである。内閣

が締結した条約を国会が事後に不承認にした場合、条約の法的効力はどうなるだろうか。学説には、有効説、無効説、国際法としては有効だが国内法としては無効とする説がある。

　この問題については、国会が承認をしていない以上、国際法上も無効と考えるべきである。法的安定性が害されないかが問題であるとしても、条約に国会の承認が必要であることは、民主主義国のコンセンサスになっていると考えてよいだろう。「条約法に関するウィーン条約」（1981年批准）46条1項は、違反が明白で基本的に重要な国内法規定にかかわるものであるときに限り、無効の根拠として援用できるとしている。

　条約を国会が修正できるかという論点があるが、修正は原案について不承認を意味する。なお、条約の承認にも予算の承認と同様の衆議院の優越がある。

（4）法律の制定（59条）

　法律案は、憲法上の例外を除き、両院で可決したときに法律となる（59条1項）。憲法上の例外としては、参議院の緊急集会、地方自治特別立法（95条）、両院の議決が一致しないときの衆議院の優越がある。

　法律案を提出するには、衆議院においては議員20人以上、参議院においては議員10人以上の賛成を要し、予算を伴う法律案については、衆議院においては議員50人以上、参議院においては議員20人以上の賛成を要する（国会法56条1項）。さらに、先例によると、所属する会派の機関承認がなければ法律案は受理されない（最判1999年9月17日訟務月報46巻6号2992頁）。このような議案提出権の制限は、国会議員の自律性を阻害するものとなっている。

　提案された法律案は、委員会で実質的に審議される。委員会→公聴会（各党推薦の専門家などを呼んで意見を聞く）→本会議というプロセスを経て、もう一つの院に送られ、同じプロセスを辿れば法律となる。

　日本の国会は、委員会でも本会議でも逐条審議がなされないこと、また、諸外国と比べて、本会議での審議時間が圧倒的に少ないことに問題がある。国会が法案を精査するための手続は法律が真に国民の利益になるような実質をもつために必要であるはずである。

（5）憲法改正の発議（96条）

　憲法改正については、各議院の総議員の3分の2以上の賛成による国会の発議という要件がある。この要件は、可能な限り多くの国民が賛同しうる内容の発議がなされるようにするためである。憲法改正の発議については、衆議院の優越はない。発議の後、国民投票で過半数の賛成があれば憲法は改正される。

（6）弾劾裁判所（64条）

　裁判官としてふさわしくない非違行為をおこなった裁判官を裁判によって罷免する権限は、国権の最高機関たる国会にある。ただし、裁判官の独立に反する運用がなされないようにしなければならない。2021年6月、国会に設置された裁判官訴追委員会が仙台高裁の岡口基一裁判官を弾劾裁判所に訴追した。岡口裁判官のSNS等への投稿を問題視したのであるが、裁判官にも表現の自由は保障されなければならず、罷免判決が出されるならば、裁判官の独立に深刻な影響を与えるだろう。

6．議院の権能

（1）自律権

（ⅰ）役員選任権

　憲法58条1項は、「両議院は、各々その議長その他の役員を選任する」と規定する。国会法は、議長、副議長、仮議長、常任委員長、事務総長を役員と定めている（国会法16条）。

（ⅱ）懲罰権

　院は、「院内の秩序をみだした議員」を懲罰できる（58条2項）。国会法は、懲罰の種類として、（ア）公開議場における戒告、（イ）公開議場における陳謝、（ウ）一定期間の登院停止、（エ）除名の4つを規定する（国会法122条）。除名には、出席議員の3分の2の多数による議決が必要である（58条2項ただし書）。懲罰は、院の自律権に基づくものであり、裁判所の審査は及ばない。

（ⅲ）規則制定権

　院は、「会議その他の手続及び内部の規律に関する規則」を定めることができる（58条2項）。問題となるのは、国会法との優劣関係である。法律が優位

すると考える説が有力だが、両者が矛盾する場合には、法律の規定は拘束力を有しないと考えるべきだろう。国会の自律は院の自律が前提だからである。

(2) 国政調査権

(i) 国政調査権とは

　憲法62条は、院に「国政に関する調査」をおこなう権限を付与し、そのために「証人の出頭及び証言並びに記録の提出を要求すること」を認めている。

　法律の制定だけでなく、法律が適正に執行されているかを監督するのも立法権の役割である。特に議院内閣制においては、行政権は立法権のコントロールを受けるのであり、立法権は行政権を常に監視し、国民にかわって政治責任を追及し、情報を国民にフィードバックするという責務を負う。そのための権限が国政調査権なのである。

(ii) 国政調査権の限界

　1948年、ある母親（浦和充子）が親子心中をはかり、3人の子どもを絞殺したが、自らは自殺に失敗したという事件に対して、裁判官が執行猶予の判決を下した。この判決に対し、参議院法務委員会が国政調査をおこない、子どもの人権を軽視した封建的な思想にもとづく判決であり、量刑は不当だという報告をおこなった。それに対し、最高裁判所が、国政調査権とは、憲法が国会に与えた権限を行使するための補助的権能であると主張し、参議院法務委員会の調査を違憲と批判した。参議院法務委員会は反論し、国政調査権は「国権の最高機関」としての独立の権能だと応答したのである。

　学説は補助的権能説に賛同している。議院が具体的事件の事実認定および量刑をやり直すことは、裁判官の独立（76条3項）を侵すものである。また、議院内閣制における立法府の機能からすれば、その権限を全うするための補助的権能の範囲は極めて広いので、独立権能説に立つ必要はないであろう。

　浦和事件のような調査は許されないが、裁判になっている事件について一切調査をすることは許されないのか。これが、並行調査の問題である。裁判所は法の適用による事件の解決を目的としているのであるから、国会の権限に属する別の目的（例えば、政治責任追及）のための調査であれば許されよう。

　検察権は、行政権に属するが、準司法的な性格を有するので、裁判官の独立

に準じた限界があると考えられる。起訴・不起訴について検察官の判断に影響を与える目的でなされる調査は許されない。

　また、国政調査は、憲法上の基本的人権を害しておこなわれてはならない。証人の黙秘権、精神の自由、プライバシー権は保障されなければならない。

(iii) 議院証言法

　国政調査権の具体的な行使については、「議院における証人の宣誓及び証言等に関する法律」（議院証言法）が規定する。両院（委員会、両院の合同委員会を含む）は、「議案その他の審査又は国政に関する調査のため」、何人に対しても、「証人として出頭及び証言又は書類の提出」を要求することができる。正当な理由がなく、出頭、書類の提出、宣誓、証言を拒んだときは、1年以下の禁固または10万円以下の罰金に処せられる（7条1項）。また、証人が虚偽の陳述をしたときは、3月以上10年以下の懲役に処せられる（6条1項）。

　証人が公務員または元公務員である場合、本人または公務所が「職務上の秘密」であると主張すれば、公務所または監督庁の承認がなければ、証言や記録の提出はなされない。公務所または監督庁は、承認を拒むときは、理由を疎明しなければならない。院がその理由に納得しない場合には、「証言又は書類の提出が国家の重大な利益に悪影響を及ぼす旨の内閣の声明」を要求することができ、内閣が10日以内に声明を出さなければ、証言等はなされなければならない（議院証言法5条）。

　「国家の重要な利益への悪影響」について政府は、守秘義務によって守られるべき公益と国政調査権の行使によって得られるべき公益を比較衡量して判断するとしている。しかし、国家の有する情報は、国民のために利用されなければならないはずであり、「国家の重大な利益に悪影響」という抽象的な理由で証言等を拒むことのできるこの仕組みは、国政調査権の情報開示機能を必要以上に狭めている。証言等を拒むことができるのは、外交、防衛における国家の存立に関わる真にやむをえない事項に限られなければならない。

(iv) 現代国家における国政調査権の活性化

　現代の議院内閣制においては、議院による内閣のチェックの役割は野党が主に担うことになる。国政調査権を活性化させるには、野党が調査権を有効に行使できるような制度にすることが望ましい。ドイツ憲法44条は、4分の1の議

員の申立てで調査権が発動できると規定している（少数者調査権）。日本でも早急に導入する必要があるといえよう。

7．国会議員の特権

(1) 不逮捕特権

憲法50条は、国会議員の不逮捕特権を規定している。この特権の目的は、行政府による逮捕権の濫用によって、野党議員が不当逮捕され、議院の自律的活動が害されるのを防ぐことである。

この特権は、起訴されない権利を意味するわけではない。また、逮捕されないのは会期中であり、会期前に逮捕された議員は議院の要求があれば釈放される。さらに、この特権は「法律の定める場合を除いて」のものであり、国会法は、院外における現行犯逮捕の場合と院の許諾がある場合を例外としている。

不逮捕特権は、議員個人の特権というよりも、院の自律権の一環としての性格を有する。ただ、院の審議上の都合で逮捕の是非を判断してよいという説には賛同できない。制度の趣旨は、あくまでも不当逮捕によって院の自律性が害されることを防止しようとするものだからである。

院が期限付きの逮捕許諾をできるかという問題があるが、院は不当逮捕でないと判断するのであれば逮捕を許諾しなければならず、したがって、逮捕許諾に期限を付すことはできない（東京地決1954年3月6日判時22号3頁）。

(2) 免責特権

議員は院でおこなった「演説、討論又は表決」について、院外で法的責任を問われない（51条）。その趣旨は、国会における議論は完全に自由にすべきということである。国会議員は、所属する院でおこなう言論活動について、刑事責任および民事責任を負わない。ここで「院」とは、議事堂のことではなく、院として活動が行われる場所である。地方公聴会での発言も保護される。

この特権の淵源はイギリス憲法にある。1628年、権利の請願が可決されるが、国会が解散された後、ジョン・エリオットら議会派のリーダーは国王に対する扇動罪を理由に起訴された。裁判所は有罪判決を出し、エリオットは獄死する。この経験は「議会における言論あるいは議事手続きは院外で問責されな

い」と規定した1689年の権利章典 9 条に結実する。

　以上のように、この特権も院の自律的な審議のために国会議員に認められた
ものである。その趣旨は、院での言論活動を最大限自由にするところにある。

　責任には、民事、刑事の法的責任のほかに、弁護士の懲戒責任も含むが、政
党が議員の発言・評決について、除名等の責任を問うことはさしつかえない。

　免責特権については、いくつか論点がある。

　まず、職務行為に付随する行為にも免責が及ぶが、そこに、暴力行為や私語
やヤジなどが含まれるかである。それらは免責されるべきではないが、訴追に
は院の告発が必要であろう。免責特権は院の自律が目的であり、院内の秩序に
ついての第一次判断権は院にあるからである。

　次に、国会議員が一般市民のプライバシー権や名誉権を害したときにも免責
されるかである。有力な学説は、免責特権は国王や院内多数派から院内少数派
を守るためであるから、一般市民の権利を害するような場合には、現実の悪意
の法理を適用した上で、議員本人の責任を認めるべきだとする。そのうえで、
免責特権の趣旨を汲み、議員本人による賠償ではなく国家賠償を認めて、議員
に対する求償はできないことにすれば議員の言論も守られると主張する。

　しかし、国家賠償に限定したところで、訴訟の可能性があれば議員の発言に
萎縮効果が発生するのは避けられない。免責特権の趣旨からすれば、相手が誰
かにかかわらず絶対的に免責するべきであろう。判例は、衆議院議員が行った
質疑によって名誉を毀損されたことを理由に自殺した病院院長の妻が訴えた事
件で、国会議員の責任が肯定されるためには、「当該国会議員が、その職務と
はかかわりなく違法または不当な目的をもって事実を摘示し、あるいは、虚偽
であることを知りながらあえてその事実を摘示するなど、……特別の事情があ
ることを必要とする」と述べ、有力説の立場に立った（最判1997年 9 月 9 日民
集51巻 8 号3850頁）。

参考文献
大山礼子『国会学入門』（三省堂、2003年）
清水睦『現代議会制の憲法構造』（勁草書房、1979年）
高見勝利『現代日本の議会政と憲法』（岩波書店、2008年）

第4章　内　閣

1．行政権の概念

　行政権は内閣に属する（憲法65条）。それでは、行政権とは何か。この問い
に対して多くの学説は、すべての国家作用のうちから立法作用と司法作用を除
いた残りの作用が行政権だという控除説を支持する。

　しかし、控除説は、君主による統治権から立法権が除外され、その後、司法
権が除外されるという歴史的経緯から導かれるものである。つまり、控除説が
前提している国家は立憲君主制であり、日本国憲法と適合しているのか疑問で
ある。また、控除説は、行政権の積極的把握を放棄したといってもよく、権力
の配分を明確にするという憲法学の目的からして不充分であろう。

　このような問題意識から、最近、控除説に代わる行政権の概念が提唱されて
いる。一つは、国家のとるべき基本的な方向を策定し実行していく権力とし
て「執政」という概念を提唱し、それを担うのが内閣だという理解である。次
に、よりシンプルに、法律の執行を行政権と捉える理解である。

　執政権説は、法による政治の統制という立憲主義の観点から問題があろう。
市民革命前のイギリスで国王が主張したのは、緊急事態において「国土の法」
を超える大権である。当時の裁判所は、この大権を正面から認め、議会によら
ない国王の課税権を認めてしまったのである。執政を合法化したことによる法
的帰結の一例がこの経験からみえてこよう。

　イギリス憲法と比較をすれば、天皇から政治的権能を完全に奪った日本国憲
法において、「執政」が内閣にあるといえるかは自明ではない。もしそれが属
する機関があるとすれば、「国権の最高機関」たる国会であろう。イギリス憲
法には、国王大権が残されているが、主権的権限をもつ国会は国王大権を廃止
することもできる。成文憲法をもつ日本で、執政権を内閣に認めるならば、イ
ギリスのように国会がそれを統制していくことも憲法違反になりかねない。行

政権は法律の執行だという法律執行説が支持されるべきである。

2．行政権の主体

(1) 内　閣

(i) 内閣の構成

　行政権の主体は内閣である（65条）。内閣は、内閣総理大臣と国務大臣で構成される（66条1項）。国務大臣の数は、14人以内と法律で決められている（特別に必要がある場合には17人（内閣法2条））。国務大臣は、通常は、各省庁大臣となるが、分担をもたない無任所大臣の存在も認められている（内閣法3条）。

(ii) 内閣総理大臣と国務大臣

　イギリスとの比較で強調しておかなければならないのは、日本国憲法において行政権は内閣に属するのであって、内閣総理大臣に属するわけではないということである（65条）。イギリスにおいて、国王が内閣総理大臣の任命権をもっているが、憲法習律上、庶民院の過半数の議席を獲得した政党内の党首をその地位に任命する。首相の権限は、彼の内閣が庶民院の過半数に支持されているところにあるはずである。しかし、庶民院を通りこして選挙民と政党の党首とが直接結びつくようになれば、内閣総理大臣の権限は飛躍的に上昇し、内閣の役割は低下する。成文憲法のないイギリスにおいては、それを抑制する憲法的な歯止めはない。

　日本国憲法においては、国会が内閣総理大臣を直接指名する（67条）。内閣総理大臣が国王大権に由来するイギリスとは、その法的地位が最初から異なるといわなければならない。つまり、内閣総理大臣の権力の淵源は日本国憲法にあり、その地位は国王大権を経由することなく直接に国会に依拠しているのである。

　内閣総理大臣の憲法上の権限は、まず、国務大臣の任命罷免権である（68条）。戦前の内閣が閣内不統一で総辞職を繰り返したことの反省から、罷免権を明示し、内閣総理大臣の権限を強化したのである。また、内閣を代表して議案を国会に提出し、一般国務および外交関係を国会に報告し、行政各部を指揮監督する（72条）。

　内閣の意思は閣議で決定する（内閣法4条1項）。内閣総理大臣は、閣議を主宰し、内閣の重要政策に関する基本的な方針その他の案件を発議することができる（内閣法4条2項）。閣議での決定は全員一致でなければならない。

(iii) 文民条項

　憲法66条2項は、内閣総理大臣と国務大臣は「文民」でなければならないと定めている。戦前の陸軍大臣、海軍大臣は「現役武官」＝「軍人」であった。日本国憲法は、その反省から、大臣は軍人であってはならないと定めたのである。

　問題は、日本国憲法9条からすると日本国には軍人は存在しないはずだということである。したがって、文民とは職業軍人の経験がない者と解するべきであろう。そうはいっても、現実には自衛隊が存在する。現役自衛官および自衛官であった者も文民には当たらないと解釈すべきであろう。

(2) 独立行政委員会の合憲性

　独立行政委員会とは、公正取引委員会や人事院のように、政党政治にふさわしくない中立的・専門的な判断が求められる分野で、内閣から指揮監督を受けずに独立して行政作用を担う機関のことである。戦後の民主化の過程で、アメリカの制度にならって導入された。これらの機関は、憲法65条に照らして違憲ではないかという問題がある。

　違憲論も有力であるが、通説は、とくに政治的な中立性が要求される場合であって、国会のコントロールが及ぶのであれば合憲だと解している。

3. 議院内閣制

(1) 議院内閣制とは何か

(i) 大統領制と議院内閣制

　議院内閣制とは、行政権たる内閣が立法権たる国会の信任に依拠する統治形態である。内閣総理大臣及び国務大臣は国会議員の中から選ばれる。内閣の構成員は、国会に対しその活動について説明責任を負う。内閣は第一院の支持を失った場合には、総辞職しなければならない。その場合、内閣は、第一院の解散を選択することができる。

　それに対して、アメリカで採用されている大統領制では、大統領は国会議員であってはならない。大統領は、国民による選挙で選出され、国会の信任に依拠しない。大統領は国会に出席しない。国会による大統領不信任、大統領による国会解散は存在しない。

　大統領制と議院内閣制は、いずれもイギリス憲法に淵源がある。18世紀前半にモンテスキューがイギリス憲法を観察したとき、彼は、国王（行政権）、貴族院（司法権）、庶民院（立法権）が均衡し互いに抑制しているととらえた（『法の精神』1748）。しかし、このときすでに、イギリスでは議院内閣制の萌芽があらわれていた。議院内閣制は、モンテスキューより前に起源があるのである。

　議院内閣制と大統領制の淵源が同じであることを理解するならば、議院内閣制において、立法権と行政権は完全に融合しているのではなく、分立しているという視点がみえてこよう。19世紀後半、バジョットはイギリス憲法を立法権と行政権の融合として描いた（『イギリス憲政論』1867）。この理解は、国会議員の選挙は事実上の首相公選であるとする国民内閣制の議論につながっていく。しかし、そう理解してしまうと、立法権による行政権の統制という側面がみえなくなってしまう。議院内閣制を憲法から理解する際には、権力分立的視点に立つべきだと考える。

(ii) 議院内閣制の本質

　権力分立としての議院内閣制おいて、三権は対等ではない。この点は、議院内閣制の本質論と関係している。まず、責任本質説は、内閣が国会に責任を負うというところに議院内閣制の本質を見出す。それに対して、均衡本質説は、内閣と国会が抑制と均衡の関係にあるところに本質を見出すのである。両者の差異は、内閣による衆議院の解散をどうとらえるかにある。均衡本質説は、内閣の自由な議会解散権がなければ議院内閣制とはいえないと主張する。この点、イギリスでは、2011年の議員任期固定法により首相による自由な議会の解散は否定されたのであり（2011年議員任期固定法）、均衡本質説に立つのであれば、同法の下でのイギリスは議院内閣制ではないことになる。

　以上のように、議院内閣制とは、行政権と立法権との分離を前提としながら、行政権が立法権に責任を負うという立法権優位の権力分立制であるといえ

よう。

(2) 日本国憲法と議院内閣制

(i) 内閣の責任

日本国憲法は議院内閣制を採用している。内閣総理大臣は、国会によって指名され（67条）、内閣は、「行政権の行使について、国会に対し連帯して責任」を負うのである（66条3項）。

66条3項の「責任」は、政治的責任だというのが通説である。憲法63条は、内閣総理大臣その他の国務大臣は、「答弁又は説明のため出席を求められたとき」は、議院に出席しなければならない、と定める。しかし、66条3項が求めている「責任」は、それだけではない。日本国憲法における内閣は、国会（衆議院）の支持を失う場合には必ず総辞職しなければならないのである（69条、70条）。「責任」は、総辞職という憲法上の効果を有すると理解するべきであろう。

なお、65条の行政権を法律執行の意味で捉えるならば、66条3項の行政権は、それよりも広く内閣の行う全権限と考えるべきである。

総辞職をした後、内閣は、あらたに内閣総理大臣が任命されるまで引き続きその職務を行う（71条）。イギリスでは、内閣が総辞職し、国王が次の首相を選ぶとき、前の内閣が総辞職してしまっているのであるから国王に助言を与える機関が存在しない。71条は、この空白に対処するための規定である。

(ii) 解散権論争

日本国憲法は、69条の場合に内閣が衆議院を解散できることを規定しているが、それ以外に内閣が衆議院を解散できると規定している条文が存在しない。しかし、現実政治においては、7条3号の天皇の国事行為を根拠に、内閣の裁量による解散の実例が積み重ねられてきた。また、学説においても7条を根拠に、天皇に助言と承認をおこなう内閣による解散を認める見解がある。

しかし、日本国憲法において7条説は採りえない。なぜなら、7条を内閣の解散権の根拠にするということは、日本国憲法をイギリス憲法と同様に理解することになるからである。イギリスで、「首相の専権」といわれていた庶民院の解散権は、首相の助言によって国王が行使する国王大権である。日本国憲

において、天皇は「国政に関する権能を有しない」のであるから、7条に挙げられている国事行為は、すべて形式的な権能である。形式的な権能である天皇の衆議院の解散権にいくら助言をおこなっても実質的な解散権は導かれない。

通説は、具体的な条文に根拠を求めるのではなく、議院内閣制という制度に内閣による解散が織り込まれていると考える（制度説）。しかし、この説は、内閣による解散があらかじめ織り込まれている「議院内閣制」を想定しているのであり、結論先取りの議論である。

とすると、内閣による解散は69条の場合に限定されているという69条限定説が説得力をもってくる。しかし、解散には国民の信を問うという民主的な機能がある。内閣と国会が決定的に対立して、政府が動かなくなるような場合に、解散総選挙でかたをつける必要がある場合もありうるだろう。

そう考えるならば、69条以外の解散は、内閣ではなく衆議院自身がおこなうという自律解散説が適切ではないだろうか。この説に対しては、議員の地位を任期途中で失わせることの問題性を指摘する批判があるが、そもそも解散とはそういうものである。また、参議院でも自律解散ができるようになるという批判があるが、参議院については、憲法上解散自体が想定されていない。衆議院解散には、国政がいきづまったときに、国民の意見を聞くという憲法上の意味があるが、安定性が求められる参議院に、そういう役割は期待されていないはずである。

自律解散の憲法上の根拠は、41条の国権の最高機関性である。内閣による衆議院の解散は、憲法上明示された69条以外にはありえない。それでもなお解散しなければならない場合があるとすれば、国権の最高機関の中心である衆議院が自ら解散するしかない。

議員任期固定法が成立したイギリスでは、庶民院が定数の3分の2以上の多数で決定すれば解散になる。国王大権に手をつけることのできるイギリスの国会主権からすれば、自律解散に憲法上の障害はない。イギリスは国王大権の可視化の流れの中で、自律解散を選択した。であるとすれば、42条に天皇が含まれず、天皇の大権が最初から否定されている日本国憲法において、自律解散説は十分にありうる解釈である。

4．内閣の権能

73条は、内閣が「一般的行政事務」のほか、次の事務をおこなうと規定する。

①法律の誠実な執行と国務の総理（1号）

「国務の総理」とは、内閣が行政事務を統括し行政各部を指揮監督することを意味する。執政権説は、「国務の総理」から、内閣の執政作用を認めようとするが、この文言からそのような大きな権限を導くのは疑問である。

②外交関係の処理（2号）と条約の締結（3号）

内閣の外交処理権は国会の統制に服する。内閣総理大臣が一般国務に加えて、外交関係について国会に報告すると規定するのは、そのことを示している。

外交関係の処理には、7条5号の全権委任状、大使・公使の信任状の作成、7条8号の批准書その他の外交文書の作成を含む。

③官吏に関する事務の掌理（4号）

「官吏」とは国家公務員のことである。掌理とは、指揮監督権までを含まず、処理するくらいの意味である。国家公務員法により、国家公務員に関する事項については、人事院がおこなっている。

④予算の作成・国会提出（5号）

⑤政令の制定（6号）

⑥恩赦の決定（7号）と栄典の授与の決定

恩赦については、司法権にかかわる重要事項であるので、内閣が決定することが明示され、天皇はそれを認証する（7条6号）。栄典は、7条7号で天皇の行為として規定されているが、73条での言及はない。しかし、その決定権限は73条の「一般的行政事務」に含まれると解してよい。

参考文献

小嶋和司『小嶋和司憲法論集2　憲法と政治機構』（木鐸社、1988年）

阪本昌成「行政権の概念」ジュリスト増刊　憲法の争点（2008年）

上田健介『首相権限と憲法』（成文堂、2013年）

毛利透『統治構造の憲法論』（岩波書店、2014年）

コラム：サッチャリズムとイギリス映画

　「鉄の女」と呼ばれた英国史上初の女性首相マーガレット・サッチャー（在任1979-1990年）の業績については、当時から現在に至るまで、毀誉褒貶があり、その功罪への評価も激しく対立する。その生涯は、名女優メリル・ストリープ主演の映画『マーガレット・サッチャー　鉄の女の涙』（原題：The Iron Lady）』で描かれている。

　フォークランド紛争や、第二次大戦以後の保守・労働両党の二大政党間でのコンセンサスを前提とした福祉国家体制の破壊等、彼女にまつわる政治的トピックスは枚挙に暇がないが、ここでは合衆国第40代大統領ロナルド・レーガン（レーガノミックス）と並び称された新自由主義的政策（サッチャリズム）を取り上げる。小さい政府を標榜したその政策の一環として電話やガス、水道、航空等多くの分野で国営企業が民営化され、またそれまでの主要エネルギー産業だった石炭業の合理化も行われた。これらの実施に際しては、規制緩和や経営合理化等の経済的目標が掲げられたが、同時に、労働党に強い影響力をもち、ストライキ等により自らの権利主張の実現を図る労働組合の政治的影響力を削ぐことも重要な目的とされていた。

　「英国病」と揶揄された社会・経済の停滞を打破し、現在の好況への道筋をつけたとして高く評価される一方、これにより地方のとりわけ経済的弱者とそのコミュニティーが根底から破壊されたとして、その政治に対する激しい批判や憤り、恨みをもつ者も多い。日本でも評判となった『リトルダンサー』（原題：Billy Elliot）では、生粋の炭鉱夫だった父が、息子をロンドンの名門バレエ学校に進学させるための費用を工面するため、炭鉱閉鎖に反対するスト破りを涙ながらに行うシーンがある。また、炭鉱町のバンドの活動を描いた『ブラス！』（原題：Brassed Off）もクライマックスのシーンであるコンテストでの受賞に際し、サッチャリズムを激しく批判してトロフィーの受取りを拒否する場面が描かれている。男性ストリップをコミカルに描いた『フルモンティ』（原題：The Full Monty）で描かれているのは、サッチャリズムの影響により失業した労働者の姿である。

　このように、1980年代後半からのイギリス映画には、サッチャリズムに翻弄される各地の労働者を取り上げたものが多い。日本でも構造改革が声高に叫ばれ、既存の産業に対して大きな変革が求められる現在、政治的・経済的背景を意識しながら、これらの映画を改めて鑑賞して欲しい。

第5章　裁判所

1．司法権

(1) 司法権とは何か

　一般に、「司法」とは、「具体的な争訟について、法を適用し、宣言することによって、これを裁定する国家の作用」とされ、これを行使する権限が「司法権」である。大日本帝国憲法では、司法権は民事および刑事事件の裁判権に限定され、行政事件の裁判権はそこから排除されていた。しかし、日本国憲法は、憲法76条2項が「特別裁判所は、これを設置することができない。行政機関は、終審として裁判を行ふことができない」と定め、裁判所は、民事事件・刑事事件のみならず行政事件も含めて一切の法律上の争訟を解決する権限を有するものであると解されている。

　裁判所法3条1項は、このような理解を前提として、「裁判所は、日本国憲法に特別の定のある場合を除いて一切の法律上の争訟を裁判し、その他法律において特に定める権限を有する」と定めている。

(2) 司法権の限界

(i) 総　論

　司法権には、さまざまな理由から、一定の限界が存在する。それらは、憲法上の限界と国際法上との限界に分けることができる。さらに、憲法上の限界は、憲法が明文で認めた限界（＝a）と、明文上のものでなく、司法権の本質に由来するとされる限界（＝b）とに、国際法上の限界は、一般国際法にもとづく限界（＝c）と、特別の条約にもとづく限界（－d）とに、それぞれ分けて考えることができる。

　例えば、aは、国会の各議院が行う議員の資格争訟の裁判（憲法55条）、弾劾裁判所による裁判官の弾劾裁判（憲法64条）などがその例である。cは、国

家は、その国家に対する他国裁判所の裁判権の行使から免除され（これを主権免除という）、治外法権を享有する外国元首、外交使節などが駐在している国の裁判権から免除される。ｄについては、日米安保条約6条2項に基く米軍地位協定17条によって米国軍隊の構成員・軍属らに対する日本の刑事裁判権に特例が付されていること、および同協定18条による民事裁判権の制限などが当たる。残るは、ｂの場合であり、通常「司法権の限界」として説明されるのは、この点である。

(ii) 法律上の争訟

司法権は、「法律上の争訟」を裁判することであり、それなしでは発動されないことになる。「法律上の争訟」とは、〈α〉当事者間の権利義務に関する具体的な紛争があることに加えて、〈β〉その紛争を法令の適用によって終局的に解決できるということを意味する。〈α〉の要件を「事件性の要件」と呼ぶ。警察予備隊違憲訴訟最高裁大法廷判決（最大判1952年10月8日民集6巻9号783頁）は、「わが現行の制度の下においては、特定の者の具体的な法律関係につき紛争の存する場合においてのみ裁判所にその判断を求めることができるのであり、裁判所がかような具体的事件を離れて抽象的に法律命令等の合憲性を判断する権限を有するとの見解は、憲法上及び法令上何等の根拠も存しない」とし、この点を明確に示した。すなわち、将来紛争になるかもしれない仮想的な事案が取り扱われないのは勿論、日時の経過や当事者の死亡により紛争当事者がいなくなった場合には訴えは却下され、また、たとえ紛争が現存しても単なる事実上の不利益にとどまるものにすぎず、法律上の保護に値しないものをめぐる紛争は、裁判の対象とはならない。

〈β〉の要件によれば、学問的な争いや宗教上の教義をめぐる争いは、司法権の範囲に含まれないとされる。例えば、創価学会「板まんだら」事件最高裁判決（最判1981年4月7日民集35巻3号443頁）は、裁判所が固有の権限に基づいて審判することのできる対象は裁判所法3条にいう「法律上の争訟」に限られ、本件のように要素の錯誤があったか否かの判断については、宗教上の価値に関する判断、および、教義に関する判断が必要となる以上、法令の適用による終局的な解決の不可能なものであって、裁判所法3条にいう法律上の争訟にはあたらないとした。

（iii）自律権・裁量権

　国会や内閣の行為の中には、憲法の趣旨および権力分立の原則からみて、その自律的判断にもとづく決定が最終的決定とみなされ、司法権による審理の対象とはならないと解すべきものがある。議員に対する議院の懲罰（58条2項）、議員の資格争訟に関する議院の裁判（55条）が憲法上明示されているが、それに加えて、各議院の議決、閣議の決定などもこれにあたると解されている。前者については、警察法改正無効事件（最大判1962年3月7日民集16巻3号445頁）があり、両院において議決を経たものとされ適法な手続で公布されている以上、裁判所は議事手続を審理してその有効無効を判断すべきではないとした。後者については、苫米地事件で問題となり、最高裁は、これを統治行為として審査権の対象外であるとした（最大判1960年6月8日民集14巻7号1206頁）が、学説には、内閣の自律権として説明すべきであったという批判的見解が強い。

　立法権または行政権の裁量の範囲に属する問題は、裁判所による法的判断すなわち適法であるか違法であるかの判断の対象にはならない。立法裁量・行政裁量は、法の定める枠内で一定の自主的判断を認めることにより、立法機関・行政機関が合目的的な政策を追求できるようにするために与えられたものであるから、それについては当・不当の問題が生じ政治的責任が問われることはあっても、司法権の審査に服することはない。もちろん、裁量権の範囲を逸脱・濫用した場合は、裁判所は当該行為を違法・無効とすることができ、ある行為が裁量権の範囲にあるか否かは、裁判所の判断に服する。

（iv）統治行為論

　「統治行為論」とは、高度の政治性を有する国家行為は、それが法的判断の可能なものであっても、その性質上政治部門の判断に委ねるべきであり、司法権による審査になじまない、という議論である。しかし、裁判所に一切の法律上の争訟を裁判する権限を与え、かつ裁判所による違憲審査制を採用している日本国憲法のもとで、このような特定の国家行為の領域を認めることができるかどうか、疑問視されている。また、統治行為とされるのは、条約の締結・国家の承認など外交上の事項、議員の懲罰・議院の議事手続・衆議院の解散など政治部門の自律に関する事項、自衛隊の合憲性の問題などであるが、それらの

ほとんどは、政治部門の裁量権ないし自律権であるがゆえに司法権の及ばない
事項であると説明できるものであって、あえて統治行為論をもち出す必要性は
乏しいとも指摘されている。

(ⅴ) 団体内部の事項

　団体内部の事項については、団体の自律的な決定に委ねるべきであり、司法
審査が及ばないとする「部分社会の法理」が過去の判例において採用された。
例えば、地方議会議員出席停止処分事件最高裁判決（最大判1960年10月19日民
集14巻12号2633頁）は、自律的な法規範をもつ社会ないしは団体にあっては、
規範の実現を内部規律の問題として自治的措置に任せるべきものがあり、地方
議会における出席停止の懲罰が該当するとし、富山大学単位不認定事件最高裁
判決（最判1977年3月15日民集31巻2号234頁）は、一般市民社会の中にあつ
てこれとは別個に自律的な法規範を有する特殊な部分社会における法律上の係
争は、それが一般市民法秩序と直接の関係を有しない内部的な問題にとどま
る限り、自主的・自律的な解決に委ねるのが適当であるものがあり、それに単
位認定が該当するとし、日本共産党袴田事件最高裁判決（最判1988年12月20日
判時1307号113頁）は、政党が組織内の自律的運営として党員に対してした処
分は、一般市民法秩序と直接の関係を有しない内部的な問題にとどまる限り、
裁判所の審査権は及ばず、処分が一般市民としての権利利益を侵害する場合で
も、審査は適正な手続に則ってなされたかどうかに限られるとした。

　しかし、これらの団体の性質は多種多様であり、そこで問題となっている権
利利益に即した個別的な判断がなされるべきであると考えられるから、あまり
にも包括的な「部分社会の法理」の有効性に対しては近年学説から強い疑念が
示され、判例（最大判2020年11月25日民集74巻8号2229頁）も、地方議員の出
席停止の懲罰について、議会の自立的な権能に基づいて一定の裁量が認められ
るが、裁判所は、常にその適否を判断することができるとし、1960年の先例を
変更するに至った。

2．司法権の独立と裁判所

(1) 裁判所のしくみ
(ⅰ) 裁判所とは何か

　憲法は、裁判所を最高裁判所と下級裁判所に区分する（76条1項）。つまり、裁判所の名称のうち、憲法で特定されているのは、最高裁判所のみであり、それ以外は法律で定められる。現行の裁判所法は、下級裁判所として、高等裁判所、地方裁判所、家庭裁判所及び簡易裁判所を設置し、設置数及び管轄地域については、下級裁判所の設立及び管轄区域に関する法律が定めている。

(ii) 最高裁判所

　最高裁判所の構成員は、「長たる裁判官」と「法律の定めるその他の裁判官」である（憲法79条1項）。これを受けて、裁判所法5条1項は、「最高裁判所の裁判官は、その長たる裁判官を最高裁判所長官とし、その他の裁判官を最高裁判所判事とする。」と定め、同条3項は、最高裁判所判事の数は、14人とする。最高裁判所長官は内閣の指名に基いて天皇が任命し（憲法6条2項、裁判所法［裁］39条1項）、その他の裁判官は内閣が任命して天皇がそれを認証する（憲法79条1項、裁39条2項）。最高裁裁判官は、任命後、国民審査に付される（憲法79条2項）。この制度は、国民が、最高裁裁判官の任命の適否を事後において審査し、罷免しうるものとした、一種の解職投票（リコール）制度であると考えられている。

　最高裁判所の審理・裁判は、15名の裁判官全員で構成する大法廷または5名で構成する3つの小法廷においてなされる。大法廷は、①当事者の主張にもとづいて法律などが憲法に適合するかどうかを判断するとき（ただし、以前大法廷がなした裁判と同じであるときは小法廷が担当する）、②最高裁が従来の判例を変更するとき、③小法廷の裁判官の意見が同数の2グループに分かれたとき、④大法廷において裁判するのが相当であると認めたとき、の4つの場合に、裁判を担当する。違憲の判断をするには、8人以上の裁判官の一致を必要とする。違憲の裁判をしたときは、その要旨を官報に公告し、かつその裁判所の正本を内閣に送付する。法律を違憲とする裁判のときは、正本を国会にも送付する（裁10条）。

(iii) 下級裁判所

①高等裁判所　　下級裁判所のなかの最上位の裁判所である。全国8カ所（東京・大阪・名古屋・広島・福岡・仙台・札幌・高松）に設置されている。高等裁判所長官および相応な数の判事で構成される（裁15条）。裁判は、原則とし

て3人の合議体でおこない、うち1人を裁判長とする。ただし、内乱に関する罪（刑法77条ないし79条）に係る訴訟の第1審として裁判するときは、例外として5人の合議体で行う（裁18条）。

②地方裁判所　全国50カ所に設置されている。相応な数の判事および判事補で構成される。裁判は、単独制でなされるのが原則であるが、重要な事件については3人の合議体による（裁26条）。

③家庭裁判所　家庭事件や少年保護事件を主として扱う第一審裁判所であり、地方裁判所と同格である。地方裁判所の所在地に同数設置されている。相応な数の判事および判事補で構成される。裁判は、単独制が原則である（裁31条の4）。

④簡易裁判所　小額・軽微な事件についての第一審裁判所である。全国438カ所に設置されており、単独制を原則としている。簡易裁判所判事で構成する。

⑤下級裁判所の裁判官の任命手続　下級裁判所の裁判官は、最高裁判所の指名した者の名簿によって、内閣でこれを任命する。その場合、内閣は指名されていない者を任命することはできないものと解される。その任期は10年であり、再任されることができる（憲法80条1項、裁40条）。再任については、再任するかしないかは指名・任命権者の自由な決定に委ねられているとの考え方もあるが、裁判官に強い身分保障を与えている憲法の趣旨から、再任されることが原則であると解すべきである。

（2）裁判所の権限

（i）裁判権の配分

最高裁判所は、民事・刑事・行政事件の訴訟についての終審裁判所であり、上告および特別抗告についての裁判権をもつ（裁7条）。高等裁判所は、原則として地裁・家裁・簡裁の第1審判決に対する控訴、決定・命令に対する抗告についての裁判権を有し、例外的に、上告審あるいは第1審裁判所となる（裁16条）。地方裁判所は、通常の訴訟事件について第1審としての裁判権をもち、また、簡裁の判決および決定・命令に対する控訴および抗告についての裁判権を有する（裁24条）。家庭裁判所は、家庭事件の審判・調停、少年保護事

件の審判をするほか、少年法の罪に関する訴訟についての第１審の裁判権をもつ（裁31条の３）。簡易裁判所は、訴訟の目的の価額が140万円までの民事訴訟および原則として罰金以下の刑にあたる罪に関する刑事訴訟についての第一審の裁判権を有する（裁33条）。

(ii)　規則制定権

「最高裁判所は、訴訟に関する手続、弁護士、裁判所の内部規律及び司法事務処理に関する事項について、規則を定める権限を有」し（憲法77条１項）、この権限を下級裁判所に委任できる（憲法77条３項）。規則制定権は、実質的意味の立法作用の権限であって、国会を唯一の立法機関とする原則（憲法41条）に対する、憲法自身が認めた例外である。こうした例外が認められた趣旨は、司法部の自主性を確保しようとするところにある。

なお、この規則と法律との効力に関しては、法律が優位するとするのが通説的な見解であるが、訴訟手続に関しては、規則が優位すべきであるとする少数説も存在する。

(iii)　司法行政権

現行憲法下では、司法権独立の原則から、司法行政権は司法部に付与され、かつそれは、裁判官全員によって構成される裁判官会議によって行使される。司法行政権は、その主要部分が最高裁判所に集中しているが、下級裁判所も、自己またはその下級の裁判所に関して、一定の司法行政事務を行なっている。最高裁判所の司法行政権に属するものは、裁判官およびその他の裁判所職員に対する人事行政権、裁判所の組織編成等の運営・管理権、庁舎など物的施設の管理権、会計・予算・報酬などの財務管理権などがある。

3.　司法権の独立

公正な裁判の実現のためには、司法部は他の政治部門からの強い独立性を有し、裁判官は法以外のものに拘束されることなく職権を行う制度が不可欠である。したがって、それは、個々の裁判官が、その職権行使にあたって、良心と法に従うほかは何ものにも拘束されずに、独立して活動することを意味する「裁判官の独立」と、全体としての裁判所が、立法権・行政権から独立していることを意味する「司法部の独立」との２つからなる。

(1) 司法部の独立

　司法部の独立について見ると、第1に、司法権をもっぱら通常の裁判所に属させ（憲法76条1項）、特別裁判所を認めず、行政機関が終審として裁判することを禁じて大日本帝国憲法下の行政裁判所の設置を明確に否認した（憲法76条2項）。いわゆる「司法権の一元化」の実現である。第2に、裁判所の自治権が尊重され、裁判所が司法行政権を有して、これを裁判官会議によって行使することになった。これとならんで、最高裁判所が、大日本帝国憲法下の旧大審院とは異なって、憲法上の機関とされ、訴訟手続等に関する規則を制定する権限（憲法77条1項）、下級裁判所の裁判官に対する人事権・監督権（憲法78条・80条1項、裁80条）を有するものとなっている。

(2) 裁判官の独立

　裁判官の独立について、憲法は、「すべて裁判官は、その良心に従ひ独立してその職権を行ひ、この憲法及び法律にのみ拘束される」（憲法76条3項）と定め、裁判官の職権行使の独立性を保障している。すなわち、裁判官が、自己の裁判官としての良心と法以外のなにものにも拘束されず、干渉や圧力を受けることなく裁判を行うことが保障されなければならないのである。しかも、この理は、司法府内部における関係においても妥当し、裁判官が個々の事件の裁判を行なうに際して、上級裁判所や同じ裁判所内の上司などが干渉や圧力を加えることは、裁判官の職権の独立を侵すものとして許されない。

　そして、この裁判官の職権の独立を確保するためには、裁判官の身分保障が必須のものとなる。そこで憲法は、裁判官に「裁判により、心身の故障のため職務を執ることができないと決定された場合」と「公の弾劾」による場合のほかは「罷免されない」保障を与え、かつ、裁判官の懲戒を行政機関が行うことを禁止し（憲法78条）、さらに、裁判官の報酬に関しても保障規定を置いている（憲法79条6項・80条2項）。

　これらの司法権独立実現のための規範的装置にもかかわらず、裁判官の独立を事実上制約するさまざまな問題が現実に発生していることを見逃してはならない。裁判所内部においては、判決の内容を統制するような動きもあるとさ

れ、人事面においても、最高裁判例に従わない者について不利に扱われているのではないかとの疑いも向けられてきた。加えて、市民としての裁判官の活動について、最高裁判例（最大決1998年12月1日民集52巻9号1761頁）は、「裁判官は、独立して中立・公正な立場に立ってその職務を行わなければならないのであるが、外見上も中立・公正を害さないように自律、自制すべきことが要請される」として、過剰な「公正らしさ」を求めている。

4．裁判の公開

　裁判の対審及び判決は公開が原則である（憲法82条1項）が、「裁判所が、裁判官の全員一致で、公の秩序又は善良の風俗を害する虞があると決した場合には、」例外的に「対審は、公開しない」ことができる（同条2項本文）。ただし「政治犯罪、出版に関する犯罪又はこの憲法第3章で保障する国民の権利」が問題になっている事件の対審は、非公開とすることが許されない（同条2項ただし書）。

　非公開とすることが許されない場合が、「政治犯罪、出版に関する犯罪又はこの憲法第3章で保障する国民の権利」が問題となっている事件とされていることからわかるように、裁判の公開は、人権が裁判で不当に扱われることのないように国民の監視の下に置くことが目的である。国民の目の届かないところで、裁判が行われ、処罰され、自由にものが言えなくなるようなことがないようにするためである。

参考文献

佐藤幸治『憲法訴訟と司法権』（日本評論社、1984年）

新藤宗幸『司法官僚―裁判所の権力者たち―』（岩波新書、2009年）

宍戸常寿「統治行為論について」同『憲法裁判権の動態〔増補版〕』（弘文堂、2021年）

小田中聰樹『冤罪はこうして作られる』（講談社現代新書、1993年）

今村核『冤罪と裁判』（講談社現代新書、2012年）

瀬木比呂志『ニッポンの裁判』（講談社現代新書、2015年）

寺西和史『愉快な裁判官』（河出書房新社、2000年）

川名壮志『密着　最高裁判所のしごと　―野暮で真摯な事件簿』（岩波新書、2016年）

原田國男『裁判の非情と人情』（岩波新書、2017年）

イギリスにおける統治② ：
司法制度と司法審査

1．はじめに

　マグナ・カルタ（1215）から800年目は、司法手続、そして、最終的には法の支配が、国王または他の王立当局によって執行される専制権力に勝利した記念の年となった。司法審査は、救済制度（最も有名なのは、ヘイビアス・コーパス［身柄提出令状］［*habeas corpus*］）を通じて中世に強い起源を持っている。司法審査の発展は、ケース・バイ・ケースの決定といった実際的なスタイルと同じくらい、適合と変化を帯びている。国会主権原則はイギリス国会制定法を違法とさせないが、EU法が関係する場合は例外となる(1)。地方政府は、中央政府に従属し、司法審査の決定と判断に影響されやすい。

　中央政府機関は、長らく、大臣に与えられた権限が関連政府機関によって行使されるのを認めるカルトーナ(2)（Carltona）原則の支配下にある。法律上、正式に認められた公務員の行為は、大臣の行為とみなされる。行政に対する司法の監視は、公益サービスがもたらす幾多の方法の変化も伴った。このことは司法の態度に変化をもたらした。すなわち、1960年代の画期的な一連のケースによって、権利がより広範に定められるような方向にコモン・ローは発展していった。それ以降、イギリスの行政法は徐々に発展していった。リッジ事件(3)（*Ridge v Baldwin*）、パッドフィールド事件（*Padfield v Minister of Agriculture, Fisheries and Food*）(4)、そして、ウェンズベリ（Wednesbury）(5)事件の不合理性原則の展開は、裁判所が予防的なアプローチを採ることを可能にした。行政法への体系的アプローチを展開するために過去の失敗の例に頼る代わりに、裁判所は、立法の怠慢によって残された隙間を、彼ら自身のイニシアティブによって埋めていった。結果は明らかだった。すなわち、司法は、自信をもって、司法審査の発達のための新たなツールを形成する用意ができていた。本章は、イギリスの司法制度における司法審査について分析する。

2．法、行政および司法審査

　イギリスにおける法の役割と行政システムとの関係の中に司法審査を位置づけることが第一に重要である。国の統治への法的貢献は独立した法律専門家によってなされた。そして、政府と行政の正規の構造の外で育ったバリスタとソリシタの間で分配された。法律の専門家達は、自主独立的、自律的で、行政事務から切り離されていた。ほとんどの法実務家は公務員ではなく、法的トレーニングは多くの公務員にとって珍しいものだった。法実務家は公務員となる訓練を受けるよりはむしろ、国会に入って政治家になることが多かった。公法は行政の一部として発達するのが遅れ、行政法の専門領域は、19世紀末の後まで、より現代的な形には発展しなかった。(6)19世紀後半からの国会統治の強さは、国会における議論と政党の選択に対する関心をもたらした。立法活動は、イギリスの行政の重要な部分で、責任とその効果の性質について重要な問題を提起する。大権的救済手段については、イギリス法上長い歴史がある。*R. v Electricity Commissioners Ex p. London Electricity Joint Committee*事(7)件でのアトキン（Atkin）卿の言によれば、移送令状（*certiorari*）は、「対象者の権利に影響のある問題について決定する法的権限があり、司法権を行使する義務があるどんな人も、彼らの管轄権を超えて行動する場合はいつでも」使える。移送令状は、自然的正義の原則違反や権限踰越（*ultra vires*）かどうかの決定を取り消すために利用できる。禁止令状（prohibition）は、自然的正義の原則を破ったり、管轄権を超えたりする行為およびその継続を防ぐために利用できる。職務執行令状（*mandamus*）は、公務の遂行を強要する。大権的救済手段は、当初、反抗的な官吏に対し、その力の法的執行を強要するために、国王によってもたらされる令状として知られていた。王権は公的権威による公務と責任の遂行を確実にすることができ、下部機関は彼らの管轄を保持した。1933年司法の運営に関する法律（雑則）は、救済申請の許可を最初に求めるところが高等法院となるシステムを導入した。申立ては一方的な性格を有しており、原告だけが主張でき、被告らには主張することは認められず、彼らに事件の通知がなされることもなかった。最高法院規則は、法廷の判断を前提として移送令状を求める期間を6か月以内と定めた。大権令状は、1938年司法の

運営に関する法律（雑則）の７条により更なる変更を受けた。これにより、大
権令状は大権命令として知られることとなった。こうした展開は、下部機関を
審査する高等法院の固有の管理管轄権の一部である。最後に、行政当局と裁判
所によって行われる勾留の正当性を問う手段として、ヘイビアス・コーパスも
ある。ヘイビアス・コーパスの役割は近年減少したとは言え、それは行政の勾
留権限に対する監視という重要な要素をいまだ提供している。

　1981年法の31条３項により、司法審査請求への許可（leave）に関する原
告適格の問題が提起されるが、事案の実質的聴聞という第２段階の問題につ
いても考慮されるべき可能性が残っている。この可能性は、IRC事件（*R. v
Inland Revenue Commissioners Ex p. National Federation of Self-Employed
and Small Businesses*）（*Fleet Street Casuals*事件と簡便に呼ばれる場合があ
る）において、貴族院で原告適格の法への考慮がなされるような場合に現れ
る。司法審査請求は、フリート・ストリートの印刷所で働く6,000人の労働者
に対する所得税の延滞を検討しない内国税庁に反対した納税者の協会によって
なされた。同協会は、フリート・ストリートの印刷所における臨時雇用という
新聞業界の慣行の名の下に行われる不法行為を黙認するような優遇措置に反対
した。

　この事例は、原告適格について柔軟でリベラルなアプローチを支持したが、
司法的判断と政策決定という重大な手段への許可を容認するとの明確な原則を
示すことはできなかった。命令第53以前の原告適格に関する法は、特定の救
済の探究によって変化した。原告適格について、裁判官は、「法律と事実の混
合」の問題として決まると言う。請求にかかわる一般的状況と法令解釈は、そ
の事例における請求者の利益の性質を決めるのに関係する。特別なケースにお
いて十分な利益（sufficient interest）が何を意味するかを決める自由な決定
権が裁判官にあるとディプロック（Diplock）卿が認めたことから、法的原則
は一般的判断よりもむしろ原告適格の判断を決定するために適用されることに
なっている。*Fleet Street Casuals*事件から何らかの法的原則を導き出すとす
れば、それ相当の事案を抱える者は誰でも原告適格を有するということが明ら
かになる。このことは、もはや本案と区別されなくなった原告適格が手続上そ
の要求を実現することを意味すると考えられるだろう。

　現在、司法審査請求に係る手続については、民事訴訟手続規則の54部と1981年最高法院法の31条で見ることができる。困難なケースで司法の判断に委ねられる場合、通常関連する決定は３か月以内になされる。司法審査は、事案の聴聞のための完全な審理が行われる前に、許可（permission）を必要とする。司法審査請求のもとで適用可能なさまざまな救済措置は、破棄命令、職務執行命令、禁止命令（それらは、前述した移送令状、職務執行令状、禁止令状を歴史的起源とする）として知られるようになった。審査の根底には、法的誤謬（error of law）のあった審判所や官吏に対する審査が含まれている。そうした審査に使われる説明は、「違法性」（illegality）である。この根拠は、下部機関（必ずしも上訴権を持たなくてもよい）が行った法の錯誤を正すために近年かなり広まっている。上訴と審査との間に共通項があるような場合でも、裁判所には審査を行う裁量権がある。司法審査の第２の根拠は、「非合理性」（irrationality）がある場合である。ディプロック卿の言を借りれば、これは、ある決定が、「一般的な道徳的な基準や論理を無視するなど、問題解決のために自身の知性を働かせようとする分別のある人間には考えられないほど著しく正義に反している」ような場合と定義づけられる。

　こうした見地は、制定権または裁量権の行使を審査する機会をもたらす。「合理性」のテストは、治安判事の法的権限のような下級裁判所への審査にまで及ぶ司法審査請求の方法において、司法の柔軟性をかなりの程度残している。

　司法審査の第３の根拠はディプロック卿によって確認された。すなわち、「手続的瑕疵」（procedural impropriety）である。この根拠については、正式な手続はきちんと踏まれなかった。手続的瑕疵について、広義の解釈は、自然的正義の原則が破られる場合である。自然的正義には２つの原則がある。一つは、事件の両当事者の言い分を聞くことである。両者にそうした機会を与えることは、裁判所によって発展してきたコモンロー原則の基本的な部分である。もう一つは、何人も自身のための裁判官たりえないということである。決定は、公平な方向でなされなければならない。事件が起こる前の広い心と偏見のない思考が求められる。自然的正義の両方の原則は、意思決定者に公正さを要求し、特に訴訟当事者の利益によって必要とされるとき、広範囲な公的機関に

適用される。「合法的期待」(legitimate expectation) がある場合、あるいは、諸権利が脅威にさらされる場合、裁判所にはそのような原則を適用し、自由裁量によって正義に接近する裁量権がある。[10]

　2つの画期的な決定が、司法の自信の拡大を示した。オライリー事件 (O' Reilly v Mackman)[11] において、貴族院は、高等法院の各部には行政法に関わる問題に対する独占的な (特定の例外には従うが) 管轄権があることを確立した。Council for the Civil Service Union 事件の決定[12]で、貴族院はコモン・ロー原則の一種の司法法典化に携わった。司法審査の根拠は、不合理性 (unreasonableness)、非合理性、比例性 (proportionality)、手続的瑕疵を含んでいた。不合理性というコモン・ロー原則は、1998年人権法の下で求められた期待とより高度な基準とともに強化されるに至った。[13]

　ともに独創的な司法積極主義と立法の結果、裁判官は、いつ司法審査を是認すべきかについて、広範な裁量権を有するようになった。この柔軟性は、初期段階で価値のない事案を除外する権限を裁判所に与えて、時間を節約し、行政裁判所に対する専門的管轄権を生み出す。事案は、3か月の期間内に迅速に受理されなければならない。原告適格は、その原告の事案に十分な価値があるかどうかで決まる。救済を与えるか否かについて、裁判官には裁量権がある。これらの規則は実施されている。しかし、法律扶助に関する最近の政府の支出削減と、司法審査請求に関する規則の計画的統制により、今日、司法審査の下での救済制度の利用はより難しくなっている。

　1949年国会法によって一部修正された1911年国会法にもとづいて正式に制定された2004年狩猟法 (Hunting Act, 通称「キツネ狩り禁止法」) を是認すべきかが争われた Jackson 事件[14]において、貴族院は、現代のイギリスにおいて国会主権の「絶対性」が妥当かどうかという問題を提起した。それらの意見は傍論 (obiter dicta) であったが、基本的な憲法原則違反をしていた国会制定法の適用を裁判所が拒否する可能性があるという示唆を引き出した。これらの意見は国会法の下で採用される手続とプロセスとに関係していたが、これは、民主政体の基本として、法の支配に与えられた地位を示している。[15]メートル法殉教者事件[16]において、ローズ (Laws) 控訴院裁判官は、1972年ECに関する法律を「憲法的制定法 (Constitutional statute)」であると示唆した。そうして、

どんな改廃の動きがあったとしても、裁判所によって保護されるとして、その地位を引き上げた。すなわち、市民と国家の法律関係に作用する、または、基本的憲法的権利の範囲を拡大するか、縮小する可能性がある制定法は、明示的な文言によってしか改廃されえないというのである。裁判所は、民主的に選ばれ、議会に対して責任を負っている政府の利益と、不文憲法の根本原則とのバランスをとらなければならない。これは、社会的価値と道徳原理が常に守られることを保証しない。

3．連合王国における人権の考え方と行政法

　司法審査の展開との関連で、1998年人権法について簡単に述べておこう。1998年人権法は司法審査のモデルのように見えるが、1972年ECに関する法律の時と比べると、条約の編入方法が特徴的である。国会制定法が憲法に反するか違法であるかについての判断を裁判所が下すことを1998年法は認めるに至っていないため、国会主権に優越性が与えられる。裁判所が最大限できるのは、司法審査のもとで、1998年人権法と法律との間の不適合性の判断を下すことである。そうなると、あらゆる不適合性を解決するには、裁判所ではなく、国会の方が適しているということになる。裁判所は、ヨーロッパ人権裁判所の判決に拘束はされなくても、それらの決定を実行するかもしれない。

　2008年財政危機の余波の中でなされた政府による意思決定の適法性に関する問題は、人権問題でもある。*R（application of SRM Global Master Fund LP）v Treasury Commission*（ノーザン・ロック国営化事件）[17]において、原告らは、ノーザン・ロック（住宅金融銀行）国営化の決定について司法審査を求めた。原告らの適格性は、彼らが皆ノーザン・ロックの株主だということであった。彼らの訴えは、国有化した時点でのノーザン・ロックに対する評価が不当だというものであった。すなわち、ノーザン・ロックは破産者で、最後の貸し手（Lendor of Last Resort）であるイングランド銀行からの援助資金は高金利のものが課されていたが、営業利益の出ている会社であった。このことは、イングランド銀行の貸付金の利潤が上がることにより、政府に不当に有利になるようにノーザン・ロック銀行の抵当有価証券が評価される効果をもたらした。イングランド銀行が提供する財政的援助は、株主の利益を奪うものであ

り、現株主に支給される補償も不当であると。原告らの主張事実は、イングラ
ンド銀行は、貸付けと保証の経済的装置によって、ノーザン・ロックの国有化
による収用を納税者に確保したが、ノーザン・ロックの株主には十分な補償が
なかったということであった。しかし、彼らの主張事実は否認された。スタン
リー・バートン（Stanley Burton）控訴院裁判官は、イングランド銀行の介
入がなくてもノーザン・ロックは取引停止に至っただろうと断言した。政府
は、イングランド銀行を通じた援助を取り止めることもできた。財政援助を行
う義務もなければ、そうする法的な蓋然性もなかったからである。そして、そ
のような援助をする必要性もなく、株主への補償計画は提供される貸付金に基
づいたノーザン・ロックの評価を認めなければならなかったと。訴えは棄却さ
れた。以上のことは、司法の裁量権と司法審査に関する制約を示すものである。[18]

　HSE v Wolverhampton City Council 事件での最高裁判所の最近の決定は、[19]
公的な目的を達成するために裁量権の行使を決定する際の公的機関の責任につ
いて判断したものである。主要な問題は、市民へのコストが考慮されるべきか
どうかということであった。最高裁判所は、公的機関の責任と、そうした機関
が訴訟を提起することを争点とした。4つの学生寮を擁する建物の建築許可が
申請され、受理された。その建設中に、健康安全委員会執行部（Health and
Safety Executive, HSE）が、現場のガス貯蔵に関連して、ウォルヴァーハン
プトン地方当局に対して建築許可を取り消すように要請した。市議会は、費用
面を考慮し、もし建築許可が取り消されれば、支払うべき補償費用が高額な
ものとなるとして、結果的に、HSEの要請を拒否した。HSEは、市議会を相
手取り、司法審査手続を起こした。高等法院は主張の一部を否認した。控訴院
は、HSEの控訴を認容し、市議会は経済的事情から離れて決定をしなければ
ならないと判決した。最高裁判所は異なるアプローチを採り、公的機関は公
的財源のコストを考慮する権限があると判断した。（都市田園計画法［Town
and Country Planning Act 1990]）97条は、（計画の）取り消しが、開発計画
と他の「実質的要件（material considerations）」を考慮してもなお適切であ
ると確信することを、当局に求めているというのである。補償の支払いが関連
する問題の場合、公的財源へのコストは考慮されなければならない。一般論と
して、公的機関は公的支出を念頭に置かなければならない。

4．行政行為の司法審査―近時の争点と議論の展開―

　司法審査に対する現在の評価は、非常に政治化されてきている。これは、時の政府から、司法審査に対してこれまでにない関心が寄せられているからである。2012年12月、連立政府は、司法審査の改革に関する協議会を開き、これは2013年1月24日まで続いた（*Judicial Review: proposals for reform*）。その後も、2013年9月から11月まで、更なる協議が続いた（*Judicial Review: proposals for further reform*）。協議会と連立政府が求める改革への欲求の背景には複合的動機がある。第一段階は、資金を節約することと、司法審査手続から出てきた無駄な事案に時間をとられるのを防ぐことである。その目的は、時間と金を節減し、訴訟手続を簡素化することにある。すなわち、事案に要する時間をより短く制限し、裁判官が事前の司法手続への許可を認めなかったり、訴えに実体がないと判定された場合には、請求の口頭による更新の権利が制限されるようなことである。納税者が無用の事案に納付することを防止すべく、控訴院へ上訴する権利を制限する案や、経費に関係する規則および原告適格に関する規則の改正案まで提案されている。

　ひとつの動機は、請求数を減らすことで、不確実な司法審査から政府を守ることなのかもしれない。個々の事案について慎重に審査すべきかどうかの指針を設定するのに裁判所がすでに効果をあげていることを統計的証拠が示しているように、これは大いに議論すべき点である。

　司法審査請求の数は年度で異なるが、行政裁判所に預けられた請求数は平均すると約12,000である。[20]大半の請求は、移民と亡命関連の事案である。このうちごく少数だけが、正式な聴聞手続に進む許可を受けられるが、こうした事案は約1,500である。多くのケースが次の手続には進めず、ほぼ半数が、裁判官が審議すべき事案であると確信できないことを理由に、許可が斥けられている。和解は一般的で、司法審査が請け負う方法を変える可能性を提示するかもしれない。いくつかの代替的紛争解決策（alternative dispute resolution, ADR）が、先進的な最善策ではないかという提案もある。これはかなり非公認の領域であるが、ADRは非常に費用対効果の良い方法として、紛争解決のための一方向性を示すだろう。司法審査請求の訴訟前協議書（Pre-action

Protocol）は、当事者が、訴訟に進むよりも適切な手続を提供するものかもしれないとして、ADRを考慮に入れるべきであるという説示を含んでいる。

　司法審査請求手続を先に進めたとしても、必ずしも政府をその事案で敗訴させることにはつながらない。裁判所が政府に反対の立場を採るのは、少数のケースに限られる。これは、司法審査が、政府の円滑な仕事への「脅威（threat）」となったり、政府の敵対者によって、政策遂行の遅れと混乱を引き起こすために使われるようなものと安易にみなされないようにするためである。圧力団体は、政府の決定の合法性をテストしたり、公衆の意識を喚起する手段として、司法審査の使用を正当化するかもしれない。司法審査の重要な部分は、法の支配を守る手段として、時の政府の合法性をチェックすることである。

　行政裁判所の作業負担を減らすために執られる措置については、現在進行中である。移民に関係する司法審査事案の大半が、2013年犯罪および裁判所法（Crime and Courts Act）23条により、第二層審判所の移民および亡命室（Upper Tribunal［Immigration and Asylum］Chamber）に移送された。これは、事案処理の遅れについては部分的な手応えがあったが、行政裁判所の作業負担の増加に対しては、期待されたよりも効果はあがっていない。

　政府は、開発計画（planning）事案については、請求期限を3か月から6週間に、調達（procurement）事案については、30日にまで短縮した。実体のない事案については、口頭での聴聞を受ける権利が廃止され、口頭による更新の手数料は215ポンドに増額された。こうした変更は、司法審査のアクセスしやすさを後退させるという批判を引き起こした。政府は、さらに歩を進めて、国家的に重要なインフラ計画や他の開発計画に関する司法審査や制定法に基づく提訴（statutory appeals）を専門に取り扱う計画（Planning）裁判所を高等法院内につくることを決定した。現在、2013-14年と2014-15年の刑事裁判所法案（Criminal Justice and Courts Bill）が国会を通過していて、承認されそうである。法案における変更の合理的な点は、開発計画に関する司法審査が、重要なインフラ開発や住宅事業の事案において、「受け入れがたい遅延（unacceptable delays）」を生み出すという認識を述べたことである。

　司法審査は、費用がかかることから、特に批判を受けやすい。法的分析と議

論も複雑なので、自ら当事者となって訴訟をすることは難しい。多くの場合、司法審査は法律扶助に依存しており、過去には十分な扶助がなされていた。2013年、連立政府は、特に一定の刑務所の事案、または「連合王国との明白な関係が欠如している」原告については、司法審査の利用を制限すると発表した。訴訟費用は通常、敗訴した当事者が負担するが、両当事者は、訴訟をする際に注意事項の覚書を提出する。たとえ請求が実体のあるものとして認められて通ったとしても、救済に対する絶対的な権利などない。救済は自由裁量にすぎないのであって、拒否されるかもしれないし、このことがどんな請求に対しても更なるハードルを生み出してゆく。司法審査に保証された法律扶助をなくす試みは、2014年4月に施行された2014年民事法律扶助規則（報酬）（改正）（no 3）に始まったが、その合法性については疑問が呈された。高等法院は、同規則が、政府の主張する、継続しそうな事案を提起するだけだという目的と合理的な関連がないことから違法だと判断した。[21]

　一定の積極的な発展として評価できるのは、聴聞機関を伴った行政裁判所が、カーディフ、リーズ、マンチェスター、バーミンガム、ブリストルに地域分化したことである。これは、行政事件がロンドンと南東に集中していたことから脱却するものである。

5．おわりに

　司法審査は、何世紀もの間、裁判官によってケース・バイ・ケースを基礎として発展してきたコモン・ローの産物である。司法審査の今後の繁栄に対し、近年、疑念と不確実性が顕在化してきた。というのも、現在、連立政府が採っている考え方の方向性が司法審査に敵意を示すものだからである。肯定的か否定的かを問わず、政府の活動に対する司法審査の影響を評価する研究がほとんどないということは驚くべき発見である。[22]連立政府が司法審査に批判的な理由は、司法審査が政策決定を遅らせるか、手続に不確実性を加えるかもしれないという主張に現れている。特に法律扶助のせいで、経費も嵩み、国庫に不要な負担がかかっているように思われているのかもしれない。そして、公的異議申立の資金を減らすことが、公的支出を減らすひとつの方法である。

　司法審査に関する議論は、イギリスの憲法構造の文脈で考えられなければな

らない。市民と国家間の紛争を裁く必要性は、民主的で責任ある政府の基本である。イギリスの国会主権原理は、EU法を除き、国会制定法をその合法性または合憲性に関する法的異議申立から広く守る。司法審査の役割に関する重大な議論が現在進行中である。ある者は、司法審査を、裁判官の監視と法的分析を通して、政府の責任と公衆の参加を確実にするものとみなす。また別の者は、司法審査の役割が、実体のない事案を抑制して、政府の政策実現と戦略の実行を邪魔しないように、規則や手続によって非常に制限され、拘束されていると見る。1998年人権法は、司法審査に関する議論にさらなる考察を加えた。市民の個別的権利に基づいて、政治的・法的権力に制限を課すことを正当化するものとして、何人かのアメリカの著者からインスピレーションを得て、それが権利主体のアプローチを促進する助けとなった。権利主体のアプローチは、法の支配からもインスピレーションを受ける。そうしたアプローチは、その現代的な形態において、権利と実質的な正義を関係づける。後者は、公正な審理を受ける権利、自然的正義と公平原則について、知的調和をもたらす。法の支配の保持は、憲法による保護や、責任ある民主的政府に関する保護策と諸権利の高次の秩序に特有のもののように思われる。

　多くの見方が互いに重なり合ったり、矛盾し合ったりするのは、司法審査の役割に関する議論の特質である。政府の権力と、裁判所がどの程度抑制的機能を行使できるかについての論争において、解釈や理論が対抗するのは避けられない。我々がこれまで見てきたように、議論は学術的なものに限定されない。連立政府は、司法審査に関する実質的な規則と手続に変更を持ち出す前例のない一歩を踏み出した。司法権の独立と法の支配に関する社会的価値観については大いに論議を呼びそうである。

注

(1) Case C-213/89 [1990] E.C.R. 2433, [1990] 3 C.M.L.R. 1, [1990] 2 AC 85, [1991] 1 AC 603; *R. v Secretary of State for Transport ex parte Factortame Ltd., (No.2)* [1991] 1 AC 603.

(2) *Carltona v Commissioners of Works* [1949] 2 KB 608; *R (Seabrook Warehouse Ltd.,) v Revenue Commissioners* [2010] EWCA Civ. 140.

(3) [1964] AC 40.

(4) ［1968］AC 997.

(5) ［1948］1 KB 233.

(6) 以下を参照。John M Gaus, "A Theory of Public Administration Means in Our Time a Theory of Politics" (1950) *Public Administration*; Robert Behn, "The New Public Management Paradigm and the Search for Democratic Accountability" (1998) *International Public Management Journal*, pp. 131-64.

(7) ［1924］1 K.B. 171, 205.

(8) ［1982］A.C. 617, ［1981］2 All E.R. 93.

(9) *Council for Civil Service Unions v Minister for Civil Service* ［1985］A.C. 374.

(10) 以下を参照。Coughlan ［2001］Q.B. 213.

(11) ［1983］2 AC 237.

(12) *Council of Civil Service Unions (CCSU) v Minister for the Civil Service* ［1985］AC 374.

(13) *R v Secretary of State for the Home Department ex parte Daly* ［2001］2 WLR 1622. 以下を参照。*R. v Secretary of State for the Home Department, Ex parte Brind* ［1991］1 AC 696.

(14) *R (Jackson) v Attorney General* ［2005］QB 579.

(15) 2009-10年における、42日の勾留期間をめぐる議論は、その好例である。

(16) *Thoburn v Sunderland City Council* ［2002］EWHC 195.

(17) ［2009］All ER (D) 139.

(18) Dimitrios Kyritsis, "Constitutional Review in Representative Democracy" (2012) *Oxford Journal of Legal Studies* Vol. 32 no.2 pp. 297-324; *R (Jackson) v Attorney General* ［2005］QB 579.
Thoburn v Sunderland City Council ［2002］EWHC 195; *R. (on the application of Corner House) v Director of the Serious Fraud Office* ［2007］EWHC 311; *R (on the application of Alconbury Developments Ltd) v Secretary of State for the Environment, Transport and the Regions* ［2001］2 All ER 929 at p.980 para 70.

(19) *HSE v. Wolverhampton CC* ［2012］UKSC 34.

(20) 以下を参照。House of Commons Library, Judicial Review: Government reforms SN/HA/6616 (14th February 2013) SN/HA/6616. また、司法省や裁判所が定期的に発行する月単位の司法統計も参照のこと。これらは年度毎に改訂される。以下を参照。Ministry of Justice, *Revision of Judicial Review Figures* (2013).

(21) (2015) *New Law Journal* 5 (6th March 2015).

(22) Peter Cane, "Understanding Judicial Review and Its Impact" in Hertogh and S. Halliday, *Judicial Review and Bureaucratic Impact*, Cambridge, 2004.

(23) イギリスにおいて司法裁量に関する事例として次のものがある。*R. v Secretary of*

State for the Home Department ex parte Daly [2001] 3All ER 433 (HL). 各事案に関して、審査の強さを限定するのが妥当かという点については、以下を参照。M. Taggart, "Proportionality, Deference and Wednesbury" [2008] *N.Z.L.R* 423 and D. Mullan, "Proportionality- A Proportionate Response to an Emerging Crisis in Canadian Judicial Review Law?" (2010) *N.Z.L.R.* 233.

(24) 以下を参照。Paul Craig, *Administrative Law* 7th edition, London: Sweet and Maxwell, 2012, pp. 628-636; G. Huscroft "Constitutionalism from the Top Down" (2007) 45 *Osgoode Hall L.J.* 91; John Gardner, *Can there be a written Constitution? Legal Research Papers Series*, Paper no 17/2009 (May, 2009) University of Oxford; Kate Malleson, "The Evolving Role of the Supreme Court" (2011) *Public Law* 754; T.R.S. Allan, "Common Law reason and the Limits of Judicial Deference" in D. Dyzenhaus ed., *The Unity of Public Law* London, 2004, p. 7. T.R.S Allan, "Human Rights and Judicial Review: A Critique of 'Due Deference'" (2006)] *C.L.J.* 671. 以下の有益な議論を参照。Jo Eric Khushai Murkens, "The quest for constitutionalism in UK public law discourse" (2009) *Oxford Journal of Legal Studies* 427; J. Jowell, "Judicial Deference and Human Rights: A Question of Competence" in P. Craig and R. Rawlings eds., *Law and Administration in Europe: Essays in Honour of Carol Harlow*, London, 2003. 以下を参照。R. Clayton, "Principles for Judicial Deference" (2006) *J.R.* 109 and also M. Hunt, "Sovereignty's Blight: Why Contemporary Public Law Needs the Concept of 'Due deference'" in Bamforth and Leyland eds., *Public Law in a Multi-layered Constitution*, London, 2003; Mark Tushnet, "How different are Waldron's and Fallon's core cases for and against judicial review?" (2010) *Oxford Journal of legal Studies* 49.

コラム：大法官

　近代憲法の基本原理は人権保障と権力分立である。権力分立ないし三権分立とは、国家作用を立法、行政、司法に区分し、それら各々を異なる機関に担当させるよう分離して、相互に抑制と均衡を図ることである。モンテスキューによって提唱されたこのような政治の仕組は、彼自身のイギリス憲法に対する誤解によって考案されたものであると言われている。なぜなら、最近までイギリスには厳密な意味での権力分立の制度は存在していなかったからである。

　イギリスにおける権力分立の不在を一身に体現していたのが大法官（Lord Chancellor）である。11世紀に端を発し、13世紀の大法官府が常設の機関となった当時は聖職者がその地位に就くことが多かったと言われている。だが、14世紀に大法官府裁判所がコモン・ローによっては救済を得られなかった者たちについて衡平法（equity）に基づいた請願や裁判を担当する役割をもつようになると、トマス・モア（その悲劇は、第39回アカデミー賞8部門にノミネートされ6部門の受賞に輝いた映画『わが命つきるとも』（原題：A Man for All Seasons）で描かれている）に代表される法律家が大法官となるようになっていった。さらに、15世紀にウェストミンスター国会が貴族院（上院）と庶民院（下院）に分かれると、大法官は貴族院の議長としての職務をも兼ねるようになり、三権のすべてに深く関与するものとなったのである。

　歴史の展開とともに、その役割や権限等についてさまざまな変更が加えられたものの、立法府の一院である貴族院の議長であるのみならず、行政府のトップに立つ内閣の閣僚でもあり、司法府のなかではすべての裁判官の頂点に位するという大法官の地位は、21世紀の初頭まで存続した。

　このような大法官の地位は、主にヨーロッパとの関係で制度改変の必要性に迫られた。大法官が立法と裁判双方に携わることがヨーロッパ人権条約6条の公正な裁判を受ける権利との関係で問題とされるとともに2003年にはヨーロッパ評議会が大法官の権能の修正を勧告する決議を行うなどの動きもあった。

　かくして、ブレア政権時の2003年大法官府の廃止と憲法問題省（Department of Constitutional Affairs）の設置（その後、2007年に法務省（Ministry of Justice）へと改称）が行われた。さらに2005年憲法改革法（Constitutional Reform Act 2005）によって連合王国最高裁判所が設置され（2010年12名の常任上訴貴族（Lords of Appeal in Ordinary）によって発足）、貴族院議長は貴族院議員による選挙で選ばれることとなった。

第6章　地方自治

1．地方自治の本旨

（1）なぜ地方自治が必要か

　日本国憲法が定める統治機構は、おおまかに言えば、国家作用を立法、行政、司法の3つに水平的に分割し、さらに立法と行政を中央と地方に垂直的に分割している。これにより、権力の集中を機構的に防止し、権力が濫用されないようにしている。

　このような仕組みを定め、地方の立法と行政の営みを保障することによって、中央レベルですべてが決められてしまうことをなくし（中央集権の防止）、地方の意見とニーズを踏まえ、地方の創意と工夫に基づく政治が行われることにより、地方レベルでの民主主義が活性化し人権の保障が充実することが期待されている。

（2）「地方自治の本旨」とは何か

　日本国憲法は、第8章で、地方自治を保障している。冒頭の92条は、「地方公共団体の組織及び運営に関する事項は、地方自治の本旨に基いて、法律でこれを定める」とする。ここでいう「地方自治の本旨」とは、「住民自治」と「団体自治」の2つであると一般的に理解されている。

　「住民自治」とは、住民自らの意思に基づき自らの責任において政治を行うことであり、「団体自治」とは、中央政府から独立した自治団体の存立を前提として、できるだけ中央政府の官庁の関与を排除し、団体自らの手で政治を行うことである。

　「住民自治」の最小限度の内容を憲法上において確認したものが、憲法93条である。同条1項は、「地方公共団体には、法律の定めるところにより、その議事機関として議会を設置する」とし、2項は、「地方公共団体の長、その議

会の議員及び法律の定めるその他の吏員は、その地方公共団体の住民が、直接これを選挙する」とし、議事機関および執行機関が、住民によって選出されなければならないことを定める。

さらに、「団体自治」の最小限度の内容を憲法上において確認したものが、憲法94条と95条である。94条は、「地方公共団体は、その財産を管理し、事務を処理し、及び行政を執行する権能を有し、法律の範囲内で条例を制定することができる」と定め、95条は、「一の地方公共団体のみに適用される特別法は、法律の定めるところにより、その地方公共団体の住民の投票においてその過半数の同意を得なければ、国会は、これを制定することができない」と定めている。

したがって、憲法は、第93条から95条で「住民自治」と「団体自治」の最小限の内容を明らかにし、「住民自治」と「団体自治」をより充実させる方向において、地方自治に関する法律が整備されることを求めている。

(3)「地方公共団体」とは何か

「地方公共団体」として、都道府県と市町村が含まれることに異論はない。東京都の23の特別区が、地方公共団体に含まれるかについては争いがある。最高裁判例（最大判1963年3月27日刑集17巻2号121頁）は、「地方公共団体」と言えるには、法律で地方公共団体として扱われているだけではなく、「事実上住民が経済的文化的に密接な共同生活を営み、共同体意識をもっているという社会的基盤が存在し、沿革的にみても、また現実の行政の上においても、相当程度の自主立法権、自主行政権、自主財政権等地方自治の基本的権能を附与された地域団体であることを必要とする」と述べ、東京都特別区は、「東京都という市の性格をも併有した独立地方公共団体の一部」にすぎないとした。最高裁の基準に照らしても、現時点において特別区はすでに地方公共団体として評価されるべきであるという議論もあろう。また、すべての国民が都道府県と市町村の二重の地方自治の保障の下にあるべきであるとすれば、特別区を市町村に代替するものとして位置づけることもできよう。

なお、近年、市町村合併が推進されてきた。介護保険制度なども導入され、地方分権の声が高まるなかで、自治体が自らの財政基盤を強めるために、規模

の拡大が目指されている。しかし他方では、市町村の規模が大きくなれば、住民の声が届かなくなり、きめ細かなサービスが受けられなくなるとの懸念もある。

2.「地方公共団体」のしくみと権限

(1) 基本的なイメージ―二元的代表制のしくみ―

憲法は、地方公共団体について、二元的代表制（首長制ともいう）を採用している。すなわち、議事機関としての議会と執行機関としての地方公共団体の長らが並立し、いずれもが住民から直接に選挙され、それぞれが民主的な正当性を獲得するしくみが用意されている。いずれか一方が優位する関係ではなく、抑制と均衡の関係にある。例えば、長は議会の決定に対する拒否権を有し、議会はそれに対し再議決で対抗することができる（地方自治法［地自］176条1～3項）。議会は、長の不信任決議権を有し、長はそれに対し、議会を解散する権限を有している（地自178条）。

議会は、条例の制定・改廃、予算の決定、決算の認定などについて議決を行う（地自96条）。任期は、4年であり（地自93条1項）、被選挙資格は、議会の議員の選挙権を有する25歳以上の日本国民であり（地自18・19条）、国会議員との兼職は許されていない（地自92条1項）。同じ議員ではあるが、国会議員のように不逮捕特権や免責特権は認められていない。

長は、地方公共団体を統括・代表し（地自147条）、事務を管理・執行し（地自148条）、議会の議決を経るべき議案を提出し、予算を調製・執行し、地方税の賦課徴収・公の施設の設置・管理・廃止、公文書類の保管などを行う（地自149条）。任期は、4年であり（地自140条）、被選挙資格は、都道府県知事については30歳以上の日本国民であり（地自19条2項）、市町村長については25歳以上の日本国民である（地自19条3項）。国会議員や地方議会議員等との兼職は許されていない（地自141条）。

(2) 行政事務の範囲

「地方公共団体は、その財産を管理し、事務を処理し、及び行政を執行する権能を有」する（94条）。これは、地方公共団体が、多種多様な行政事務を遂行できることを定めるものである。

　1999年改正・2000年施行の地方自治法は、地方公共団体の事務を、自治事務と法定受託事務に分ける（地自2条8〜10項）。自治事務とは、地方公共団体の処理する事務のうち、法定受託事務を除いたものであり、法律・政令により事務処理が義務づけられているものをいう。その例として、介護保険サービス、国民健康保険の給付などがあり、法律・政令によらず条例で独自に行うものとして、市民ホール等の公共施設の管理や乳幼児医療費補助等などの各種助成金等の交付などがある。法定受託事務とは、国が本来果たすべき役割に係るものであるが、都道府県・市町村・特別区で処理されることになっている事務、および都道府県国が本来果たすべき役割に係るものであるが、市町村・特別区で処理されることになっている事務であり、例えば、国政選挙、旅券の交付、戸籍事務、生活保護などである。法定受託事務は、本来国や都道府県が果たすべきであるが、法律または政令で定められて受託された以上は、地方公共団体によって遂行されるべき事務であり、議会がこれらの事務については条例を制定することができる。

　なお、自治事務とは異なり、法定受託事務については、執行につき国又は都道府県の権力的な関与が認められ、是正の指示等がなされることがある。指示を受けた地方公共団体は、それに応じた措置をとらなければならないが、不服があるときには、国地方係争処理委員会に審査の申出をすることができ、さらに、裁判所に訴えを提起できる（以上につき。地自11章1・2節）。

(3) 条例の制定権

　地方公共団体は、その事務に関して、「法律の範囲内で条例を制定することができる」（憲法94条）。「法律の範囲内」の意味について、国の法律が規制している事項に関しては条例が定めることができないとする旧来の法律先占論はすでに否定されている。最高裁判例（最大判1975年9月10日刑集29巻8号489頁）は、条例が国の法令に違反するかどうかは、「両者の対象事項と規定文言を対比するのみでなく、それぞれの趣旨、目的、内容及び効果を比較し、両者の間に矛盾抵触があるかどうか」により判断すべきであるとする矛盾抵触説を採用し、学説の大半も支持している。しかし、これによれば、法律と条例の比較検討が個別的な較量にとどまるとともに、国の法律の規定及びその立法趣

旨が優先的に理解されがちである。これに対し、地方自治の本旨をふまえて、条例の側からの実体的な歯止めを提供する枠組みが模索されている。その一例として、「固有の自治事務領域」については、国の規制が不十分である場合には、横出し条例や上乗せ条例が承認されるべきであるとする学説がある。地域住民の生存権保障のために不可欠な環境規制の条例や住民の知る権利（＝行政情報公開請求権）の拡充のために情報公開条例を制定することは従前から認められてきたところである。近年では、災害復興などとの関わりで、国の法令の効力を否定する「上書き条例」の可能性が議論されている。

3．住民の権利

　憲法が定める住民の権利は、「地方公共団体の長、その議会の議員及び法律の定めるその他の吏員」を直接選挙する権利（憲法93条2項）と「一の地方公共団体のみに適用される特別法」についての住民投票権（憲法95条）である。

(1) 住民の選挙権

　選挙権を有する住民は、「日本国民たる年齢満十八年以上の者で引き続き三箇月以上市町村の区域内に住所を有する者」（公選法9条2項）である。憲法上の「住民」の意味については、従来、「国民のうちその地域に居住する人」と解され、日本国民以外に選挙権を付与することは許されないとされていた（禁止説）。しかし、現在では、日本に滞在する外国人のうち永住者が「住民」に含まれるとして選挙権を付与することも許されるとする許容説が多数を占め、最高裁判例（最大判1995年2月28日民集49巻2号639頁）も、「我が国に在留する外国人のうちでも永住者等であってその居住する区域の地方公共団体と特段に緊密な関係を持つに至ったと認められるものについて、その意思を日常生活に密接な関連を有する地方公共団体の公共的事務の処理に反映させるべく、法律をもって、地方公共団体の長、その議会の議員等に対する選挙権を付与する措置を講ずることは、憲法上禁止されているものではない」とする。少数説として、永住者を「住民」と認めることを憲法は要請しており、選挙権を付与しないことは憲法違反であるとする要請説がある。

　なお、現在公職選挙法上住民が選挙できるのは、地方公共団体の議員と首

長だけである。「その他の吏員」の公選については現在定められていない。以前、教育委員の公選制があったが、廃止された。

（2）地方自治特別法の住民投票権

憲法95条は、「一の地方公共団体のみに適用される特別法は、法律の定めるところにより、その地方公共団体の住民の投票においてその過半数の同意を得なければ、国会は、これを制定することができない」と定める。「一の地方公共団体」とは、適用を受ける当該地方公共団体が一個であることを意味するわけではなく、「特定の」という意味である。

制定手続については、国会法67条が、「一の地方公共団体のみに適用される特別法については、国会において最後の可決があつた場合は、別に法律で定めるところにより、その地方公共団体の住民の投票に付し、その過半数の同意を得たときに、さきの国会の議決が、確定して法律となる」と定める。なお、詳細な手続は、地方自治法261条と262条が定める。実例としては、広島平和記念都市建設法などがある。

（3）地方自治法上の住民の権利

地方自治法は、住民自治の理念にのっとり、住民の意見を反映させるべく、さまざまな請求権を定めている。これらを整理すれば、以下のとおりである。

権利の種類		地方自治法の根拠条文	請求できる者	請求先	決定権者
① 条例の制定改廃請求権		12条1項&74条〜74条の4	有権者の50分の1以上の署名	長	議会
② 事務の監査請求権		12条2項&75条	有権者の50分の1以上の署名	監査委員	監査委員
③ 議会の解散請求権		13条1項&76条〜79条	有権者の3分の1以上の署名	選挙管理委員会	住民投票
④ 解職請求権	長・議員	13条2項・3項&80条〜88条	有権者の3分の1以上の署名	選挙管理委員会	住民投票
	その他の者			長	議会
⑤ 住民監査請求権		242条	住民	監査委員	監査委員

　なお、⑤の請求ができるのは、有権者に限られず、その地方公共団体に住所を有する者であり、そこに所在する法人も請求することができる。住民監査請求の結果に、不服の場合には、住民訴訟を提起できる（地自242条の２）。

（4）住民投票

　原発や公共施設の建設の是非や市町村合併の可否などについて、住民の意見表明の直接の機会となる住民投票が行われる例がある。これらについては、住民投票の結果が法的拘束力を有するとは限らず、決定の権限は、長や国にある場合が多く、諮問的なものにとどまるが、事実上の影響は大きい。永住者である外国人や未成年者も住民投票に参加できる場合があり、地域における住民参加を促し、住民自治を拡充する役割が期待されている。

参考文献

岡田正則ほか『地方自治のしくみと法』（自治体研究社、2014年）

白藤博行ほか『アクチュアル地方自治法』（法律文化社、2010年）

宇賀克也『地方自治法概説（第6版）』（有斐閣、2015年）

兼子仁『変革期の地方自治法』（岩波新書、2012年）

小沢隆一・榊原秀訓編『安倍改憲と自治体』（自治体研究社、2014年）

コラム：コモンウェルス

　Commonwealth of Nationsあるいは単にCommonwealthとよばれる国際組織がある。日本では通常、イギリス連邦ないし英連邦と訳されている。この組織は、おもに旧イギリス領であった国家からなる主権国家の緩やかな連合体であり、アメリカ合衆国やドイツ連邦共和国等の連邦国家と呼ばれる国家形態とは根本的に異なるものである。

　構成国は、現在52国である。その内訳は、主要な植民地として形成され二次にわたる世界大戦の期間に自治領（Dominion）となったオーストラリア、ニュージーランドそしてカナダ等の他、アジアではインド、シンガポール、マレーシア、アフリカではケニアやナイジェリアといった国々である。ただし、旧イギリス領ではなかったモザンビークが1995年に、またルワンダが2009年に加盟するなど、構成国のすべてがかつてのイギリス植民地であった訳ではない。

　このうち、イギリス本国を含めて16カ国が、イギリス国王（現在は、もちろんエリザベス2世）を君主として戴く英連邦王国ないしコモンウェルス・レルム（Commonwealth Realm）と呼ばれている。意外に知られていないことかもしれないが、エリザベス2世は、同時にオーストラリア、ニュージーランドやカナダの国王でもあり（同君連合）、これらの国々では国王によって任命される総督（Governor General）がいて、国王に代わって形式的ないし儀礼的職務を務めている。総督は政治的実権をもたず、これらの諸国ではいずれもイギリス本国と同様の議院内閣制がとられている。また、このように、君主の存在は極めて名目的なものにとどまるため、たとえばオーストラリアでは、このような制度を脱して共和制へと移行するべきだとの議論が根強く行われている。現在のところは、エリザベス2世の人望や人気等がこのようなうごきを押し止めているというのが一般的な評価である。

　日本の外務省に相当するイギリスの官庁の正式名称が、Foreign and Commonwealth Office（FCO）であることからも、この組織がイギリス政治においてそれなりに重要な位置づけをされていることがわかるだろう。1968年に統合するまでは、外務省（Foreign Office）と英連邦省（Commonwealth Office）というそれぞれ独立した官庁であった。日本ではあまり知られていないが、4年に1度コモンウェルスゲームズ（Commonwealth Games）というオリンピックのような総合競技大会が開催されていることに代表されるように、現在ではその位置づけは政治的同盟関係というよりは、むしろ社会的・文化的意義の比重が高いと思われる。

第7章　財　政

1．財政民主主義

　国を運営していくためには、膨大なお金が必要であり、当然にこれは国民が負担しなければならない。そして、それらのお金が国民の意思に基づいて運用されなければならない（財政民主主義）。

　憲法は、第7章で、財政に関して定めている。冒頭の83条は、「国の財政を処理する権限は、国会の議決に基いて、これを行使しなければならない」とし、財政民主主義の理念を明確にしている。

　この理念の大切さは、戦前の経験に照らして明白である。当時の帝国議会に与えられた地位では、軍備にお金を使う政府・軍部を財政的にチェックすることはきわめて困難であった。大日本帝国憲法67条は、「憲法上ノ大権ニ基ツケル既定ノ歳出及法律ノ結果ニ由リ又ハ法律上政府ノ義務ニ属スル歳出ハ政府ノ同意ナクシテ帝国議会之ヲ廃除シ又ハ削減スルコトヲ得ス」と定め、また、同71条は、「帝国議会ニ於テ予算ヲ議定セス又ハ予算成立ニ至ラサルトキハ政府ハ前年度ノ予算ヲ施行スヘシ」と定め、帝国議会の権限に大きな制約を課していた。財政民主主義の理念は、歴史的には、これらの制約を否定することを意味する。

2．租税法律主義

　憲法84条は、「あらたに租税を課し、又は現行の租税を変更するには、法律又は法律の定める条件によることを必要とする」と定め、財政民主主義を、歳入の面でさらに徹底させている。

(1)「租税」の範囲
「租税」とは、国や地方公共団体がその経費にあてるために財貨を獲得する

目的で、国民に対して一方的で強制的に課する金銭である。

　その他にも、国民に対して強制的に課されるものとして、営業許可に対する手数料などについても、租税法律主義の趣旨から、国会の議決が必要であると理解されている。たしかに、「強制的」な要素があることについては、「租税」と類似しているが、直接的な反対給付がある点で、「租税」とは異なり、むしろ、租税法律主義の一般的要請に基づくものであると位置づけるほうが適切であろう。

（2）「法律」はどこまで定めるのか

　「法律又は法律の定める条件」によることが必要であるとされ、納税義務者、課税物件、課税標準、税率などの課税要件と、税の賦課・徴収の手続のいずれについても、「法律」で定める必要がある。

　したがって、行政内部に伝達されるにとどまる通達で、いままで課税されなかった対象が新たに課税されるようになるということは、通達の限界を越えていると解すべきであるが、最高裁判例は、「通達の内容が法の正しい解釈に合致するもの」であれば、違憲ではないとした（最判1958年3月28日民集12巻4号624頁）。しかし、新たに課税する場合には、法律によるべきであったであろう。

3．予　算

　憲法85条は、「国費を支出し、又は国が債務を負担するには、国会の議決に基くことを必要とする」と定め、財政民主主義を、歳出の面でさらに徹底させている。

（1）予算の法的性格

　「予算」とは、一会計年度における国の歳入と歳出の準則であり、独自の法的性格を有するものである。その法的性格については、承認説、予算法形式説、予算法律説があり、通説と実務は、予算法形式説である。イギリスにならい、予算法律説が有力に主張されている。

　予算修正の程度については、憲法86条が「内閣は、毎会計年度の予算を作成

し、国会に提出して、その審議を受け議決を経なければならない」と定め、内閣のみに予算提出権を認めていることから、予算の同一性を損なうような修正はできず、限界があるとする説と、明示的な限界についての規定がないことを理由に修正の限界はないとする説がある。

（2）国の債務負担行為

「債務負担行為」とは、将来の支出を確認する行為であり、そのことについての承認を必要とする。また、将来支出を行う時点においては、「国費を支出」することに該当するから、再度承認を必要とすると解すべきである。

（3）予備費

憲法87条1項は、「予見し難い予算の不足に充てるため、国会の議決に基いて予備費を設け、内閣の責任でこれを支出することができる」と定め、予算の中に具体的な使用目的を定めないで一定の金額を計上することを認めている。87条2項は、「すべて予備費の支出については、内閣は、事後に国会の承諾を得なければならない」と定め、最終的に国会のコントロールが及ぶようにしている。

4．公金支出の禁止

以上が財政活動に対する手続的なコントロールであるが、憲法は、さらに内容的・実体的にもコントロールを加えている。憲法89条は、「公金その他の公の財産は、宗教上の組織若しくは団体の使用、便益若しくは維持のため、又は公の支配に属しない慈善、教育若しくは博愛の事業に対し、これを支出し、又はその利用に供してはならない」と定める。

この条文は、2つの部分からなっている。前段部分は、「公金その他の公の財産は、宗教上の組織若しくは団体の使用、便益若しくは維持のため、…、これを支出し、又はその利用に供してはならない」であるが、ここでは、憲法20条が定める政教分離の原則を、財政面から定める。「宗教上の組織若しくは団体」とは、それ自体としては、宗教的な団体ではなくても、宗教上の事業をおこなっている団体に対しては、補助金などを支出することは許されないとする

のが通説である。

　後段部分は、「公金その他の公の財産は、…公の支配に属しない慈善、教育若しくは博愛の事業に対し、これを支出し、又はその利用に供してはならない」と定める。ここでは、「公の支配」の意味が問題となるが、これを厳格に解する説と緩やかに解する説があり、厳格説にも、私学助成などを違憲と解する説と、89条については厳格説を維持しつつ、私学助成は憲法26条が保障する「教育を受ける権利」にもとづく憲法上の要請であり合憲であるとする説がある。

5. 決　算

　予算どおりに財政行為がなされたかどうかを確認するために、決算の手続が定められている。憲法90条1項は、「国の収入支出の決算は、すべて毎年会計検査院がこれを検査し、内閣は、次の年度に、その検査報告とともに、これを国会に提出しなければならない」と定める。たとえ決算が否決されても、法律的に効力が生じるわけではなく、政治的責任が生じるにとどまる。

参考文献
三木義一『日本の税金（新版）』（岩波新書、2012年）
三木義一『日本の納税者』（岩波新書、2015年）

第8章　違憲審査制

1．違憲審査の類型

(1) 違憲審査の諸類型

　違憲審査は、広義には、国家の行為の憲法適合性を審査する行為であり、憲法保障の主要な手法の1つである。違憲審査ないし憲法保障のあり方は、憲法の意味によって大いに変わりうる。憲法が主に国家の政治的現実ないし政治的規範を指して用いられる場合、あらゆる国家機関がそれぞれ権限行使を行ったり、他機関との権限争いをしたりする中で憲法を援用することも、一種の憲法保障ないし違憲審査といえる。このように違憲審査はもっぱら政治の実務の運用の中で行われることになる。さらには、政治的な違憲審査を行うための特別の機関を設置し政治的違憲審査を制度化することもありうる（フランス第5共和制における当初の憲法院がその例）。

　これに対して、憲法が最高法規および自由の基礎法として法的に確定されるべきものであると考える場合、憲法に反する国家行為は原則として法的に無効となるべきこととなるが、その法的判断は裁判所が行うこととなる。そして国家行為の中でも特に法律の合憲性審査が重要となる。違憲審査という言葉は特にこの意味で用いられることが多い。

　裁判所による違憲審査には、大きくアメリカを典型とする付随的違憲審査制と、ドイツを典型とする抽象的違憲審査制がある。付随的違憲審査制の下では、違憲審査権は司法権の中に当然に含まれると考えられ、司法裁判所がそれぞれ裁判を行う範囲内で違憲審査が行われる。付随的違憲審査制の主眼は個人の権利保障にあるとされる。

　これに対して抽象的違憲審査制では、憲法問題を専門に扱う特別の憲法裁判所が設置され、これが具体的事件から独立して抽象的に法令の合憲性審査を行う。抽象的違憲審査制の主眼は客観的な憲法保障にあるとされる。

　もっとも、付随的違憲審査制も抽象的違憲審査制も、それぞれ運用により両者が合一化していると指摘されている。付随的違憲審査制を採るアメリカでは、たとえば訴訟の原告適格を広げることで違憲審査を行う間口を広げており、また抽象的違憲審査制を採るドイツでも個人の権利侵害を契機として申し立てられる憲法異議という手続が活用されている。違憲審査には紛争裁定と国家権力統制という両側面が期待されていると言える。

　なお、付随的違憲審査制ないし司法裁判所型の違憲審査制に似た制度の中にも、たとえば法律の人権侵害が裁判所により認定されたとしても、その結論を事案に適用させず（つまり違憲な法律を適用し）、人権侵害の宣言にとどめさせるというタイプや、裁判所が法令の人権適合的解釈を行うにとどまるというタイプの「違憲審査」がある。イギリスやニュージーランド等でみられるタイプで、しばしば「コモンウェルス型」あるいは「弱い違憲審査制」とも呼ばれることもある。このタイプは司法裁判所型と政治型とのハイブリッドである点に特徴があり、人権侵害的な法律を修正するか否かの最終的な判断は国会に委ねられることが強調される。国会は判決を無視する権限も（形式上は）持っているが、これは法のあり方に関する最終的な政治的責任を国民代表たる国会が負うという考え方に依拠している。もっとも実際には、国会両院に憲法問題や人権問題やその他事項ごとの問題を検討するための調査委員会が設けられ、これらが政府の政策から司法判決内容までを広く調査し、その結果を国会に報告書という形で提出し、政治過程を通した人権保障への注意喚起がなされる。

　さらに、イギリスの場合、国際的に欧州人権条約の遵守も義務付けられている。「コモンウェルス型」ではこのような多層的人権保障メカニズムの存在もセットになっている。

(2) 違憲審査の歴史的経緯

　アメリカの違憲審査制は連邦最高裁の1803年マーベリ対マディソン判決によって判例という形で確立されたが、合衆国憲法には明文上の規定のない制度である。その源流として英米法における法の支配原則があると指摘されている。法の支配とは、国王を含め何人も法の下にあるべきであるというイギリスで発展した基本原則である。ただしそこにいう「法」とは、民法や刑法を典型とす

る通常の法であり、またその主要な部分は裁判所によって中世以来形成されて
きた判例法（コモンロー）である。イギリスで違憲審査制の可能性を示唆した
として引用されることのあるボナム医師事件（1610年）は、コモンローに反す
る国会制定法が不適用とされることもありうると述べていたのであるが、この
説示を現代的な意味での違憲審査制を意味したと解釈してよいのかについては
論争があるほか、いずれにしても結局のところその後イギリスでは国会主権原
則が確立していった。

　イギリスの法伝統を受け継いだアメリカでは独立戦争の後に合衆国憲法が制
定されたが、この合衆国憲法こそがアメリカの一切の統治権力を構成するとい
う考え方がとられたことで、憲法に依拠した法の支配の実質化を図ることが違
憲審査制の根拠となっていった。このように、アメリカ型付随的違憲審査制は
最高法規たる憲法の法的保障という観点から発生したものの、他方で憲法の明
文に根拠がなく反民主的な権限ではないかという疑いの目も常に投げかけられ
ることにより、三権の権力分立という構図において司法部が有する「抑制と均
衡」の一手段という性質も持つようになる。

　ドイツの憲法裁判所制度には国事裁判所と裁判官審査権の伝統があると指摘
されている。すなわち、国家機関の間の権限争いを裁定する役割と、憲法の優
位性を維持するという役割の伝統である。司法と裁判とが区別される一方で、
裁判には機関訴訟等の憲法問題を扱うための機能が含まれていたのであった。

（3）日本の違憲審査

　日本国憲法81条の違憲審査制は抽象的違憲審査制と付随的違憲審査制のどち
らなのか、そして最高裁のみが違憲審査権を有するのか、という問題が戦後初
期に論点となった。

　これについて、警察予備隊訴訟（最大判1952年10月8日民集6巻9号783
頁）で最高裁は、違憲審査権が「司法権の範囲内において行使され」、「この点
においては最高裁判所と下級裁判所との間に異なるところはない」として、
「我が裁判所は具体的な争訟事件が提起されないのに将来を予想して憲法及び
その他の法律命令等の解釈に対し存在する疑義論争に関し抽象的な判断を下す
ごとき権限を行い得るものではない」とした（ただしこの判決の読み方とし

て、法律によって、最高裁に抽象的違憲審査権を付与するとか憲法上の争点を
最高裁に付託させるとかの方法を導入することは排除されていないとする学説
もある）。

　したがって、日本における違憲審査は司法権の範囲内で行使されることにな
るが、ここで3点を意識する必要がある。第1に、客観訴訟のように、通説的
には固有の司法権（具体的争訟を裁定する権限）の対象ではないはずだが法律
によって裁判所に付加された権限を行使する際にも、裁判所は違憲審査権を行
使していることである（たとえば政教分離を争う住民訴訟や、民法の非嫡出子
法定相続分規定を争う家事審判手続など）。言い換えれば、違憲審査権の現実
の機能をふまえたとき、通説的な司法権の定義では狭すぎるのではないか、と
も考えられる。

　第2に他方で、しばしば訴訟法が違憲審査の可能性を決定してしまっている
と批判されるような状況もみられる。これは、具体的違憲審査制の下では裁判
所は民事・刑事・行政事件の手続の中でしか憲法判断を行わないという建前に
固執するあまり、憲法違反の可能性があったとしても不適法な訴えは却下する
というのがその一例である（小泉首相靖国参拝事件［最判2006年6月23日判時
1940号122頁］など）。「訴訟法の留保」と揶揄されることもあるが、このよう
な批判は、日本の最高裁が違憲審査制に期待されるはずの憲法保障機能の要素
を軽視しているという批判とみることができる。

　第3に、とはいえ日本の判例も、司法権の範囲ないし訴訟法上の適法性に固
執せず違憲審査の必要性を優先させる場合もある。たとえば議員定数不均衡の
問題で初めて違憲判断を行った事例（最大判1976年4月14日民集30巻3号223
頁）では、原告が依拠した公職選挙法204条の選挙訴訟という方式が同法の違
憲性を争う訴訟を予期しないものであるとしつつ、選挙訴訟こそが議員定数不
均衡の違憲性を問う唯一の機会であることを重視して、訴えの適法性を認め
ている。また高田事件で最高裁は、憲法37条の迅速な裁判の要請に違反した刑
事裁判について、既存の手続法によらずに免訴とするという形で権利救済を与
えた（最大判1972年12月20日刑集26巻10号631頁）。他方で逆の意味で、裁判所
が判断に必要ではないのに違憲審査に立ち入り、あえて合憲判断を示す場合も
多々みられる（朝日訴訟［最大判1967年5月24日民集21巻5号1043頁］など）。

2．司法消極主義・司法積極主義

(1) 付随的違憲審査制の特徴

　付随的違憲審査制は具体的事件に焦点を当てるものであるため、その特徴として、法令解釈などの判断過程の中に実質的な憲法判断が示されることもあること（違憲・合憲だけが答えではないこと）、そして判決の主文には違憲判断の結果それ自体は示されず判決理由の中に示されるに過ぎないこと、を挙げることができる。たとえば、牧師による真摯な牧会行為の一環として行った行為が犯人蔵匿に該当するとしても、信教の自由に「最大限の考慮」を払うことで、これを正当な業務行為として無罪とするなど（牧会事件［神戸簡判昭和50年2月20日判時768号3頁］）がその例である。

　他方で、付随的違憲審査制は権力分立のあり方にも関係する。通説的な司法権の定義からすれば、裁判所はあくまで具体的事件を契機として、その紛争解決を目的として司法権を行使するため、憲法判断は紛争解決（特に私権の保護）に必要な限りで立ち入るべきであるという原則も導かれる（憲法判断回避の原則）。また違憲審査権を行使するに当たって裁判所が立法権を行使するに等しい行為をするべきではないといった原則も導かれる。

　ただし、違憲審査が私権保護と憲法秩序保護（紛争解決と公権力統制）という機能を同時に有していることに鑑みれば、憲法判断回避の原則に固執するべきではない。また、司法権の行使の過程で行われる法解釈の中にも、法創造的な機能（それは同時に政治的な機能でもある）がそもそも含まれている。司法権にはそもそも公権力統制機能が含まれるのであり、裁判所は権力統制と権利救済を積極的に行うべきであろう。

(2) 司法消極主義・司法積極主義

　アメリカでは違憲審査制は憲法典に明示されておらず、判例によって確立されたという経緯があるため、民主的に選出された議会による立法を、選挙されていない裁判官が審査しその効力を失わせることについて常に批判されてきた（違憲審査の「反民主性」）。そこで裁判所の違憲審査の「振舞い方」（どのような場合に憲法判断に踏み込むか、どの程度厳格に審査するか）が問題とされて

きた。憲法問題に踏み込もうとせず、また審査も緩やかに行う態度を「司法消極主義」と呼び、憲法問題にしばしば踏み込み厳格審査を行う態度を「司法積極主義」と呼ぶ。表現の自由に対する規制に違憲性の推定をかけ厳格審査を行うという「二重の基準」論は、その使い分けの一例である。

　イギリスでは、長らく政治的立憲主義（第Ⅰ部第 1 章参照）が妥当するものとされ、議会主権原則の下、公権力とりわけ行政権の統制は議会が中心に行なうものとされており、そのため裁判所は司法消極主義的な態度をとってきた。しかしそのような中でも裁判所は20世紀後半以降行政権の統制法理を発展させ、また近年では、1998年人権法により人権規範に基づいて法律の審査を行ったり、コモンローに内在する基本権を適示したりと、司法積極的な動きが見られるところである。たとえば、首相による国会閉会を違法と判断した2019年のチェリー・ミラー最高裁判決は、今のイギリス司法部のあり方を示す一例である。裁判所による公権力統制機能が、イギリス憲法の「憲法的配置 constitutional arrangement」の変化に応じて全面的に表れるようになったとも解することができる。

　日本では、憲法が明示的に裁判所に違憲審査権を付与している。にもかかわらず、これまでにほとんど政権交代がなかったという政治状況の下、裁判官キャリアシステムや最高裁の司法行政権の影響もあり、裁判所の態度は全般的に、憲法判断には積極的に立ち入りながらも、違憲判断には消極的だった。結果的に国会・政府の行為に合憲のお墨付きを与えるものだったと指摘される。ただし2000年代からは最高裁の法令違憲判断の例が多少増えた。

　近年、「司法の立ち位置」という観点から裁判所による憲法判断のあり方が説明されることがある。これによれば、裁判所は人権保障の役割を担いつつ、政治部門との間合いや国民の理解・信頼を意識しながら判断を行う必要があるという。しかしこれでは裁判所は法的判断よりも政治情勢判断を優先させるおそれもある。

3．違憲審査のしくみ

(1) 違憲審査の主体

付随的違憲審査制を採用している以上、違憲審査の主体は最高裁判所および

下級裁判所にある。憲法81条の文言は「最高裁判所」を主語としてはいるが、これは終審裁判所として述べているのであって、下級審での違憲審査を排除するものではないと解されている（最大判昭和25年2月1日刑集4巻2号73頁）。

なお、令状を発行する裁判官による違憲審査につき、違憲審査権は具体的争訟事件を扱う本案の裁判を行う裁判所に認められているのであるとして、「特に法令の違憲性が明白である場合のほかは」認められない、と述べる裁判例がある（東京地決昭和35年5月2日裁判所時報305号3頁）。

裁判員裁判においては、法令の解釈は職業裁判官だけの権限とされている（裁判員法6条2項）ため、裁判員の加わる裁判体には違憲審査権がない。ただし、法解釈に関して職業裁判官が評議などをするときに、裁判員の傍聴や意見聴取も可能である（裁判員法60条、68条3項）（パチンコ店放火事件〔大阪地判2011年10月31日判タ1397号104頁〕）。

(2) 違憲訴訟の要件

日本には憲法訴訟という特別な訴訟法は存在しない。憲法訴訟とは、憲法上の問題を争点として含む訴訟すべてを指す広い言葉である。したがって、憲法訴訟を提起するために民事・刑事・行政事件訴訟とは異なる特別な要件が必要なわけではない。とはいえ、ここでは国家の基本法たる憲法の問題が扱われ、公権力の基盤それ自体に対する変更・修正が施されることになるため、憲法訴訟的なるもの（実質的な意味での）が成立する要件も考える必要がある。

その要件のひとつとして、憲法問題を提起する資格（スタンディング）に関しては、訴訟の中で他人の権利侵害を根拠に違憲を訴えることができる場合がある。最高裁の第三者所有物没収事件（最大判1962年11月28日刑集16巻11号1593頁）は、刑事事件の判決における付加刑としての没収の対象が、訴訟参加していない第三者の所有物である場合に、この第三者の憲法31条の権利が侵害された違憲性を理由に上告ができると述べた。

(3) 違憲審査の対象

日本国憲法は81条で違憲審査の対象として「一切の法律、命令、規則又は処分」を挙げている。ここにいう「処分」の意味や、ここに列挙されていないも

のも対象になるのかが問題となる。

（i）処　分

　憲法81条が掲げる違憲審査対象のうち「処分」があるが、これは行政機関による行政処分のみならず、裁判所の判決も含まれる（最大判1948年7月8日刑集2巻8号801頁）。また、予算執行などの法令に根拠を持たない行為も含まれる。たとえば愛媛県玉串料事件（最大判1997年4月2日民集6巻9号783頁）で違憲判断の対象となったのは公金の支出であった。

（ii）条　約

　憲法81条が掲げる違憲審査対象の中に「条約」の語が見られない。それでは条約は違憲審査の対象にならないのだろうか。これは憲法と条約との関係がどのようなものかにも関係する。条約優位説を採れば条約は違憲審査の対象にはならないし、憲法優位説を採っても、条約が外国との合意という特質を持つため一国のみの判断で効力を失わせることができないことを理由に、違憲審査の対象外とする考え方もありうる。

　これに対して通説・判例は憲法優位説を採り、条約の国内法としての側面に対する違憲審査が可能であるとしている。砂川事件（最大判1959年12月16日刑集13巻13号3225頁）も条例の違憲審査の余地があることを前提とした判示を行っている。

（iii）立法不作為

　立法不作為、すなわち本来あるべき法律が制定されていない状態や、違憲な法律が放置されている状態も、違憲審査の対象となる。ただし裁判の起こし方は限られている。

　第1に、違憲な法律に関係なく、憲法上保護されるべき権利の存在を確認するという方法がある。在外国民選挙権事件（最大判2005年9月14日民集59巻7号2087頁）では、法律が在外国民に選挙権行使を認めないことを違憲としつつ、原告が次の総選挙で投票できる地位にあることを確認した。

　第2に、国会議員の行為が国民の権利を侵害する不法行為であるとして争う方法がある。この争い方の場合、違憲な法律を制定するという立法行為、違憲な法律を制定したままにして改正を怠るという立法不作為、または本来制定するべき法律を制定しない不作為が、国家賠償法により違法であるという形が取

られるが、実質的には、法律の内容の違憲性が問題となる。この問題について、最高裁は、国会がある法律を作るべきか否かは、原則として国民が政治的に判断すべき問題であるとする。その上で、国会の立法行為が法的な判断の対象になるのは、国会が明らかに憲法違反な法律を制定する場合や、国会が違憲な法律の改正を長らく怠った場合に限られるとした（在外国民選挙権事件、再婚禁止期間違憲判決〔最大判2015年12月16日民集69巻8号2427頁〕）。

（iv）国の私法上の行為

最高裁判例によれば、土地の購入など国の私法上の行為は「国務に関するその他の行為」（憲法98条1項）に当たらず、直接には憲法の規律の対象とならず、したがって国との契約の有効性に対しては民法を介して間接的に憲法的規律が及ぶに過ぎない（百里基地事件〔最判1989年6月20日民集43巻6号385頁〕）。そうすると、国の私法上の行為は違憲審査（あるいは少なくとも憲法判断）の対象となると一応言えるものの、審査の程度は私法を介しての間接的なものにとどまることになる。違憲審査制の憲法保障機能という観点からすれば、国の私法上の行為をこのように位置付けることは、国家による憲法を僭脱する抜け道を示すことに等しいのでないか、という批判がある。

なお、国家・自治体の私法上の行為であっても直接に違憲審査の対象となることもある。たとえば自治体の公金支出が住民訴訟で政教分離の観点から審査される場合などである。

関連して、私人に対しても違憲審査が及ぶ余地もある。憲法18条など直接私人を規律すると考えられる規範に違反する私人の行為も違憲審査の対象となるほか、行政から業務委託を受けた民間団体（指定管理者など）の行為も、違憲審査の対象となりうる（たとえば公の施設の使用不許可など）。

（4）違憲審査の方法

法律は原則として一般的法規範であり、多くの場面に適用される。したがって、違憲審査も、法律それ自体を違憲とする場合と、その法律を適用する個々の場面のうち1つについて違憲とする場合とに大きく分けることができる。したがって、法律の適用範囲がどこまでかを検討すること自体に憲法判断が入りこむのであり、法律の意味をあらかじめ憲法の趣旨に照らして解釈することを

憲法適合的解釈（堀越事件（最判2012年12月 7 日刑集66巻12号1337頁）、そして法律には違憲な結果をもたらす部分も含むがそれを排除するように法律を解釈することを合憲限定解釈と呼ぶことがある。

　これとは別に、法律に対する違憲判断の方法には次の 3 つがある。

(i) 文面審査

　通説のいう文面審査とは、訴訟の背景となる事実の検討に立ち入ることなく法令の文言のみに着目して審査を行う方法である。特に表現行為を規制する立法の文言が曖昧・過度広範である場合には、それ自体が委縮効果をもたらすものであるため、文面違憲となると学説は主張する。最高裁はこの方法を採用せず、これまで合憲限定解釈で対応してきた（例として広島市暴走族条例事件［最判2007年 9 月18日刑集61巻 6 号601頁]）。

(ii) 法令審査

　法令審査とは、裁判所が訴訟の事実に立ち入った上で、法令それ自体としての違憲性を審査する方法である。この方法では、裁判所は個別事件を契機にして違憲審査に踏み込んだ上で、その後は訴訟の事実関係に関わらず法令一般をその立法事実に照らして審査することになるため、この方法は「広義の文面審査」とも呼ばれる。法令違憲にも、条文全体が違憲の場合のほか、条文の文言の一部が違憲な場合（国籍法違憲判決［最大判2008年 6 月 4 日民集62巻 6 号1367頁]）、条文の意味の一部が違憲な場合（郵便法違憲判決［最大判2002年 9 月11日民集56巻 7 号1439頁]、再婚禁止期間違憲判決［最大判2015年12月16日民集69巻 8 号2477頁]）がある。

(iii) 適用審査

　適用審査とは、裁判所が訴訟の事実に立ち入った上で、訴訟当事者の行為が憲法上保護されるべき行為である場合に、少なくともその当事者に対して法令を適用することが違憲かどうかを判断する方法である。

　適用審査にもいくつかの場合がある。第 1 に、法令が多くの事案に適用されるときにもそれぞれ適用違憲となりうるような場合、すなわち実質的には法令それ自体が違憲である可能性が高い場合に、しかし裁判所としてあえて具体的事案に関してのみ違憲判決を下す、という場合である。猿払事件第 1 審判決（旭川地判1968年 3 月25日下刑集10巻 3 号293頁）はこのタイプに属するが、最

高裁はこの手法を「ひっきょう法令の一部を違憲とするにひとし」いとして否定した（猿払事件［最大判1974年11月6日刑集28巻9号393頁］）。確かにこの方法では、違憲の原因となる法令の規定の何が根本的な問題なのかが明示されにくい。とはいえ、上述の通り最高裁判例はすでに、条文の意味の一部違憲（法令違憲の一種）という手法を採用しているわけであり、この手法と適用違憲の手法の差はあまりないようにも思われる。

　適用審査の第2の場合は、法令の規定の一部が違憲なとき、合憲限定解釈が可能なのにこれを行わずに行った適用行為を違憲とする場合である。

　適用違憲の第3の場合は、法令それ自体は合憲だが、もっぱらその適用に違憲性が存在する場合である。たとえば住居侵入罪の条文（刑法130条前段）それ自体に違憲性はないとしても、これを表現の自由に対して侵害的に適用する場合に、その適用行為が違憲とされる余地も考えうる（立川反戦ビラ事件［最判2008年4月11日刑集62巻5号1217頁］参照）。

（5）違憲判断の効力

　判決等の中で法令（特に法律）を違憲とする判断が前提となったとき、この判断にはどのような効果が生じるだろうか。これについては一般的効力説と個別的効力説という考え方が示されてきた。一般的効力説は、違憲判断は法律それ自体の客観的効力を失わせる効力を持つとするのに対し、個別的効力説は、当該事件に限ってのみ法律が無効で適用されないとする。その他、法律委任説は、違憲判断の効力の問題は法律（憲法訴訟法のような法律）が決定できる問題であるとする。この点、一般的効力を認めると裁判所が法律を廃止するという消極的立法権を行使するに等しくなること、および付随的違憲審査制は具体的事案に着目するものであることから、個別的効力説が通説である。

　ただし立憲主義の趣旨からして（国会・内閣の独自の憲法解釈権を認めるというデパートメンタリズムという立場や政治的憲法論を採らない限り）、終審としての最高裁の憲法判断は客観的に妥当すると考えられるので、少なくとも国会・内閣には違憲判断に速やかに従うことが求められる。現実にも、最高裁による法令違憲判断があった場合、最高裁は要旨を官報に公告し、裁判書の正本を内閣と国会に送付する（最高裁判所裁判処理事務規則14条）こととされ

ているが、これは他機関による違憲判決の遵守を期待してのことであろう。ま
た尊属殺違憲判決（最大判1973年 4 月 4 日刑集27巻 3 号265頁）によって違憲
とされた刑法200条は、以来1995年刑法改正まで立法的対応がなされなかった
が、検察はこの規定による起訴を控えてきたという経緯がある。また、この判
決以前に刑法200条で有罪とされた受刑者の一部に対しては個別恩赦により減
刑等がなされた。

　なお、さらに、違憲とされた法律はどの時点から違憲なのかという問題があ
る。この点、個別的効力説は、当該事案に関する限りで問題の法文を遡及的に
無効とする。これに対し、一般的効力説は、問題の法文が判決以降の将来に向
かって無効となるとする。この点についても通説は将来効を認めていない。
違憲判決の将来効はアメリカでも1960年代に使われるようになった手法である
が、アメリカにはエクイティ的権能に基づく裁判所の裁量的救済という英米法
の伝統があるからだと指摘されており、日本でこれを導入すると裁判所に立法
権を認めることになるのではないか、との懸念がある。

　とはいえ、違憲判決の後に同一の争点が裁判所で争われる場合、その論点に
ついては事実上の先例拘束が認められるため、事実上の遡及的な一般的効力も
生じることになる。これは侵害された人権の回復という観点からはあるべきこ
とかもしれないが、実際上は法的安定性の問題等の多様な問題（裁判所のよう
な対審的構造では判断できない問題）が生じることは明らかである。この点、
日本の最高裁は、ある法文が一定の時点から違憲になったという論法（事情変
更論）を用いることで、違憲判断の遡及効を制限するという手法を用いている
（非嫡出子相続分違憲決定［最大決2013年 9 月 4 日民集67巻 6 号1320頁］）。

　将来効についても、結局のところ違憲判決の効力が国会などの他機関との連
携を前提としていることからすると、国会の憲法上の義務（いわば国会の「立
ち位置」）をはしごにして、実質的な将来効をもたらすような司法的な働きか
けという方法も考えられるところである。実際のところ、議員定数不均衡事件
（最大判1976年 4 月14日民集30巻 3 号223頁）で一部選挙の違法を宣言した事情
判決は、国会に何らかの対応義務を生じさせていると見るべきであろう。この
点、イギリスの不適合宣言の方式は、実質的には将来効として機能していると
評価できる（かといって遡及的な権利救済の可能性は必ずしも排除されない）。

(6) 違憲判決の拘束力

英米法では、判例は、事案の解決に必要な理由部分であり判例法として拘束力を有する判決理由（ratio decidendi）と、そうではない判示部分である傍論（obiter dictum）に区別される。アメリカでは、違憲判断を含む判決理由（特に最高裁の示したそれ）は先例拘束性を有するため、その後の最高裁や下級審での同種の憲法判断を法的に拘束する。

日本は成文法主義を採り判例法の存在を認めず、判例の先例拘束性を認めていないが、しかし同種の事案は同様に判断されるべきであるはずなので、裁判例、特に最高裁の判例は事実上の拘束力を有することになる。裁判所法10条も、最高裁の判例変更は大法廷で行うべきであるとしているが、ここでも判例の事実上の拘束力が前提となっている。

憲法判例に関していえば、憲法判例は有権的・終審的な憲法解釈であり、立憲主義にとって憲法の意味を確定させるほどに大きな比重を持つので、憲法判例の判例変更には通常とは異なった特別な要件が必要である（国会や内閣などの政治部門による憲法解釈の変更にも特別な要件ないし手続が必要であるのと同様）。この点、公務員の争議行為につき判例変更を行った全農林警職法事件（最大判1973年4月25日刑集27巻4号547頁）において、判例変更に反対した5裁判官（田中二郎裁判官ほか）の意見が、最高裁の憲法解釈が他の国家機関や国民に受容されるためには理由付けの説得力が必要であるから、「このような権威を保持し、憲法秩序の安定をはかるためには、憲法判例の変更は軽々にこれを行なうべきものではな」いと述べているのは注目に値する。

参考文献

戸松秀典、野坂泰司編『憲法訴訟の現状分析』（有斐閣、2012年）

永田秀樹、松井幸夫『基礎から学ぶ憲法訴訟［第2版]』（法律文化社、2015年）

宍戸常寿『憲法裁判権の動態』（弘文堂、2005年）

第9章　平和主義

1．日本の平和主義

(1)「あたらしい憲法のはなし」

　1947年8月、文部省は同年5月に公布された日本国憲法の解説のため、中学校1年生用に『あたらしい憲法のはなし』を発刊した。その中には、平和主義に関する当時の理解の仕方として、現在でもしばしば引用される以下の文章がある。「六　戦争の放棄……こんどの憲法では、日本の國が、けっして二度と戦争をしないように、二つのことをきめました。その一つは、兵隊も軍艦も飛行機も、およそ戦争をするためのものは、いっさいもたないということです。これからさき日本には、陸軍も海軍も空軍もないのです。これを戦力の放棄といいます。……しかしみなさんは、けっして心ぼそく思うことはありません。日本は正しいことを、ほかの國よりさきに行ったのです。世の中に、正しいことぐらい強いものはありません。もう一つは、よその國と争いごとがおこったとき、けっして戦争によって、相手をまかして、じぶんのいいぶんをとおそうとしないということをきめたのです。おだやかにそうだんをして、きまりをつけようというのです。……これを戦争の放棄というのです。」

　戦後76年を迎え、「ほかの國よりさきに行った……正しいこと」、つまり非軍事平和主義は、本当に正しかったのか、「強いもの」であったのか、日本国民は「心ぼそく思うこと」はなかったのか、を改めて問い直し、その成果を今後に活かす真摯な努力が求められている。約310万人の日本「臣民」と2000万人を超えるといわれているアジアの人々の命を失ったアジア・太平洋戦争の歴史を踏まえながら。

(2) 9条解釈
(i) 制定の経緯

　日本国憲法9条の原型は、1946年2月3日のマッカーサー・ノートの第2原則「Ⅱ　War as a sovereign right of the nation is abolished. Japan renounces it as an instrumentality for settling its disputes and even for preserving its own security.（国権の発動たる戦争は、廃止する。日本は紛争解決の手段としての戦争、さらに自己の安全を保持するための手段としての戦争をも、放棄する）」に求められる。これが2月13日に日本政府に提示された総司令部（GHQ）草案では、「CHAPTER II　Renunciation of War　Article VIII.　War as a sovereign right of nation is abolished. The threat or use of force is forever renounced as a means for settling disputes with any other nation.　No army, navy, air force, or other war potential will ever be authorized and no rights of belligerency will ever be conferred upon the State.（第2章　戦争の放棄　第8条　国権の発動たる戦争は、廃止する。武力による威嚇または武力の行使は、他国との紛争を解決する手段として、永久にこれを放棄する。陸海空軍その他の戦力は、これを保持せず、国の交戦権はこれを認めない）」となり、この草案をもとに日本政府が作成し4月17日に公表した「憲法改正案」では、「第二章　戦争の抛棄　第九条　国の主権の発動たる戦争と、武力による威嚇又は武力の行使は、他国との間の紛争の解決の手段としては、永久にこれを抛棄する。陸海空軍その他の戦力の保持は、許されない。国の交戦権は、認められない。」となった。

　1946年6月20日、日本政府は、帝国議会（衆議院）に「帝国憲法改正案」を提出し、そこでの審議において、1項の冒頭に「日本国民は、正義と秩序を基調とする国際平和を誠実に希求し」を、2項の冒頭に「前項の目的を達するため」を付加するという修正がなされた（特に後者は、修正が協議された衆議院小委員会委員長の芦田均の名を取って、「芦田修正」と呼ばれている）。その後、貴族院での審議を経て、帝国議会は10月7日に修正案を可決し、枢密院での可決の後、日本国憲法が公布された。

(ii)　政府見解

　1946年の帝国議会での審議において、9条は自衛戦争まで放棄しているのかどうかが論点の一つとなったが、吉田茂首相は、9条は直接には自衛権を否定していないが、9条2項において一切の軍備と交戦権を認めない結果、自衛権

の発動としての戦争も放棄したことになると答弁した。（ⅰ）で触れた「芦田修正」に関し、芦田氏はその提案当時では主張しなかったが、後に、「修正」後9条は自衛戦争、そのための軍備を許容するものとなったと主張した（極東委員会の中にこの修正により将来自衛のための戦力をもつ可能性が生まれたとする意見が出て、貴族院の審議において66条2項の文民条項が挿入された）。現在に至るまで、政府は、芦田氏の後の主張に沿って当初の9条解釈を変更することはしていない。

　1950年、朝鮮戦争が始まり、アメリカは日本に駐留していたアメリカ軍の朝鮮半島派兵を決定し、総司令部（GHQ）はそれに代わって日本国内の治安・防衛にあたる組織の創設を日本政府に要求し、政府は警察予備隊を創設した。この警察予備隊が9条2項により保持が禁止されている「戦力」に該当しないかが問題となった。政府は、警察予備隊は「警察」を補うものであり、したがって「戦力」ではないと説明した。

　1952年に保安庁法が制定され、警察予備隊が保安隊・警備隊に改組・増強されると、政府は、保持が禁止されている「戦力」とは「近代戦争を遂行するに足りる装備・編成を備えるもの」であるとし、保安隊・警備隊はそれに該当しないと説明した。

　1954年、自衛隊法が制定され、保安隊・警備隊は自衛隊へと改組された。自衛隊の主たる任務は「直接侵略及び間接侵略に対しわが国を防衛すること」（自衛隊法3条）とされ、自衛隊と「戦力」との関係が問題となった。政府は、憲法9条は国家固有の権利としての自衛権を否定しておらず、その自衛権を行使するための実力を保持することも禁止していないとし、「自衛のための必要最小限度の実力」＝「自衛力」（または「防衛力」）は9条2項が禁止する「戦力」にあたらないと説明した。自衛隊は「自衛力」であり「戦力」ではない。これが現在まで続いている政府の公定解釈である。

　この解釈から、政府は、「自衛権の発動は次の三要件に該当する場合に限定①わが国に対する急迫不正の侵害があること、すなわち武力攻撃が発生したこと、②この場合にこれを排除する他の適当な手段がないこと、③必要最小限度の実力行使にとどまること」、「防衛の基本方針は専守防衛（相手から武力攻撃を受けたときに初めて防衛力を行使し、その防衛力行使の態様も自衛のための

必要最小限度にとどめ、また保持する防衛力も自衛のための必要最小限度のものに限るなど、憲法の精神にのっとった受動的な防衛戦略の姿勢)」、「海外派兵を禁止（武力行使の目的をもって武装した部隊を他国の領土、領海、領空に派遣する海外派兵は、自衛のための必要最小限度を超えるものであって、憲法上許されない)」、「集団的自衛権行使を否認（集団的自衛権、つまり自国と密接な関係にある外国に対する武力攻撃を、自国が直接攻撃されていないにもかかわらず、実力をもって阻止することが正当化されるという権利を、わが国が国際法上有していることは、主権国家である以上当然であるが、国権の発動としてこれを行使することは、憲法の容認する自衛の措置の限界をこえるものであって許されない)」などを国会において答弁してきた。

　この政府解釈に対しては、「自衛力」と「戦力」との境界が曖昧であるとの批判がなされてきた。政府は、性能上専ら相手国の国土の壊滅的破壊のためにのみ用いられる「攻撃的兵器」は保持できないと説明してきたが、兵器の目的・性能によって「攻撃的兵器」と「防衛的兵器」を区別することは難しく、自衛のための必要最小限度内の核兵器は「戦力」には該当しないとの答弁もなされた。「自衛のための必要最小限度の実力」の具体的な限度が、そのときどきの国際情勢や科学技術等の諸条件によって左右される相対的な面を有することを、政府も認めてきた。

　戦後日本の平和主義を考察する際に検討すべきもう一つの要素が、「日米安保体制」である。1960年に新安保条約（日本国とアメリカ合衆国との間の相互協力及び安全保障条約）が締結され現在に至っているが、その５条では「日本国の施政の下にある領域における、いずれか一方に対する武力攻撃」に対しては共同防衛が宣言され（したがって、例えばアメリカ本土が攻撃されても、日本にはアメリカを防衛する義務はない）、その６条ではアメリカ軍を「日本国の安全」と「極東における国際の平和及び安全の維持」のために日本国内に配備する権利をアメリカに認めている。

　政府は、新安保条約５条の共同防衛を、日本の領土侵犯つまり日本に対する攻撃に他ならないのであるから、これに対処する行動は個別的自衛権の行使であり、集団的自衛権の行使ではないと説明してきた。しかし、この共同防衛が仮に個別的自衛権の行使だとしても、常に上記の自衛権発動の三要件を充たす

ものになるのか、疑問が残る。政府は、また、6 条にもとづく日本国内の「施設及び区域」のアメリカへの提供は、「実力の行使」ではないから、集団的自衛権の行使にあたらないと説明してきた。しかし、アメリカ軍への基地提供とその基地からの「極東」条項にもとづくアメリカ軍の軍事行動から、日本が直接関与していない紛争に「巻き込まれる」不安が指摘されてきた。

(iii) 学　説

9 条 1 項の「国権の発動たる戦争」とは、宣戦布告等により開始され戦時国際法の適用を受けるものを言い、「武力の行使」とは、宣戦布告等なしで行われる事実上の戦争のことであり（満州事変など）、「武力による威嚇」とは、武力を背景とした相手国への強要のことである。これらは、「国際紛争を解決する手段としては」という留保を付けて、放棄されている。この留保に関する解釈には、2 つの学説がある。a 説は、不戦条約など国際法上の用法にしたがって、「国際紛争を解決する手段として」の戦争を「国家の政策の手段として」の戦争、つまり侵略戦争と理解し、したがって、放棄されているのは侵略戦争であり自衛戦争は放棄されていないとする。これに対し、b 説は、これまでの国際法上の理解にとらわれず、戦争はすべて「国際紛争を解決する手段として」なされるのだから、自衛戦争も含めてすべての戦争が放棄されているとする。

9 条 1 項を受けて、2 項の「前項の目的を達するため」の解釈が、2 つに分かれる。c 説は、「前項の目的」を「正義と秩序を基調とする国際平和を誠実に希求し」戦争を放棄することであるとし、2 項においてすべての戦力の保持が禁止されるとする（自衛戦争のための戦力保持も禁止）。d 説は、「前項の目的」を「国際紛争を解決する手段＝侵略戦争」を放棄することであるとし、2 項において保持が禁止されているのは侵略戦争のための戦力であり、自衛戦争のための戦力は禁止されていないとする。d 説では、交戦権の否認とは、交戦国がもつ諸権利（敵国の船舶の拿捕、敵国の領土の占領など）の否定であり、戦う権利の否定ではないとする。

これらから、9 条全体の解釈として、2 つの説に分けることができる。自衛戦争放棄説と自衛戦争非放棄説である。放棄説には、a 説＋ c 説から導かれるものと、b 説＋ c 説からのものとがある。非放棄説は、a 説＋ d 説である。通説は、a 説＋ c 説とされている。通説は、「戦力」を「軍隊および有事の際に

それに転化しうる程度の実力部隊」と定義し、「軍隊」とは「その人員、編成方法、装備、訓練、予算等の諸点から判断して、外敵の攻撃に対して国土を防衛するという目的にふさわしい内容をもった実力部隊」であるとし、現在の自衛隊は「戦力」に該当するとする。自衛戦争非放棄説の難点は、2項では、交戦権が「前項の目的」と句点で区切られて放棄されており、自衛戦争のための交戦権は認められると解することはできず、これを交戦国がもつ諸権利と解するとしても、自衛戦争およびそのための戦力を認めておきながら、なぜ交戦国がもつ諸権利は認められないのかを説明することは難しい点と、日本国憲法には、66条2項の文民条項の他には、自衛戦争およびそのための戦力を予定した条文（例えば、宣戦、講和など）が存在しない点である。

　安保条約にもとづく駐留アメリカ軍に関しては、条約の締結という政府の行為に基づいて駐留しているので「戦力」に該当し違憲であるとする説と、わが国が指揮・管理権をもたない外国の軍隊は「戦力」に該当せず違憲ではないとする説とが対立している。

　最近有力に主張されている学説が、「穏和な平和主義」である。防衛を「公共財（警察、消防、公衆衛生など）」の1つである「防衛サービス」と位置づけ、その量と費用負担は国際情勢や技術の進展を考慮しつつ、最終的には国会で決定されるとする。したがって、憲法によって自国の軍備の保有を禁ずることは妥当ではないとする。政府の「自衛力」論と似かよったものであるが、「国家固有の権利としての自衛権」には賛同しない。この学説にもとづいて憲法9条から軍備の保持などに関する「明確な限界を引き出すこと」ができるのか、という疑問に対しては、憲法の他の人権に関する条文と同じように、「有権解釈」によって基準が設定されると回答する。また、9条を非軍事平和主義と解する通説に対して、それは特定の「善き生き方」を国民に強いるものであり、社会の中で異なる価値観が共存しうる枠組みであるはずの立憲主義に反すると批判する。

　「防衛サービス」として「自衛力」を保有することは、我が国の外交・防衛政策が「安全保障のジレンマ（ライバル関係にある2国のうち1国が、自らの安全保障上の要請にしたがって必要とされる装備や戦術等を導入して抑止力を高めるようとすれば、他の1国はこの措置に軍備拡張によって対抗するという

反応に出る。前者にとって自らの安全保障上の措置が、他方を刺激して軍備強化に走らせ、結果的に両国ともに安全を失いその関係も不安定化する状態）」に陥る可能性を否定できず、非軍事平和主義だからこそ果たし得た「再軍備への抑止力」が失われていくことが危惧される。非軍事平和主義と「穏和な平和主義」との間の議論の深まりが期待される。

(iv) 判　例

日本国憲法の平和主義に関わる代表的な裁判として、砂川事件、恵庭事件、長沼事件、そしてイラク派遣差止事件を挙げることができる。

■砂川事件

1957年、アメリカ軍の使用する東京都・砂川町の立川飛行場拡張工事の開始に際し、基地に反対する労働団体などが集合し、参加者の一部が壊された境界柵から正当な理由なく飛行場内に数メートルにわたって立ち入ったとして、旧安保条約（日本国とアメリカ合衆国との間の安全保障条約）3条（「アメリカ合衆国の軍隊の日本国内及びその附近における配備を規律する条件は、両政府間の行政協定で決定する」）にもとづく刑事特別法違反として起訴された。一般法である軽犯罪法1条32号違反の場合、その刑は拘留または科料であるのに対し、刑事特別法2条違反の刑は、1年以下の懲役又は2千円以下の罰金若しくは科料であった。1959年3月30日、第一審の東京地方裁判所は、安保条約によって「わが国が自国と直接関係のない武力紛争の渦中に巻き込まれ、戦争の惨禍がわが国に及ぶ虞は必ずしも絶無ではない」とし、また「わが国が外部からの武力攻撃に対する自衛に使用する目的で合衆国軍隊の駐留を許容していることは、指揮権の有無、合衆国軍隊の出動義務の有無に拘わらず、日本国憲法第9条第2項前段によって禁止されている陸海空軍その他の戦力の保持に該当する」とし、合衆国軍隊の施設をとくに厚く保護する合理的な理由はなく、刑事特別法2条は憲法31条に反するとして、被告人全員に無罪判決を言い渡した（東京地判1959年3月30日下刑集1巻3号776頁、判時180号2頁、いわゆる伊達判決）。検察側は最高裁判所に跳躍上告した。1959年12月16日、最高裁判所・大法廷は、9条2項が「保持を禁止した戦力とは、わが国がその主体となってこれに指揮権、管理権を行使し得る戦力をいうものであり、結局わが国自体の戦力を指し、外国の軍隊は、たとえそれがわが国に駐留するとしても、こ

こにいう戦力には該当しない」とし、また安保条約は「主権国としてのわが国の存立の基礎に極めて重大な関係を持つ高度の政治性を有するものというべきであって、その内容が違憲なりや否やの法的判断は、……純司法的機能をその使命とする司法裁判所の審査には、原則としてなじまない性質のものであり、従って、一見極めて明白に違憲無効であると認められない限りは、裁判所の司法審査権の範囲外のものであって、それは第一次的には、右条約の締結権を有する内閣およびこれに対して承認権を有する国会の判断に従うべく、終局的には、主権を有する国民の政治的批判に委ねられるべき」であるとしたうえで、わが国が指揮権、管理権を行使し得ない駐留合衆国軍隊は、保持を禁止された戦力にあたらないため、その駐留は、「違憲無効であることが一見極めて明白であるとは、到底認められない」として、原判決を破棄・差し戻した（最大判1959年12月16日刑集13巻13号3225頁、判時208号10頁）。本判決での司法審査のやり方については、「純粋の統治行為論ではなく自由裁量論の要素を多分に加味した、すっきりしない立場をとった」と評価されている。この約1ヶ月後の1960年1月19日に新安保条約が調印された。藤山愛一郎外務大臣あるいは田中耕太郎最高裁判所長官とマッカーサー駐日大使らアメリカ在日大使館関係者との間に、本判決に関する事前のやり取りがあったことも含め、まさに「60年安保闘争」という「政治の季節」の中での判決であった。しかし、その後の新安保条約に関する事件においても、この最高裁判所判決が判例として使われている。
■恵庭事件

　1962年、北海道・恵庭町の陸上自衛隊演習場付近において、その射撃演習の騒音による乳牛の被害に悩まされていた酪農民が、基地内の演習用通信線を切断し、自衛隊法121条の「武器、弾薬、航空機その他の防衛の用に供する物」の損壊罪に問われた。1967年3月29日、札幌地方裁判所は、自衛隊法121条の「その他の防衛の用に供する物」は、「武器、弾薬、航空機」という「例示物件」と「同列に評価しうる程度の密接かつ高度な類似のみとめられる物件を指称する」が、被告人の切断した通信線はそれに該当しないと判示して、被告人を無罪とし、自衛隊の合憲性については、無罪の結論が出た以上は憲法判断に立ち入るべきではないとして、憲法判断を回避した（札幌地判1967年3月29日下刑集9巻3号359頁、判時476号25頁）。

■長沼事件

　北海道・長沼町に航空自衛隊のミサイル基地を設けることになり、1969年に農林大臣が森林法による当該地域の保安林指定の解除を行ったため、地元住民がこの解除処分の取消を求める訴訟を提起した（この指定を解除する処分には森林法26条2項の「公益上の理由」が必要とされており、住民は自衛隊の基地建設は憲法9条に違反し、「公益上の理由」にあたらないと主張した）。1973年9月7日、第一審の札幌地方裁判所は、自衛隊の設置は、自衛のためのものを含めて一切の戦力の保持を禁じた憲法9条2項に違反し、無効であるとした（札幌地判1973年9月7日、判時712号24頁、いわゆる福島判決）。自衛隊が憲法9条2項に違反すると判断した最初の判決であり、学説の通説とほぼ一致するものであった。国（農林大臣）は控訴し、札幌高等裁判所は、水害等を防止する工事によって保安林の代替施設が完備したことから、地元住民には訴えの利益がなくなったとして原判決を取消し、自衛隊が憲法9条に違反するかどうかの問題は統治行為の問題であり、一見極めて明白に違憲である場合を除き、司法審査の範囲外にあるとの理由を付け加えた（札幌高判1976年8月5日行集27巻8号1175頁）。最高裁判所は、原判決と同じく訴えの利益が失われているとして、自衛隊の合憲性の問題には触れないまま上告を棄却した（最判1982年9月9日民集36巻9号1679頁）。これ以降も、最高裁判所は自衛隊の合憲性を争う訴訟においてその判断を回避し続け、最高裁判例は存在していない。

■イラク派遣差止事件

　政府は、イラク支援特別措置法（2003年制定、6年間の時限立法で2009年に失効）にもとづいて、イラク戦争終結後の占領活動の一端を担うべく、自衛隊を派遣した。政府は、この派遣は国連決議を踏まえたものであり、その「人道復興支援活動」と「安全確保支援活動」は、「武力による威嚇又は武力の行使に当たるもの」ではなく、「非戦闘地域（戦闘行為が行われておらず、かつ、そこで実施される活動の期間を通じて戦闘行為が行われることがないと認められる地域）」において実施されるとして、海外派兵ではなく、集団的自衛権の行使でもないと説明した。これに対し、市民グループが、イラク支援特別措置法にもとづく自衛隊派遣は平和的生存権を侵害しているとしてその違憲の確認と国家賠償等を請求する訴訟をおこした。2008年4月17日、控訴審の名古屋

高等裁判所は、戦闘が続いているイラク・バクダットへ多国籍軍の武装兵員を
空輸する航空自衛隊の活動は、「戦闘地域」での「他国による武力行使と一体
化した行動であって、自らも武力の行使を行ったと評価を受けざるを得ない行
動」であり、「政府と同じ憲法解釈に立ち、イラク特措法を合憲とした場合で
あっても、武力行使を禁止したイラク特措法2条2項、活動地域を非戦闘地域
に限定した同条3項に違反し、かつ憲法9条1項に違反する活動を含んでい
る」とした。それに続けて、平和的生存権の具体的権利性を認め、「戦争の遂
行」などによって「個人の生命、自由が侵害される」場合には、「裁判所に対
し当該違憲行為の差止請求や損害賠償請求等の方法により救済を求めることが
できる」とした（名古屋高判2008年4月17日、判時2056号74頁）。控訴人の訴
えそのものは棄却されたが、上告しなかったため、判決が確定した。

2．防衛法制の展開

　第二次世界大戦後の「東西冷戦」の中で、日本は「西側」の一員となった。
それを踏まえて、旧安保条約の前文において日本は「自国の防衛のため漸増的
に自ら責任を負うこと」を期待された。政府の経済復興優先政策の中にあって
も、自衛隊は1954年の創設以来、量的・質的両面で発展した。1955年から1976
年までは、第一次から第四次までの防衛力整備計画によって、その「骨格防衛
力」の確立から始まり、「通常兵器よる局地戦以下の侵略に対し有効に対処」
できる体制へ、さらに「最も有効に対処」できる体制へと向上していった。そ
うした中で、1965年からアメリカが開始した「北爆（北ベトナムに対する空
爆）」や地上軍投入において、返還前の沖縄を含む日本国内のアメリカ軍基地
から出撃がなされ、アメリカの戦争に日本が「巻き込まれる」、「巻き込まれて
いる」不安が高まった。

　1970年代に入るとアメリカとソ連・中国とのデタント（緊張緩和）が進む一
方で、アメリカ経済の不振が深刻化し、逆に日本経済は高度経済成長後も安
定成長を続けるという経済状況に変化し、これらを踏まえて新たな安全保障関
係が模索された。1976年の政府の「防衛計画の大綱」は、自衛隊を「限定的か
つ小規模な侵略までの事態に有効に対処」できる「基盤的防衛力」とした。
1978年、日本とアメリカとの間で「日米防衛協力のための指針（旧ガイドライ

ン）」が作成され、ここでは、日本に対する武力攻撃（日本有事）に際し、自衛隊は「盾」（上記の「基盤的防衛力」）、アメリカ軍は「矛」（「核抑止力」と「即応部隊の前方展開」）と位置づけられ、その共同作戦、情報共有、後方支援などに関する研究とそのための共同演習・訓練が推奨された。この指針に沿って、例えば、1950年代末からアメリカ海軍との共同訓練を繰り返していた海上自衛隊は、1980年を皮切りに、2年ごとの環太平洋合同演習「リムパック」（1980年の演習には、アメリカ、カナダ、オーストラリア、ニュージーランドが参加）に参加していく。

　1989年12月のマルタ会談（ブッシュ・アメリカ大統領とゴルバチョフ・ソ連共産党書記長）での「冷戦」終結の宣言、その2年後のソ連崩壊によって、「東西冷戦」は終わった。「冷戦」を前提に主張されていた自衛隊、安保条約の存在意義が問い直されることになった。しかし、1990年にイラクがクウェートに侵攻し、翌年にはアメリカを中心とした多国籍軍が国連決議にもとづきイラクを攻撃した（湾岸戦争）。日本は、海外での武力の行使となる可能性が高いため自衛隊を参加させず、135億ドルを提供し、戦争終了後、ペルシャ湾の機雷除去のため掃海艇を派遣した。1992年、PKO協力法（国際連合平和維持活動等に対する協力に関する法律）が制定され、自衛隊が、国際平和協力業務として、PKO5原則（①紛争当事者間での停戦合意の成立、②自衛隊参加に対する紛争当事者の合意、③中立的立場の厳守、④以上の3条件が満たされなかった場合の撤収、⑤自衛のため、やむを得ない場合に限り、必要最小限度の武器使用を認める）にもとづき、停戦監視などの平和維持軍（Peace Keeping Force＝PKF）本隊業務を除く、選挙の監視・管理、医療などの平和維持活動（Peace Keeping Operations＝PKO）を実施することが認められるようになった。その後、自衛隊は、国際平和協力業務として、カンボジア、モザンビーク、ルワンダなどへ派遣されるようになる。2001年の法改正によって、平和維持軍（PKF）本隊業務の実施も可能となり、武器使用も、当初の警察官の武器使用の基準（警察官職務執行法7条）に合わせ「自己又は自己と共に現場に所在する他の隊員の生命又は身体を防衛するため」のものに限定して許されていたものが、「その職務を行うに伴い自己の管理の下に入った者」の生命又は身体を防衛する場合も許されることになり、防衛対象が拡大された。1998年の

法改正により、当初の個々の隊員による武器使用の判断が、部隊で活動する場合は上官の命令による武器使用へと変更されたことも含め、PKO協力法が認める「武器の使用」と憲法9条が禁止する「武力の行使」との区別は、曖昧になってきている（このPKO協力法の武器使用に関する改正は、後述の周辺事態法、テロ対策特措法、イラク支援特別措置法にも反映されている）。

1992年、北朝鮮は韓国との間で「朝鮮半島の非核化に関する共同宣言」を採択し、朝鮮半島の「冷戦」も緩んでいくかと思われたが、翌年になると核兵器不拡散条約からの脱退を表明、国際原子力機関による査察を拒否し、朝鮮半島情勢は一挙に緊迫化した。冷戦後の東アジアの不安定な情勢に対応するため、1996年に「日米安全保障共同宣言（21世紀に向けての同盟）」が出され、安保条約の「再定義」（対象領域を、それまでの「極東」＝「フィリピン以北並びに日本とその周辺地域で、韓国、台湾地域も含む」から「アジア太平洋地域の平和と安定」へと拡大、および「日本周辺地域において発生しうる事態」での日米間の協力）がなされるとともに、日米間の防衛政策調整が本格化し、アメリカ軍と自衛隊との協力体制が実質化していくという「日米同盟深化」（ただし、対等とはいえない）が進展していく。翌年締結された「日米防衛協力のための指針（新ガイドライン）」においては、「日本に対する武力攻撃に際しての対処行動」として日米の詳細な協力活動が、「日本周辺地域における事態で日本の平和と安全に重要な影響を与える場合（周辺事態）の協力」として日本によるアメリカ軍への「後方地域支援」が示された。1998年に北朝鮮がミサイル（テポドン）を発射し、日本「周辺」の安全への関心が高まる中、1999年、周辺事態法（周辺事態に際して我が国の平和及び安全を確保するための措置に関する法律）が制定された。周辺事態とは、「そのまま放置すれば我が国に対する直接の武力攻撃に至るおそれのある事態等我が国周辺の地域における我が国の平和及び安全に重要な影響を与える事態」であり、これに対応する日本政府の措置として、「後方地域支援（周辺事態に際して前線で活動するアメリカ軍に対し我が国が後方地域において行う物品・役務の提供等の支援）」と「後方地域捜索救助活動（戦闘行動によって遭難したアメリカ兵等を我が国が後方地域で捜索・救助する活動）」を規定する。これは新安保条約にもとづくアメリカ軍の「極東」での活動の「効果的な運用」を助けるものであるが、新ガイド

ラインに沿って自衛隊の活動領域が「日本の施政の下にある領域」から「わが国周辺」（つまり「海外」）へ拡大されることになった。自衛隊の「後方支援」は、アメリカ軍の「武力行使と一体化」することによって、憲法9条1項によって禁止されている「武力の行使」となるという批判に対して、政府は、後方「地域」支援であるので、アメリカ軍の「武力行使と一体化」することはないとした。続いて2003年に、新安保条約の共同防衛を実質化するための前提である、日本有事に対処する国内の「態勢を整備」するため、武力攻撃事態等対処法（武力攻撃事態等における我が国の平和と独立並びに国及び国民の安全の確保に関する法律）が制定された。そこでは、外国からの武力攻撃が発生した事態とその攻撃が発生する明白な危険が切迫している事態（この2つが武力攻撃事態）、および事態が緊迫しその攻撃が予測される事態（武力攻撃予測事態）においては、①それらの事態の認定・その前提となった事実、②それらの事態への対処に関する全般的な方針、③対処措置の重要事項（自衛隊の武力行使・その部隊の展開など、自衛隊・アメリカ軍の行動のための物品・施設・役務の提供など、国民保護のための警報発令・避難指示・被災者救助など）を定めた対処基本方針を内閣が作成し、国会の承認を求めることとし、内閣総理大臣が自衛隊の防衛出動を命ずるには、原則として国会の事前承認が必要であると定めた（自衛隊法76条1項、武力攻撃事態法9条4項）。翌年には、武力攻撃事態等での個別の対処法制として、国民保護法（武力攻撃事態等における国民の保護のための措置に関する法律）、米軍行動円滑化法（武力攻撃事態等におけるアメリカ合衆国の軍隊の行動に伴い我が国が実施する措置に関する法律）を含む有事関連7法律及び関連3条約が制定・承認された。

　2001年9月11日の同時多発テロに対し、アメリカは同年10月からアメリカを中心とした「有志連合」によるアフガニスタン侵攻、続いて2003年3月からイラク戦争を開始した。こうした動きに呼応して、日本はアメリカ支持の姿勢を鮮明にし、アフガニスタン侵攻の際にはテロ対策特措法を制定し（時限立法で2007年に失効し、2008年に「新テロ措置法」を制定したが、これも2010年に失効）、海上自衛隊をインド洋に派遣し「有志連合」諸国軍への補給活動を担った。イラク戦争の際には、戦争終結後の占領活動の一端を担うべく、イラク支援特別措置法を制定し自衛隊を派遣した（これに関するイラク派遣差止事件・

名古屋高裁判決については既述)。

　21世紀に入ると、自衛隊の位置づけは、それまでの「基盤的防衛力」から「基盤的防衛力の有効部分の継承」(2004年・防衛計画の大綱)へ、次に「動的防衛力」(2010年・防衛計画の大綱)へ、さらに「統合機動防衛力」(2013年・防衛計画の大綱)へと「日米同盟深化」に合わせて変化してきている。安保条約にもとづく日米同盟は、その目的が「極東の平和及び安全」から「アジア太平洋地域の平和と安定」へ拡大し、さらに「世界の中の日米同盟」へと転換しようとしている。

　しかし、そのために、克服しなければならない憲法解釈上の縛りがある。「集団的自衛権行使の否認」である。それを突破しようとする最初の試みが、2014年7月の閣議決定(「国の存立を全うし、国民を守るための切れ目のない安全保障法制の整備について」)である。そこでは「我が国と密接な関係にある他国に対する武力攻撃が発生し、これにより我が国の存立が脅かされ、国民の生命、自由及び幸福追求の権利が根底から覆される明白な危険がある場合において、これを排除し、我が国の存立を全うし、国民を守るために他に適当な手段がないときに、必要最小限度の実力を行使することは、従来の政府見解の基本的な論理に基づく自衛のための措置として、憲法上許容される」として、限定された「集団的自衛権」が主張されている。

　2014年12月の総選挙後、与党(自由民主党と公明党)は、この閣議決定を実施するための法案作成に着手する。この法案準備と並行して、日米両政府間において、1997年の「日米防衛協力のための指針(新ガイドライン)」を再改訂する作業が進められ、2015年4月27日に「新たな日米防衛協力のための指針(新・新ガイドライン)」が締結された。そこでは、「Ⅳ　日本の平和及び安全の切れ目のない確保」の中の「D　日本国以外の国に対する武力攻撃への対処行動」として、「自衛隊は、日本国と密接な関係にある他国に対する武力攻撃が発生し、これにより日本の存立が脅かされ、国民の生命、自由及び幸福追求の権利が根底から覆される明白な危険がある事態に対処し、日本の存立を全うし、日本国民を守るため、武力の行使を伴う適切な作戦を実施する」という、限定された「集団的自衛権」の行使が明記されている。この他にも、日米防衛協力の範囲が、1997年指針での「アジア太平洋地域」が「アジア太平洋地域及

びこれを越えた地域」へと拡大され、それまでの「周辺事態」も「日本の平和
及び安全に重要な影響を与える事態」（重要影響事態）へと拡大され、自衛隊
がアメリカ軍を支援する既述の「後方地域支援」も限定の緩い「後方支援」へ
と拡大されている。これに加え、「強化された同盟内の調整」のために新たな
「同盟調整メカニズム」を設置し、「平時から緊急事態までのあらゆる段階にお
いて自衛隊及び米軍により実施される活動に関連した政策面及び運用面の調整
を強化」しようとしている。「日本の平和及び安全に対して発生する脅威への
対処」（重要影響事態）、「日本に対する武力攻撃が発生した場合」（武力攻撃事
態）、「日本以外の国に対する武力攻撃への対処行動」（存立危機事態）、「日本
における大規模災害への対処における協力」、「国際的な活動における協力（平
和維持活動、国際的な人道支援・災害救援、海賊対処・機雷掃海などの海洋
安全保障その他）」など日米軍事協力のほとんどの場面で「同盟調整メカニズ
ム」が適用されることになり、「日米軍事組織一体化」の様相を呈し始めてい
る。さらに、同盟調整メカニズムは、その「政府全体にわたる」活用が明示さ
れており、重要影響事態、武力攻撃事態、存立危機事態それぞれの「後方支
援」においては、日米両政府（重要影響事態では日本政府）が「中央政府及び
地方公共団体の機関が有する権限及び能力」並びに「民間が有する能力」を活
用すると規定されており、自衛隊のみならず日本そのものがアメリカ軍と「一
体化」することが指向されている。

　2015年9月19日、「平和安全法制整備法」「国際平和支援法」が成立し、「存
立危機事態」「重要影響事態」「国際平和共同対処事態」などが明記され、「新
冷戦」と称され始めた東南アジア情勢への軍事的対応を可能とする法的枠組が
整い、沖縄がその最前線基地になると想定されている。

参考文献

山内敏弘『平和憲法の理論』（日本評論社、1992年）

長谷部恭男『憲法と平和を問いなおす』（筑摩書房、2004年）

浦田一郎『自衛力論の論理と歴史』（日本評論社、2012年）

水島朝穂編『立憲的ダイナミズム』（シリーズ「日本の安全保障」第3巻、岩波書店、
　2014年）

イギリスにおける統治③：
イギリスの軍事法制

1．軍 隊

　イギリスは、この40年ほどを振り返っても、1982年のフォークランド戦争（サッチャー首相・保守党）、1991年の湾岸戦争（メジャー首相・保守党）、1998年のイラク空爆（ブレア首相・労働党）、1999年のコソボ空爆（ブレア首相）、2001年のアフガン攻撃（ブレア首相）、2003年のイラク戦争（ブレア首相）、2011年のリビア空爆（キャメロン首相・保守党）、2014年の「イスラム国」空爆（キャメロン首相）を行っている事実が示すように、「普通の国」（"自衛"のための戦争が禁止されておらず、"自衛"のための軍隊を保有している国）の典型例のひとつである。

　その軍隊の歴史を近代から遡れば、国会と国王との闘争のなかに見出される。国会は、1661年に民兵団法（the Militia Act）を制定し、"民兵（militia）および陸海のすべての軍隊の唯一至上の統御、指揮、配置（the sole supreme government, command and disposition）の権限は、国王およびその前任者の疑いの余地のない権利である"と宣言したが、軍隊の維持を巡るチャールズ2世、ジェームズ2世と国会との対立を経て、1689年の権利章典（the Bill of Rights）において、"国会の同意なくして、平時にこの王国内で常備軍を徴集、維持することは、法に反する"と宣言した。同じ1689年に、国会は共同抗命法（the Mutiny Act）を制定し、将校・兵士による脱走、反乱、扇動を犯罪と定め、この法は1年間効力を有するとした。以後、国会は軍隊を存続させるため、年次共同抗命法（Annual Mutiny Act）を可決し続けた。1881年に陸軍の統御をより近代的な基礎の上にすえた陸軍法（the Army Act）が制定され、続けて1881年陸軍法をさらに1年有効にはたらかせるための年次陸軍法（Army（Annual）Acts）を可決することが慣習となり、各々の年次法において権利章典の条文が繰り返し引用された。この慣習は1955年陸軍法（the

Army Act）まで続いた。

　帝国海軍はこの権利章典の手続きに従わなかった、というのはその存在は常設陸軍が与えたような脅威を与えなかったからである。しかし、国会は海軍を存続させるための財源の提供によって、それに対するコントロールをなすことが出来た。帝国空軍は1917年に創設され、同年の空軍（組織）法（the Air Force [Constitution] Act）によってその制定法上の根拠を与えられた。空軍の継続は、陸軍と一緒に陸軍および空軍（年次）法（Army and Air Force [Annual] Acts）において扱われた。

　1955年から、国会で年次法を通過させるやり方に代えて、新しく制定された1955年陸軍法・1955年空軍法（the Air Force Act）を、国会両院によって承認された枢密院令（Order in Council）によって毎年更新し、その更新を最長5年間続けることができるやり方が始まった。1971年からは1957年海軍規律法（the Naval Discipline Act）にもこのやり方を適用するようになった。つまり、陸軍は1955年陸軍法に、空軍は1955年空軍法に、海軍は1957年海軍統制法によって存続しているが、これらの法の効力を1年間保つのが枢密院令であり、それを5年間繰り返した後、次の5年間このやり方を継続するため新しい軍事法（Armed Forces Acts）が繰り返し制定されたのである。

　そして、別々であった3軍の法律が2006年軍隊法（Armed Forces Act）によりついに統一された。この2006年軍隊法についても、1955年法と同様に、国会両院によって承認された枢密院令によって毎年更新され、その更新を最長5年間続けることができるとされ、2016年軍隊法の制定により現在も継続している。

2．戦争開始権限

　イギリスにおいては、戦争の開始を決定し軍隊を指揮命令する権限は国王大権（royal prerogative）に属しており、他の国王大権と同じく、その実際の行使は内閣が行うことになっている。しかしながら、戦争開始という極めて重要な政治・外交事項に国会が関与しないという状況は、民主政治の原理に反するという批判がなされてきた。こうした中、海外派兵に関しては、政府が、国会・庶民院に対しその事前承認を求めることを国会慣習（convention）と

する方向が打ち出されている。最近の事例を概観すると、2003年3月20日から
イギリス軍はイラク攻撃に参加したが、政府は庶民院がその派兵について採決
することを約束し、2日前の3月18日に動議（「イラクの大量破壊兵器廃棄を
確証するために必要なすべての手段をとることができる」）を議論の後、412対
149で可決した。この採決は、1950年の朝鮮戦争以降、戦闘開始前に、国会が
軍隊派兵の動議を採決した最初のものである。イギリス軍のリビア攻撃への参
加は2011年3月18日に始まったが、政府は3日後の3月21日に動議を庶民院に
提出し、557対13で可決された。シリア攻撃に関しては、2013年8月29日に庶
民院が召集され、政府からの動議を採決し272対285で否決した。キャメロン首
相はこの結果を受け入れ、イギリス軍は派兵されなかった。軍隊の海外派兵が
国会で否決されたのは、1782年のアメリカ独立戦争以来のことであると言われ
ている。2014年9月26日、政府はイラク国内の「イスラム国」を攻撃する動議
を庶民院に提出し、524対43で可決され、イギリス空軍はその直後に作戦行動
を開始した。2015年12月2日、チュニジアでのテロ攻撃発生に対し、シリアへ
の軍事行動の拡大を求める政府の動議を、397対223で認めた。このように庶民
院の事前承認を求める国会慣習は定着するかに思われたが、2018年4月14日、
イギリス軍はシリア政府の自国民への化学兵器使用に対するとしてシリア空爆
をおこなったが、この軍事行動は庶民院の事前承認を得ずに実施され、政府は
事後承認を得ようともしなかった。海外での軍事行動に国会がどのように関与
するべきか、試行錯誤が続いている。

参考文献

AW Bradley, KD Ewing, CJS Knight, *Constitutional and Administrative Law*, 17th
　　Edition, (London:Pearson, 2018)
HJ Hooper and Veronika Fikfak, *Parliament's Secret War* (Hart, 2018)
Rosara Joseph, The War Prerogative (Oxford, 2013)

第10章　憲法改正と改憲論

1．硬性憲法の意義

　憲法は、社会契約を具体化したものであり、国民の権利・自由を保障する最高法規であるので、そう簡単に改正されてはならない。したがって、憲法の改正は通常の法律の改正よりも高いハードル、厳格な要件を設けること、硬性憲法であることが望ましいということになる。それゆえ、ほとんどすべての国の憲法は硬性憲法であるが、イギリスには成文憲法典がなく、憲法的法律などによって構成されているため、通常の法律改正と同様の手続で改正でき、軟性憲法であるといえる。しかしながら、イギリスの場合には、通常の法律改正と同様の手続で憲法的法律の改正ができるとはいえ、その改正はまれであり、法的安定性が高いといえる。

　日本国憲法は、96条1項において、憲法改正には、各議院の総議員の3分の2以上の賛成で国会が発議し、国民投票における過半数の賛成を要するとするかなり厳格な要件を課している。アメリカやドイツの場合には国民投票は不要で、フランスの場合は原則として国民投票が必要であるが、大統領が発議し、両院合同会議で5分の3の賛成があった場合には国民投票を省略することができる（89条）。

2．改正手続

（1）内閣発案権の有無

　憲法改正手続において、内閣に憲法改正案の提出権があるか否かについては説が分かれる。肯定説は、内閣と国会の協働性がある一方、内閣の提出権を認めたとしても国会審議の自主性は阻害されないので問題はないとする。これに対し、否定説は、憲法改正は国民の制憲権の作用であり、提出権は国民代表、国会議員に限定されるとする。内閣総理大臣、国務大臣は、議員として改正案

を提出できるので、この争いはあまり実益がないともいえようが、それでも憲法改正の重要性からあくまで内閣には認めないとする否定説が妥当だといえよう。

(2) 総議員の意味

次に、各議院の総議員の意味が問題となる。これについては、①法定議員数と解する説と、②現在議員数と解する説とがあるが、ここでも憲法改正の重要性からよりハードルの高い①の説が妥当だといえよう。

(3) 国民の承認

さらに、国民投票における過半数の意味も問題となる。すなわち、この過半数を、①有効投票の過半数と解し、すなわち総投票数から無効票を除いたものとする説と、②投票総数の過半数と解する説とがある。憲法改正に積極的に賛成する票が投票総数の過半数を超える必要があるといえ、さらに、ここでも、憲法改正の重要性からよりハードルの高い②説が妥当だといえよう。なお、ここでの過半数を③国民総数（有権者総数）の過半数と解することも理論上は可能であるが、96条は「投票において、その過半数の賛成」としており文理解釈上困難があり、さらに、国民の総数（有権者総数）の過半数では憲法改正はほとんど不可能であり、改正を一切許さないとする改正阻止の発想で、問題が残るといわざるを得ない。

なお、2007年には憲法改正国民投票法が成立したが、同法は、ハードルが最も低い①説によっており、問題があるといわざるを得ない。

さらに、憲法改正の重要性を考えた場合、最低投票率の定めを置く、あるいは、投票率と賛成率で有権者の4割の賛成を必要とするなどのハードルを設けることも検討されてよいといえよう。

(4) 改正の限界

憲法改正については、改正手続によりさえすれば何でもできるとする改正無限界説と改正には法的限界があるとする改正限界説（通説）との対立がある。改正無限界説は国民の主権は絶対であり、さらに憲法規範に上下はないとし、

いかなる改正も可能であると考える。これに対し、改正限界説は、改正権は
「制度化された憲法制定権力」であり、憲法の基本原理の改正は改正権の生み
の親、制憲権の否定になり、憲法の自殺行為であり許されず、憲法の基本原理
の改正はできないとする。そして、憲法の同一性を損なう「改正」は、改正で
はなく、新憲法の制定であると考える。ちなみに、ボン基本法79条3項は基本
原則の改正はできないと規定し、フランス第5共和政憲法89条5項は「共和政
体は、憲法改正の対象とすることはできない」と規定し、改正限界に言及して
いる。なお、改正手続の改正、例えば、国民投票の廃止も国民主権原理を揺る
がす恐れがあり、改正限界に当たるといえよう。

3．改憲論の歴史

（1）50年代改憲の盛り上がり

　1952年の日本の「独立」以降、憲法「改正」をめぐる動きがにわかに強まっ
た。それは、一つには、日本の保守層が、日本国憲法は占領下でアメリカから
「押しつけ」られた憲法であるとの認識のもと、「独立」を果たした以上、「わ
が国の歴史と伝統を尊重する」自主憲法を制定したいとの思いにかられ、復古
主義的な改憲を展望したことによる。さらに、54年に自衛隊が発足すると憲法
9条との矛盾が誰の目にも明らかになったことも改憲が強まった要因であると
いえる。54年には自由党、改進党が改憲案を作成するにいたったが、これらの
改憲案は、天皇の元首化、9条「改正」による再軍備、「公共の福祉」による
人権の制限、都道府県知事の直接公選制の廃止など、戦前の帝国憲法体制への
復古を志向するものであった。

　54年12月には改憲を掲げる鳩山内閣が成立し、55年2月の総選挙では改憲が
大きな争点となったが、改憲勢力は憲法改正の発議に必要な3分の2の議席を
確保することができなかった。それでも、あくまで改憲に固執する保守勢力
は、55年に改憲勢力の大同団結を目指し保守合同による自由民主党を結成する
とともに、56年には鳩山内閣が小選挙区制法案を提出するにいたった。小選挙
区制は大政党に有利な選挙制度で、改憲に必要な3分の2を確保しようとする
意図が明白であった。しかしあまりに露骨な党利党略のため、反対運動が高揚
し、結局廃案となった。

　1960年代に入ると、平和主義、民主主義の擁護を掲げる国民的な運動が盛り上がり、60年安保改定反対闘争は、戦後最大規模の国民的大運動へと発展した。とりわけ60年5月の岸内閣による警察隊を導入しての衆議院における安保条約承認の強行採決以降、さらに運動は盛り上がり、6月4日には全国統一行動に560万人が参加し、全国2万店の商店が閉店ストを行った。安保条約自動成立直前の6月18日には33万人のデモ隊が国会に押し寄せた。こうした中、岸内閣は退陣を余儀なくされた。こうした安保闘争の高揚は、日本国憲法の掲げる民主主義・平和主義の理念が国民に相当程度「定着」してきていることを示すものであり、自由民主党は自らの保守支配体制を維持するため、50年代の復古主義路線、明文改憲路線を放棄せざるを得なくなった。岸内閣の退陣を受けて登場した池田内閣は「所得倍増計画」を掲げるとともに「在任中は憲法改正を行わない」と明言し、「解釈改憲」に転換した。

（2）改憲論の現在

　自由民主党は、その後も、基本的には「解釈改憲」路線を採用してきたが、2000年代に入ると明文改憲の動きが急速に強まっていった。

　その原因の一つは、アメリカからの軍事的「役割分担」要請や、さらには日本資本の要請もあり、自衛隊の海外派兵がもはや恒常化してきており、「自衛隊は自衛のための必要最小限度の実力だ」とする憲法9条の「解釈改憲」ではとても対処できなくなった状況にあることがある。91年のペルシャ湾への自衛隊掃海艇の派兵を皮切りに、92年のカンボジアへのPKO派兵、2001年のテロ特措法によるインド洋への自衛隊派兵、2003年のイラク特措法による自衛隊派兵など、今や自衛隊の海外派兵は一般化してきており、「普通の国」、「軍事大国化」路線にとって憲法9条の「改正」が不可避になったことが指摘できる。

　さらに、日本のグローバル企業の競争力を強化するため、「構造改革」の名のもとで「新自由主義的改革」、すなわち、法人税減税、社会保障の削減、労働規制の「緩和」などさまざまな企業負担の軽減策が採られたが、これらは日本国憲法が掲げる社会権保障、福祉国家理念と真正面から抵触することとなり、この点からも明文改憲の必要性が意識されることとなる。

　そして、1994年に「政治改革」の名のもとで衆議院に小選挙区制が導入さ

れ、社会党や共産党などの護憲派・憲法擁護派が「激減」し、自民・民主の保守二大政党制が成立したことも明文改憲に向けた環境を整備することとなった。

　1999年には国会法が「改正」され、衆参両院に憲法調査会が設置された。2005年には、衆参両院の憲法調査会の「報告書」が出されるとともに、自由民主党の「新憲法草案」、民主党の「憲法提言」が出された。2007年には「憲法改正国民投票法」が成立し、憲法調査会が「憲法改正原案」、「改正の発議」を「審査する」憲法審査会へと「格上げ」されるにいたった。

　2012年に、自由民主党は「日本国憲法改正草案」を出した。この「改正草案」は、2005年案に比しても極めて復古的な改憲案であるといえる。すなわち、憲法前文を全て書き換え、「日本国は、長い歴史と固有の文化を持ち、国民統合の象徴である天皇を戴いただく国家」、「日本国民は、国と郷土を誇りと気概を持って自ら守り」、「日本国民は、良き伝統と我々の国家を末永く子孫に継承するため、ここに、この憲法を制定する」とするなど、古色蒼然としたものとなっている。さらに、天皇の元首化（1条）、「日の丸・君が代」の尊重義務（3条）、「国防軍」の設置（9条の2①）、軍法会議の設置（9条の2⑤）なども規定されている。また、人権条項に関しては、「自由及び権利には責任及び義務が伴うことを自覚し、常に公益及び公の秩序に反してはならない」（12条）、家族の助け合い義務（24条1項）を規定するなどしている。さらに、改正手続の「改正」も提起しており、総議員の3分2による発議を過半数へと引き下げている（100条）。

　このような「改正案」は、およそ現行日本国憲法とその基本原理において全く異なるものであり、「改正」とはいえず、改正の限界を超え、「新憲法の制定」を目指すものといわざるを得ない。

　さらに、安倍首相は、2017年5月3日の憲法記念日に、改憲派集会へのビデオメッセージと読売新聞とのインタビューの中で、突如として、「9条1項、2項を残しつつ、自衛隊を明文で書き込む」とするいわゆる自衛隊加憲論を提起した。2012年の「改正草案」は「国防軍」の設置を明記するものであり、唐突な方針転換であった。この方針転換は、いくら改憲の旗を振っても、「9条の会」などの護憲・改悪阻止の市民運動に阻まれ、国民の9条改憲反対の姿勢

は変わらない。「9条1項、2項はそのままに、単に現にある自衛隊を憲法に明記するだけで、解釈は1ミリも変わりませんよ」といって、国民を説得しようとのことであろう。自衛隊加憲論はもともと、政権のパートナーである公明党の案であり、公明党を取り込む狙いもあった。2018年には、党内に異論を残しながらも、①9条加憲、②緊急事態条項、③合区解消、④教育環境の整備を掲げる、いわゆる「改憲4項目」を提起するに至った。

4．おわりに―読者の皆さんへ―

　本書の読者である皆さんは18歳以上の方々ではないだろうか。日本国籍を有していれば憲法改正国民投票の投票権者である。国民主権原理、基本的人権の尊重、平和主義を掲げる日本国憲法と、古色蒼然とした自由民主党「日本国憲法改正草案」、9条加憲の「改憲4項目」といずれがよいかは、本書を最後まで読んでいただいた読者にはもうすでに答えが出ているのではないだろうか。憲法改正国民投票が訪れる日もそう遠くはないのかもしれない。子や孫の世代に自信を持って自らの投票態度を示せるよう、憲法改正国民投票の前には必ず本書を再度読み直していただくようお願いして本章の結びと替えたい。

参考文献

上脇博之『安倍「4項目」改憲の建前と本音』（日本機関紙出版センター、2018年）

渡辺治『戦後史のなかの安倍改憲』（新日本出版社、2018年）

小松浩「改憲問題―『安倍なき後の安倍改憲』」市川正人・倉田玲・小松浩編著『憲法問題のソリューション』（日本評論社、2021年）

［資料1］ 日本国憲法

昭和21年11月3日
施行　昭和22年5月3日

　朕は、日本国民の総意に基いて、新日本建設の礎が、定まるに至つたことを、深くよろこび、枢密顧問の諮詢及び帝国憲法第七十三条による帝国議会の議決を経た帝国憲法の改正を裁可し、ここにこれを公布せしめる。

御名　御璽

　昭和21年11月3日

　内閣総理大臣兼

外務大臣		吉田　　茂
国務大臣	男爵	幣原喜重郎
司法大臣		木村篤太郎
内務大臣		大村清一
文部大臣		田中耕太郎
農林大臣		和田博雄
国務大臣		斎藤隆夫
逓信大臣		一松定吉
商工大臣		星島二郎
厚生大臣		河合良成
国務大臣		植原悦二郎
運輸大臣		平塚常次郎
大蔵大臣		石橋湛山
国務大臣		金森徳次郎
国務大臣		膳桂之助

日本国憲法

　日本国民は、正当に選挙された国会における代表者を通じて行動し、われらとわれらの子孫のために、諸国民との協和による成果と、わが国全土にわたつて自由のもたらす恵沢を確保し、政府の行為によつて再び戦争の惨禍が起ることのないやうにすることを決意し、ここに主権が国民に存することを宣言し、この憲法を確定する。そもそも国政は、国民の厳粛な信託によるものであつて、その権威は国民に由来し、その権力は国民の代表者がこれを行使し、その福利は国民がこれを享受する。これは人類普遍の原理であり、この憲法は、かかる原理に基くものである。われらは、これに反する一切の憲法、法令及び詔勅を排除する。

　日本国民は、恒久の平和を念願し、人間相互の関係を支配する崇高な理想を深く自覚するのであつて、平和を愛する諸国民の公正と信義に信頼して、われらの安全と生存を保持しようと決意した。われらは、平和を維持し、専制と隷従、圧迫と偏狭を地上から永遠に除去しようと努めてゐる国際社会において、名誉ある地位を占めたいと思ふ。われらは、全世界の国民が、ひとしく恐怖と欠乏から免かれ、平和のうちに生存する権利を有することを確認する。

　われらは、いづれの国家も、自国のことのみに専念して他国を無視してはならないのであつて、政治道徳の法則は、普遍的なものであり、この法則に従ふことは、自国の主権を維持し、他国と対等関係に立たうとする各国の責務であると信ずる。

　日本国民は、国家の名誉にかけ、全力をあげてこの崇高な理想と目的を達成することを誓ふ。

第1章　天　皇

第1条　天皇は、日本国の象徴であり日本

国民統合の象徴であつて、この地位は、主権の存する日本国民の総意に基く。

第2条　皇位は、世襲のものであつて、国会の議決した皇室典範の定めるところにより、これを継承する。

第3条　天皇の国事に関するすべての行為には、内閣の助言と承認を必要とし、内閣が、その責任を負ふ。

第4条①　天皇は、この憲法の定める国事に関する行為のみを行ひ、国政に関する権能を有しない。

②　天皇は、法律の定めるところにより、その国事に関する行為を委任することができる。

第5条　皇室典範の定めるところにより摂政を置くときは、摂政は、天皇の名でその国事に関する行為を行ふ。この場合には、前条第1項の規定を準用する。

第6条①　天皇は、国会の指名に基いて、内閣総理大臣を任命する。

②　天皇は、内閣の指名に基いて、最高裁判所の長たる裁判官を任命する。

第7条　天皇は、内閣の助言と承認により、国民のために、左の国事に関する行為を行ふ。

一　憲法改正、法律、政令及び条約を公布すること。

二　国会を召集すること。

三　衆議院を解散すること。

四　国会議員の総選挙の施行を公示すること。

五　国務大臣及び法律の定めるその他の官吏の任免並びに全権委任状及び大使及び公使の信任状を認証すること。

六　大赦、特赦、減刑、刑の執行の免除及び復権を認証すること。

七　栄典を授与すること。

八　批准書及び法律の定めるその他の外交文書を認証すること。

九　外国の大使及び公使を接受すること。

十　儀式を行ふこと。

第8条　皇室に財産を譲り渡し、又は皇室が、財産を譲り受け、若しくは賜与することは、国会の議決に基かなければならない。

第2章　戦争の放棄

第9条①　日本国民は、正義と秩序を基調とする国際平和を誠実に希求し、国権の発動たる戦争と、武力による威嚇又は武力の行使は、国際紛争を解決する手段としては、永久にこれを放棄する。

②　前項の目的を達するため、陸海空軍その他の戦力は、これを保持しない。国の交戦権は、これを認めない。

第3章　国民の権利及び義務

第10条　日本国民たる要件は、法律でこれを定める。

第11条　国民は、すべての基本的人権の享有を妨げられない。この憲法が国民に保障する基本的人権は、侵すことのできない永久の権利として、現在及び将来の国民に与へられる。

第12条　この憲法が国民に保障する自由及び権利は、国民の不断の努力によつて、これを保持しなければならない。又、国民は、これを濫用してはならないのであつて、常に公共の福祉のためにこれを利用する責任を負ふ。

第13条　すべて国民は、個人として尊重される。生命、自由及び幸福追求に対する国民の権利については、公共の福祉に反しない限り、立法その他の国政の上で、最大の尊重を必要とする。

第14条①　すべて国民は、法の下に平等で

あつて、人種、信条、性別、社会的身分又は門地により、政治的、経済的又は社会的関係において、差別されない。

② 華族その他の貴族の制度は、これを認めない。

③ 栄誉、勲章その他の栄典の授与は、いかなる特権も伴はない。栄典の授与は、現にこれを有し、又は将来これを受ける者の一代に限り、その効力を有する。

第15条① 公務員を選定し、及びこれを罷免することは、国民固有の権利である。

② すべて公務員は、全体の奉仕者であつて、一部の奉仕者ではない。

③ 公務員の選挙については、成年者による普通選挙を保障する。

④ すべて選挙における投票の秘密は、これを侵してはならない。選挙人は、その選択に関し公的にも私的にも責任を問はれない。

第16条 何人も、損害の救済、公務員の罷免、法律、命令又は規則の制定、廃止又は改正その他の事項に関し、平穏に請願する権利を有し、何人も、かかる請願をしたためにいかなる差別待遇も受けない。

第17条 何人も、公務員の不法行為により、損害を受けたときは、法律の定めるところにより、国又は公共団体に、その賠償を求めることができる。

第18条 何人も、いかなる奴隷的拘束も受けない。又、犯罪に因る処罰の場合を除いては、その意に反する苦役に服させられない。

第19条 思想及び良心の自由は、これを侵してはならない。

第20条① 信教の自由は、何人に対してもこれを保障する。いかなる宗教団体も、国から特権を受け、又は政治上の権力を行使してはならない。

② 何人も、宗教上の行為、祝典、儀式又は行事に参加することを強制されない。

③ 国及びその機関は、宗教教育その他いかなる宗教的活動もしてはならない。

第21条① 集会、結社及び言論、出版その他一切の表現の自由は、これを保障する。

② 検閲は、これをしてはならない。通信の秘密は、これを侵してはならない。

第22条① 何人も、公共の福祉に反しない限り、居住、移転及び職業選択の自由を有する。

② 何人も、外国に移住し、又は国籍を離脱する自由を侵されない。

第23条 学問の自由は、これを保障する。

第24条① 婚姻は、両性の合意のみに基いて成立し、夫婦が同等の権利を有することを基本として、相互の協力により、維持されなければならない。

② 配偶者の選択、財産権、相続、住居の選定、離婚並びに婚姻及び家族に関するその他の事項に関しては、法律は、個人の尊厳と両性の本質的平等に立脚して、制定されなければならない。

第25条① すべて国民は、健康で文化的な最低限度の生活を営む権利を有する。

② 国は、すべての生活部面について、社会福祉、社会保障及び公衆衛生の向上及び増進に努めなければならない。

第26条① すべて国民は、法律の定めるところにより、その能力に応じて、ひとしく教育を受ける権利を有する。

② すべて国民は、法律の定めるところにより、その保護する子女に普通教育を受けさせる義務を負ふ。義務教育は、これを無償とする。

第27条① すべて国民は、勤労の権利を有し、義務を負ふ。

② 賃金、就業時間、休息その他の勤労条

件に関する基準は、法律でこれを定める。

③　児童は、これを酷使してはならない。

第28条　勤労者の団結する権利及び団体交渉その他の団体行動をする権利は、これを保障する。

第29条①　財産権は、これを侵してはならない。

②　財産権の内容は、公共の福祉に適合するやうに、法律でこれを定める。

③　私有財産は、正当な補償の下に、これを公共のために用ひることができる。

第30条　国民は、法律の定めるところにより、納税の義務を負ふ。

第31条　何人も、法律の定める手続によらなければ、その生命若しくは自由を奪はれ、又はその他の刑罰を科せられない。

第32条　何人も、裁判所において裁判を受ける権利を奪はれない。

第33条　何人も、現行犯として逮捕される場合を除いては、権限を有する司法官憲が発し、且つ理由となつてゐる犯罪を明示する令状によらなければ、逮捕されない。

第34条　何人も、理由を直ちに告げられ、且つ、直ちに弁護人に依頼する権利を与へられなければ、抑留又は拘禁されない。又、何人も、正当な理由がなければ、拘禁されず、要求があれば、その理由は、直ちに本人及びその弁護人の出席する公開の法廷で示されなければならない。

第35条①　何人も、その住居、書類及び所持品について、侵入、捜索及び押収を受けることのない権利は、第33条の場合を除いては、正当な理由に基いて発せられ、且つ捜索する場所及び押収する物を明示する令状がなければ、侵されない。

②　捜索又は押収は、権限を有する司法官憲が発する各別の令状により、これを行

ふ。

第36条　公務員による拷問及び残虐な刑罰は、絶対にこれを禁ずる。

第37条①　すべて刑事事件においては、被告人は、公平な裁判所の迅速な公開裁判を受ける権利を有する。

②　刑事被告人は、すべての証人に対して審問する機会を充分に与へられ、又、公費で自己のために強制的手続により証人を求める権利を有する。

③　刑事被告人は、いかなる場合にも、資格を有する弁護人を依頼することができる。被告人が自らこれを依頼することができないときは、国でこれを附する。

第38条①　何人も、自己に不利益な供述を強要されない。

②　強制、拷問若しくは脅迫による自白又は不当に長く抑留若しくは拘禁された後の自白は、これを証拠とすることができない。

③　何人も、自己に不利益な唯一の証拠が本人の自白である場合には、有罪とされ、又は刑罰を科せられない。

第39条　何人も、実行の時に適法であつた行為又は既に無罪とされた行為については、刑事上の責任を問はれない。又、同一の犯罪について、重ねて刑事上の責任を問はれない。

第40条　何人も、抑留又は拘禁された後、無罪の裁判を受けたときは、法律の定めるところにより、国にその補償を求めることができる。

第4章　国　会

第41条　国会は、国権の最高機関であつて、国の唯一の立法機関である。

第42条　国会は、衆議院及び参議院の両議院でこれを構成する。

第43条① 両議院は、全国民を代表する選挙された議員でこれを組織する。

② 両議院の議員の定数は、法律でこれを定める。

第44条 両議院の議員及びその選挙人の資格は、法律でこれを定める。但し、人種、信条、性別、社会的身分、門地、教育、財産又は収入によつて差別してはならない。

第45条 衆議院議員の任期は、4年とする。但し、衆議院解散の場合には、その期間満了前に終了する。

第46条 参議院議員の任期は、6年とし、3年ごとに議員の半数を改選する。

第47条 選挙区、投票の方法その他両議院の議員の選挙に関する事項は、法律でこれを定める。

第48条 何人も、同時に両議院の議員たることはできない。

第49条 両議院の議員は、法律の定めるところにより、国庫から相当額の歳費を受ける。

第50条 両議院の議員は、法律の定める場合を除いては、国会の会期中逮捕されず、会期前に逮捕された議員は、その議院の要求があれば、会期中これを釈放しなければならない。

第51条 両議院の議員は、議院で行つた演説、討論又は表決について、院外で責任を問はれない。

第52条 国会の常会は、毎年1回これを召集する。

第53条 内閣は、国会の臨時会の召集を決定することができる。いづれかの議院の総議員の4分の1以上の要求があれば、内閣は、その召集を決定しなければならない。

第54条① 衆議院が解散されたときは、解散の日から40日以内に、衆議院議員の総選挙を行ひ、その選挙の日から30日以内に、国会を召集しなければならない。

② 衆議院が解散されたときは、参議院は、同時に閉会となる。但し、内閣は、国に緊急の必要があるときは、参議院の緊急集会を求めることができる。

③ 前項但書の緊急集会において採られた措置は、臨時のものであつて、次の国会開会の後10日以内に、衆議院の同意がない場合には、その効力を失ふ。

第55条 両議院は、各々その議員の資格に関する争訟を裁判する。但し、議員の議席を失はせるには、出席議員の3分の2以上の多数による議決を必要とする。

第56条① 両議院は、各その総議員の3分の1以上の出席がなければ、議事を開き議決することができない。

② 両議院の議事は、この憲法に特別の定のある場合を除いては、出席議員の過半数でこれを決し、可否同数のときは、議長の決するところによる。

第57条① 両議院の会議は、公開とする。但し、出席議員の3分の2以上の多数で議決したときは、秘密会を開くことができる。

② 両議院は、各々その会議の記録を保存し、秘密会の記録の中で特に秘密を要すると認められるもの以外は、これを公表し、且つ一般に頒布しなければならない。

③ 出席議員の5分の1以上の要求があれば、各議員の表決は、これを会議録に記載しなければならない。

第58条① 両議院は、各々その議長その他の役員を選任する。

② 両議院は、各々その会議その他の手続及び内部の規律に関する規則を定め、又、院内の秩序をみだした議員を懲罰す

ることができる。但し、議員を除名する
には、出席議員の３分の２以上の多数に
よる議決を必要とする。

第59条① 法律案は、この憲法に特別の定
のある場合を除いては、両議院で可決し
たとき法律となる。

② 衆議院で可決し、参議院でこれと異な
つた議決をした法律案は、衆議院で出席
議員の３分の２以上の多数で再び可決し
たときは、法律となる。

③ 前項の規定は、法律の定めるところに
より、衆議院が、両議院の協議会を開く
ことを求めることを妨げない。

④ 参議院が、衆議院の可決した法律案を
受け取つた後、国会休会中の期間を除い
て60日以内に、議決しないときは、衆議
院は、参議院がその法律案を否決したも
のとみなすことができる。

第60条① 予算は、さきに衆議院に提出し
なければならない。

② 予算について、参議院で衆議院と異な
つた議決をした場合に、法律の定めると
ころにより、両議院の協議会を開いても
意見が一致しないとき、又は参議院が、
衆議院の可決した予算を受け取つた後、
国会休会中の期間を除いて30日以内に、
議決しないときは、衆議院の議決を国会
の議決とする。

第61条 条約の締結に必要な国会の承認に
ついては、前条第２項の規定を準用する。

第62条 両議院は、各〻国政に関する調査
を行ひ、これに関して、証人の出頭及び
証言並びに記録の提出を要求することが
できる。

第63条 内閣総理大臣その他の国務大臣は、
両議院の一に議席を有すると有しないと
にかかはらず、何時でも議案について発
言するため議院に出席することができる。

又、答弁又は説明のため出席を求められ
たときは、出席しなければならない。

第64条① 国会は、罷免の訴追を受けた裁
判官を裁判するため、両議院の議員で組
織する弾劾裁判所を設ける。

② 弾劾に関する事項は、法律でこれを定
める。

第５章 内 閣

第65条 行政権は、内閣に属する。

第66条① 内閣は、法律の定めるところに
より、その首長たる内閣総理大臣及びそ
の他の国務大臣でこれを組織する。

② 内閣総理大臣その他の国務大臣は、文
民でなければならない。

③ 内閣は、行政権の行使について、国会
に対し連帯して責任を負ふ。

第67条① 内閣総理大臣は、国会議員の中
から国会の議決で、これを指名する。
この指名は、他のすべての案件に先だつ
て、これを行ふ。

② 衆議院と参議院とが異なつた指名の議
決をした場合に、法律の定めるところに
より、両議院の協議会を開いても意見が
一致しないとき、又は衆議院が指名の議
決をした後、国会休会中の期間を除いて
10日以内に、参議院が、指名の議決をし
ないときは、衆議院の議決を国会の議決
とする。

第68条① 内閣総理大臣は、国務大臣を任
命する。但し、その過半数は、国会議員
の中から選ばれなければならない。

② 内閣総理大臣は、任意に国務大臣を罷
免することができる。

第69条 内閣は、衆議院で不信任の決議案
を可決し、又は信任の決議案を否決した
ときは、10日以内に衆議院が解散されな
い限り、総辞職をしなければならない。

第70条　内閣総理大臣が欠けたとき、又は衆議院議員総選挙の後に初めて国会の召集があつたときは、内閣は、総辞職をしなければならない。

第71条　前2条の場合には、内閣は、あらたに内閣総理大臣が任命されるまで引き続きその職務を行ふ。

第72条　内閣総理大臣は、内閣を代表して議案を国会に提出し、一般国務及び外交関係について国会に報告し、並びに行政各部を指揮監督する。

第73条　内閣は、他の一般行政事務の外、左の事務を行ふ。

一　法律を誠実に執行し、国務を総理すること。

二　外交関係を処理すること。

三　条約を締結すること。但し、事前に、時宜によつては事後に、国会の承認を経ることを必要とする。

四　法律の定める基準に従ひ、官吏に関する事務を掌理すること。

五　予算を作成して国会に提出すること。

六　この憲法及び法律の規定を実施するために、政令を制定すること。但し、政令には、特にその法律の委任がある場合を除いては、罰則を設けることができない。

七　大赦、特赦、減刑、刑の執行の免除及び復権を決定すること。

第74条　法律及び政令には、すべて主任の国務大臣が署名し、内閣総理大臣が連署することを必要とする。

第75条　国務大臣は、その在任中、内閣総理大臣の同意がなければ、訴追されない。但し、これがため、訴追の権利は、害されない。

第6章　司　法

第76条①　すべて司法権は、最高裁判所及び法律の定めるところにより設置する下級裁判所に属する。

②　特別裁判所は、これを設置することができない。行政機関は、終審として裁判を行ふことができない。

③　すべて裁判官は、その良心に従ひ独立してその職権を行ひ、この憲法及び法律にのみ拘束される。

第77条①　最高裁判所は、訴訟に関する手続、弁護士、裁判所の内部規律及び司法事務処理に関する事項について、規則を定める権限を有する。

②　検察官は、最高裁判所の定める規則に従はなければならない。

③　最高裁判所は、下級裁判所に関する規則を定める権限を、下級裁判所に委任することができる。

第78条　裁判官は、裁判により、心身の故障のために職務を執ることができないと決定された場合を除いては、公の弾劾によらなければ罷免されない。裁判官の懲戒処分は、行政機関がこれを行ふことはできない。

第79条①　最高裁判所は、その長たる裁判官及び法律の定める員数のその他の裁判官でこれを構成し、その長たる裁判官以外の裁判官は、内閣でこれを任命する。

②　最高裁判所の裁判官の任命は、その任命後初めて行はれる衆議院議員総選挙の際国民の審査に付し、その後10年を経過した後初めて行はれる衆議院議員総選挙の際更に審査に付し、その後も同様とする。

③　前項の場合において、投票者の多数が裁判官の罷免を可とするときは、その裁

判官は、罷免される。

④　審査に関する事項は、法律でこれを定める。

⑤　最高裁判所の裁判官は、法律の定める年齢に達した時に退官する。

⑥　最高裁判所の裁判官は、すべて定期に相当額の報酬を受ける。この報酬は、在任中、これを減額することができない。

第80条①　下級裁判所の裁判官は、最高裁判所の指名した者の名簿によつて、内閣でこれを任命する。その裁判官は、任期を10年とし、再任されることができる。但し、法律の定める年齢に達した時には退官する。

②　下級裁判所の裁判官は、すべて定期に相当額の報酬を受ける。この報酬は、在任中、これを減額することができない。

第81条　最高裁判所は、一切の法律、命令、規則又は処分が憲法に適合するかしないかを決定する権限を有する終審裁判所である。

第82条①　裁判の対審及び判決は、公開法廷でこれを行ふ。

②　裁判所が、裁判官の全員一致で、公の秩序又は善良の風俗を害する虞があると決した場合には、対審は、公開しないでこれを行ふことができる。但し、政治犯罪、出版に関する犯罪又はこの憲法第3章で保障する国民の権利が問題となつてゐる事件の対審は、常にこれを公開しなければならない。

第7章　財　政

第83条　国の財政を処理する権限は、国会の議決に基いて、これを行使しなければならない。

第84条　あらたに租税を課し、又は現行の租税を変更するには、法律又は法律の定める条件によることを必要とする。

第85条　国費を支出し、又は国が債務を負担するには、国会の議決に基くことを必要とする。

第86条　内閣は、毎会計年度の予算を作成し、国会に提出して、その審議を受け議決を経なければならない。

第87条①　予見し難い予算の不足に充てるため、国会の議決に基いて予備費を設け、内閣の責任でこれを支出することができる。

②　すべて予備費の支出については、内閣は、事後に国会の承諾を得なければならない。

第88条　すべて皇室財産は、国に属する。すべて皇室の費用は、予算に計上して国会の議決を経なければならない。

第89条　公金その他の公の財産は、宗教上の組織若しくは団体の使用、便益若しくは維持のため、又は公の支配に属しない慈善、教育若しくは博愛の事業に対し、これを支出し、又はその利用に供してはならない。

第90条①　国の収入支出の決算は、すべて毎年会計検査院がこれを検査し、内閣は、次の年度に、その検査報告とともに、これを国会に提出しなければならない。

②　会計検査院の組織及び権限は、法律でこれを定める。

第91条　内閣は、国会及び国民に対し、定期に、少くとも毎年1回、国の財政状況について報告しなければならない。

第8章　地方自治

第92条　地方公共団体の組織及び運営に関する事項は、地方自治の本旨に基いて、法律でこれを定める。

第93条①　地方公共団体には、法律の定め

るところにより、その議事機関として議会を設置する。

② 地方公共団体の長、その議会の議員及び法律の定めるその他の吏員は、その地方公共団体の住民が、直接これを選挙する。

第94条 地方公共団体は、その財産を管理し、事務を処理し、及び行政を執行する権能を有し、法律の範囲内で条例を制定することができる。

第95条 一の地方公共団体のみに適用される特別法は、法律の定めるところにより、その地方公共団体の住民の投票においてその過半数の同意を得なければ、国会は、これを制定することができない。

第9章 改 正

第96条① この憲法の改正は、各議院の総議員の３分の２以上の賛成で、国会が、これを発議し、国民に提案してその承認を経なければならない。この承認には、特別の国民投票又は国会の定める選挙の際行はれる投票において、その過半数の賛成を必要とする。

② 憲法改正について前項の承認を経たときは、天皇は、国民の名で、この憲法と一体を成すものとして、直ちにこれを公布する。

第10章 最高法規

第97条 この憲法が日本国民に保障する基本的人権は、人類の多年にわたる自由獲得の努力の成果であつて、これらの権利は、過去幾多の試錬に堪へ、現在及び将来の国民に対し、侵すことのできない永久の権利として信託されたものである。

第98条① この憲法は、国の最高法規であつて、その条規に反する法律、命令、詔勅及び国務に関するその他の行為の全部又は一部は、その効力を有しない。

② 日本国が締結した条約及び確立された国際法規は、これを誠実に遵守することを必要とする。

第99条 天皇又は摂政及び国務大臣、国会議員、裁判官その他の公務員は、この憲法を尊重し擁護する義務を負ふ。

第11章 補 則

第100条① この憲法は、公布の日から起算して６箇月を経過した日から、これを施行する。

② この憲法を施行するために必要な法律の制定、参議院議員の選挙及び国会召集の手続並びにこの憲法を施行するために必要な準備手続は、前項の期日よりも前に、これを行ふことができる。

第101条 この憲法施行の際、参議院がまだ成立してゐないときは、その成立するまでの間、衆議院は、国会としての権限を行ふ。

第102条 この憲法による第一期の参議院議員のうち、その半数の者の任期は、これを３年とする。その議員は、法律の定めるところにより、これを定める。

第103条 この憲法施行の際現に在職する国務大臣、衆議院議員及び裁判官並びにその他の公務員で、その地位に相応する地位がこの憲法で認められてゐる者は、法律で特別の定をした場合を除いては、この憲法施行のため、当然にはその地位を失ふことはない。但し、この憲法によつて、後任者が選挙又は任命されたときは、当然その地位を失ふ。

［資料2］　1689年権利章典（抜粋）

〔臣民の権利と自由を宣言し、王位継承を定める国会制定法〕

ウェストミンスターに召集された聖俗貴族および庶民は、この王国の人民のあらゆる身分を、合法にして、完全かつ自由に代表して、1688年2月13日に、かつてオレンジ公ウィリアム殿下およびメアリ妃殿下と称され、また知られていた両陛下に親しくご臨席いただき、前記の貴族および庶民によって成文化された確固たる宣言を以下の文言どおり奉呈する。

〔1〕〔前王ジェームズ二世の悪政〕

前王ジェームズ二世は、彼がとりたてた邪悪な顧問官、裁判官および廷臣たちの助けを得て、新教およびこの王国の法律と自由を転覆し、根絶することに努めた。すなわち、

(1) 国会の同意なくして、法律の適用を特定の者に免除する権限、および法律の執行を停止する権限をせん取し、行使することにより。

(2) 前記のせん取された権限に同意することを免除されることをうやうやしく請願したために、多くの高位聖職者を収監し、訴追することにより。

(3) 教会に関する訴訟のための宗務官裁判所と称される裁判所を設置するため、国璽を捺印した授権状を発給し、執行させることにより。

(4) 国会により承認されている以外の時および態様において、大権を口実にして、国王の用に供するために金銭を賦課することにより。

(5) 国会の同意なくして、平時にこの王国内で常備軍を徴集、維持し、また法

に反して兵士を割り当てて民宿させることにより。

(6) 旧教徒が法に反して武装され、用いられていた同じ時期に、新教徒である多くの善良な臣民が武装を解除させられたことにより。

(7) 国会に奉仕すべき議員の選挙の自由を侵害することにより。

(8) 国会においてのみ審理しうる事項および訴訟に関して、王座裁判所に訴追することにより、またその他多くの専断的で違法な手続きにより。

(9) さらに近年、偏ぱで腐敗した資格のない者が、裁判において陪審として選ばれ、仕えており、また特に、大逆罪に関する裁判においては、多くの陪審員たちが自由土地保有者ではなかったのである。

(10) 過大な保釈金が刑事事件で収監されている人びとに対して要求されており、臣民の自由のために作られた法律の利益を享受できなくなっている。

(11) 過大な罰金が科されている。

(12) 違法かつ残虐な刑罰が科されている。

(13) 人びとに対する有罪の宣告または判決の以前に、当該の人々が科せられるべき罰金および没収に関して、いくつかの〔権利の〕付与および約束が行なわれている。

以上のすべてが、この王国の既知の法律、制定法および自由に完全かつ直接に反している。

また、前記国王ジェームズ二世は政府を放棄し、それにより王位は空位となったの

で、オレンジ公殿下（殿下を旧教的専断的権力からこの王国を解放する光栄ある道具とすることは、全能の神の御心に沿うことであった）は、（聖俗貴族および庶民中の様ざまな重要な人々の助言により、）新教徒である聖俗貴族に書簡を出され、また他の書簡を多くの州、市、大学、バラおよび特権 5 港に出され、かれらの宗教、法律および自由が再度覆される危険に陥らないよう確立されるために、本年1688年 1 月22日ウエストミンスターに集会し、着席する国会に、かれらを代表する権利を有する人びとを選出するよう求められた。したがって、これらの書簡に基づき、選挙が行なわれた。

そこで早速に、前記聖俗貴族および庶民はそれぞれに宛てた書簡に応じて選挙を行ない、この国民の完全かつ自由な代表としてここに召集され、前述の諸目的を達成する最善の手段をきわめて真剣に考慮して、最初に、（かれらの祖先が同様の場合に通常行なったように）かれらの古来の権利と自由とを擁護し、主張するために、以下のとおり宣言する。すなわち、

(1) 国会の同意なくして、王の権威により、法律の停止権、または法律の執行停止権があるかのようにふるまうことは違法である。

(2) 近年、現にせん取され行使されてきたことであるが、王の権威により、法律の免除権または法律の執行免除権があるかのようにふるまうことは違法である。

(3) 教会関係訴訟を担当する旧宗務官裁判所を設置する授権状および同様の性質を有するその他すべての授権状は、違法かつ有害である。

(4) 国王の用に供するための金銭の賦課は、それが〔国会により〕承認されている、もしくは承認されるべきである期間より長期に、またはそれが承認されている、もしくは承認されるべきである態様と異なる態様で、国会の同意なくして、大権を口実にして行なわれることは違法である。

(5) 国王に請願することは臣民の権利であり、したがってこのような請願を理由とするあらゆる収監および訴追は違法である。

(6) 平時に王国内で常備軍を徴集し、維持することは、国会の同意がない限り、法に反する。

(7) 新教徒である臣民は、かれらの条件にふさわしい自衛のための武器を、法によって許されたものとして、持つことができる。

(8) 国会議員の選挙は自由でなければならない。

(9) 国会における言論および討論または議事手続きの自由は、国会以外のいかなる裁判所またはその他の場所においても、非難され、または問題にされてはならない。

(10) 過大な保釈金は要求されてはならず、過大な罰金は科されてはならず、残虐かつ異常な刑罰も科されてはならない。

(11) 陪審員は正当な方法で陪審名簿にのせられ、かつ選出されねばならず、また、大逆罪を理由に裁判されている人びとに評決を下す陪審員は自由土地保有者でなければならない。

(12) 有罪決定以前に、特定の者の罰金および没収に関して、いかなる権利の付与および約束をすることも、違法かつ無効である。

(13) そして、あらゆる不平の救済のため、また、法律の修正、強化および保全のため、国会はたびたび開かれねばならない。

［資料3］ 1998年人権法（抜粋）

〔Human Rights Act 1998（1998 c.42）〕

第1条　条約上の権利

(1)　本法において、「条約上の権利」とは、以下に規定されている権利および基本的自由を意味する（条約第16 ～ 18条とともに解釈する）。

  (a)　条約第2 ～ 12条および第14条

  (b)　第1議定書第1 ～ 3条

  (c)　第6議定書第1および2条

(2)　当該条項は明示された効力停止および留保（第14および15条参照）に従って本法の目的のために効力を有する。

(3)～(6)　〔略〕

第2条　条約上の権利の解釈

(1)　条約上の権利との関係で生じる問題を決定する裁判所および審判所は、以下のいずれについても考慮に入れなければならない。

  (a)　ヨーロッパ人権裁判所の判決、決定、宣言または勧告的意見

  (b)　条約第31条に基づき採用された報告書に付与されている委員会の意見

  (c)　条約第26条または第27条第(2)項に関わる委員会の決定

  (d)　裁判所または審判所の見解によって当該問題が生じている訴訟に関連する限りで、条約第46条に基づく閣僚委員会の決定が存在する場合

(2)・(3)　〔略〕

第3条　立法の解釈

(1)　そうすることが可能な限り、第一次立法および従位立法は、条約上の権利と適合的に解釈され効力が付与されなければならない。

(2)　本条は、

  (a)　制定されればいつでも第一次立法および従位立法に適用される。

  (b)　不適合な第一次立法の効力、運用の継続または実施にいかなる影響も与えない。

  (c)　（廃止の可能性とは無関係に）第一次立法が不適合性の除去を妨げるならば、不適合な従位立法の効力、運用の継続または実施にいかなる影響も与えない。

第4条　不適合宣言

(1)　第(2)項は、第一次立法の条項が条約上の権利と適合的かどうかを裁判所が決定する訴訟において適用される。

(2)　裁判所は、当該条項が条約上の権利と不適合であると確証するならば、不適合宣言を行うことができる。

(3)　第(4)項は、裁判所が、第一次立法によって付与された権限の行使においてなされた従位立法の条項が条約上の権利と適合的かどうかを決定する訴訟において適用される。

(4)　裁判所が、以下のことを確証するならば、不適合宣言を行うことができる。

  (a)　当該条項が条約上の権利と不適合であり、かつ

  (b)　（廃止の可能性とは無関係に）関係する第一次立法が不適合性の除去を妨げている。

(5)　本条において「裁判所」とは、以下を意味する。

  (a)　貴族院

(b) 枢密院司法委員会
(c) 軍事法廷上訴裁判所
(d) スコットランドにおいて、第一審裁判所としてではない刑事上級裁判所、または民事上級裁判所
(e) イングランドおよびウェールズにおいて、高等法院または控訴院
(6) 本条に基づく宣言（「不適合宣言」）は、
(a) 宣言が付与された当該条項の効力、運用の継続または実施に影響を与えない。
(b) 宣言が付与された訴訟の当事者を拘束しない。
第5条 国王の介入権〔略〕
第6条 公的機関
(1) 公的機関が条約上の権利に適合しない方法で行動することは違法である。
(2) 第(1)項は以下の場合には適用されない。
(a) 第一次立法の1以上の条項の結果として、当局には異なる行動ができなかったこと
(b) 第一次立法の1以上の条項、またはそれに基づくものが、条約上の権利と合致するように解釈できないまたは効力を与えられない場合には、当局は当該条項に効力を与え、実施する。
(3) 本条において「公的機関」とは、以下のものである。
(a) 裁判所または審判所、および
(b) 誰でもその職務の幾つかが公的性質を有する機能である場合
ただし、議会の両院または議会の手続に関連する機能を行使するものは含まない。
(4) 第(3)項において「議会」とは司法的資格としての貴族院を含まない。
(5) 特定の行為において、行為の性質が私的な場合には第項だけでは当人は公的機関とならない。

(6) 「行為」には行為をしないことも含まれるが、以下のことをしないことは含まれない。
(a) 議会に立法の提案を提示または行うこと、または
(b) 第一次立法または救済命令を行うこと
第7条 手続〔略〕
第8条 司法的救済〔略〕
第9条 司法的行為〔略〕
第10条 救済行為実施権限〔略〕
第11条 既存の人権の保障
条約上の権利の援用は、以下のことを制限しない。
(c) 連合王国のいずれかの部分において効力を発する法によってまたはそれに基づき当人に付与されるその他の権利または自由
(d) 第7条〜第9条とは別に当人が行える苦情申立または訴訟提起する権利
第12条 表現の自由〔略〕
第13条 思想・良心・信教の自由〔略〕
第14条〜第17条 効力停止および留保〔略〕
第18条 ヨーロッパ人権裁判所への任命〔略〕
第19条 適合表明
(1) 法案の所管国務大臣は、議会の両院のいずれかにおいて法案の第2読会の際に、以下の効果を発する表明を行わなければならない。
(a) 当該大臣の見解では、法案の条項は条約上の権利と適合している（「適合表明」）
(b) 適合表明を行うことはできないが、それにもかかわらず政府は法案が議会を通過することを希望している
(2) 表明は書面でかつ大臣が適当と考える方法によって公表されなければならない。

第20条〜第22条〔略〕

第1附則　条約条文

第1部　条約(ヨーロッパ人権条約)

権利および自由

第2条　生命に対する権利

1　何人の生命に対する権利も法によって保護される。何人も故意に生命を奪われない。ただし、法によって死刑が規定されている犯罪に関する有罪宣告後の裁判所の判決の執行による場合を除く。

2　生命の剥奪は、以下の、絶対に必要な実力の行使の結果である場合には、本条に違反して加えられたものとみなされない。

a　不法な暴力から人を防禦する場合

b　合法的な逮捕を行う、または合法的に拘禁された者の逃亡を防ぐため

c　暴動または反乱を鎮める目的で合法的に取られた行動の場合

第3条　拷問の禁止

何人も、拷問、非人道的または品位を下げる取扱または刑罰を受けることはない。

第4条　奴隷および強制労働の禁止

1　何人も奴隷状態または隷属状態に置かれない。

2　何人も強制的または義務的労働を行うことを要請されない。

3　本条の目的において、「強制的または義務的労働」という用語には、下記のものは含まれない。

a　本条約第5条の条項に従って課される拘禁中に通例要請される作業または当該拘禁から条件付で釈放中に要請される作業

b　軍事的性質の役務または良心的兵役

忌避者が認められている国における良心的兵役忌避者に義務的軍役の代わりとして要求される役務

c　共同体の生命や幸福を脅かす緊急事態または災害の場合に要求される役務

d　通常の市民的義務の一部を構成する作業または役務

第5条　自由および安全についての権利

1　すべての者は、身体の自由および安全についての権利を有する。何人も、以下の場合で、法によって規定された手続に従わない限り、その自由を奪われない。

a　権限ある裁判所による有罪判決後の人の合法的拘禁

b　裁判所の合法的命令に従わないために、または法によって規定された責任の実現を確保するために行う、人の合法的逮捕または拘禁

c　犯罪を犯したという合理的嫌疑に基づき、または犯罪を犯すことを防止するためにあるいは犯したのちの逃亡を防ぐために必要だと合理的に考えられる場合に、権限ある法的機関のまえに連れていくために行う人の合法的逮捕または拘禁

d　教育上の監督のために合法的命令による未成年者の拘禁または権限ある法的機関の前に連れていくための未成年者の合法的拘禁

e　伝染病の蔓延を防止するための人の合法的拘禁ならびに精神異常、アルコール中毒、薬物中毒または放浪者の合法的拘禁

f　許可なき入国が行われるのを防止するための人の合法的拘禁もしくは逮捕、または退去強制または犯罪人引渡しのために措置がとられている人の合法的拘禁もしくは逮捕

2 逮捕されたすべての者は、当人が理解
できる言語で、逮捕の理由および被疑事
実を迅速に告げられる。

3 本条第1項cに条項に従って逮捕され
たまたは拘禁されたすべての者は、裁判
官または法に基づき司法的権限を行使す
ることが認められている者の前に迅速に
連れていかれ、合理的期間内に審理を受
けるか、または審理まで釈放されること
ができる。釈放は審理への出頭の保障を
条件としうる。

4 逮捕または拘禁によって自由を奪われ
たすべての者は、自己の拘禁の合法性を
迅速に裁判所によって決定し、当該拘禁
が合法的ではない場合には釈放が命じら
れるように、訴訟手続をとる。

5 本条の条項に違反する拘禁または逮捕
の犠牲者となったすべての者は、実施可
能な補償を受ける権利を有する。

第6条　公正な裁判を受ける権利

1 民事的権利および義務または刑事的告
発の決定のため、すべての者は、法によ
って設立された、独立で公平な裁判所に
よる、公正で公開の審理を合理的期間内
に受ける権利を有する。判決は公開で宣
言される。ただし、民主的社会における
道徳、公の秩序または国の安全のため、
未成年者のため、または当事者の私的生
活の保護の観点から要請される場合、ま
たは公開が司法の利益を侵害するような
特別な状況において裁判所の意見として
厳密に必要な範囲で、審理の全部または
一部をプレスおよび公衆に対して公開し
ないことができる。

2 刑事犯罪で起訴されたすべての者は、
法に従って有罪が立証されるまでは無罪
と推定される。

3 刑事犯罪で起訴されたすべての者は、

少なくとも下記のような権利を有する。

a 当人の理解できる言語で、当人に対
する告発の性質および理由を詳細に、
迅速に告げられること

b 自己の防御の準備のために適当な時
間と便宜を有すること

c 自分でまたは自分が選んだ法的援助
を通じて自己を弁護すること、または
法的援助のための支払をする十分な手
段を有しない場合、司法の利益が要請
するならば、法的援助が無料で提供さ
れること

d 当人に対する証人を尋問することは
または尋問してもらうことおよび証人
が当人に対するのと同じ条件で証人の
出席と尋問を得ること

e 当人が裁判所で使用される言語を理
解できないまたは話すことができない
場合、通訳の援助を無料で得ること

第7条　法律なくして処罰なし

1 何人も当該行為がなされたときに、国
内法または国際法のもとで刑事犯罪を構
成しなかったいかなる行為または不作為
を理由として刑事犯罪として有罪になる
ことはない。当該刑事犯罪がなされたと
きに適用可能であった刑罰よりも重い刑
罰が科されることはない。

2 本条は、当該行為がなされた際に、文
明国によって認められた法の一般原理に
従って犯罪である行為または不作為のゆ
えによる審理および刑罰に影響を与えな
い。

第8条　私生活および家庭生活の尊重に対
する権利

1 すべての者は私生活および家族生活、
住居および通信の尊重に対する権利を有
する。

2 当該権利の行使に対する公的機関によ

る介入は、法に従い、かつ国家の安全、公共の安全または国の経済的福利という公的利益のため、無秩序または犯罪の防止のため、健康または道徳の保護のため、または他者の権利および自由の保護のため民主的社会において必要とされるもの以外には認められない。

第9条　思想、良心および信教の自由

1　全ての者は、思想、良心および宗教の自由に対する権利を有する。当該権利は、宗教または信条を変更する自由および、礼拝、教育、実践および儀式において宗教または信条を、一人でまたは他者とともに共同体において、かつ公的または私的に表明する自由を含んでいる。

2　自己の宗教または信条を表明する自由は、法によって規定され、かつ民主的社会において公共の安全の利益のため、公的秩序、健康または道徳の保護のため、または他者の権利および自由の保護のため民主的社会において必要とされる制約に服するのみである。

第10条　表現の自由

1　全ての者は、表現の自由に対する権利を有する。当該権利は、公的機関による介入なく、国境に影響されず、意見を保持し、受領し、情報および思想を伝達する自由を含む。本条は国家が、法、テレビおよび映画業界に対して免許を要請することを妨げない。

2　上記の自由の行使は、それが義務および責任を伴うものであることから、法によって規定され、かつ国家の安全、領土の統一性、公共の安全の利益のため、無秩序および犯罪の防止のため、健康または道徳の保護のため、他者の名声または権利の保護のため、秘密に受領した情報の公表の防止のため、または司法部の権威および公正の維持のために民主的社会にとって必要な手続、条件、制約または刑罰に従わなければならない。

第11条　集会および結社の自由

1　全ての者は、平和に集会する自由および他者と結合する自由に対する権利を有し、それは当人の利益保護のため労働組合を結成し、かつ加入する権利を含む。

2　いかなる制約も、それが法によって規定されていて、かつ国の安全または公共の安全の利益のために、無秩序および犯罪の防止のため、健康または道徳の保護のため、他者の名声または権利の保護のために民主的社会において必要でない限りは、上記の権利行使に対して課されてはならない。本条は、上記の権利行使に対する、国家の軍隊、警察、国家の行政メンバーによる合法的制約を課すことを妨げるものではない。

第12条　結婚に対する権利

婚姻適齢の男性および女性は、婚姻し家族を形成する権利を、当該権利行使を統制する国内法に従って有する。

第14条　差別禁止

本条約に規定される権利および自由の享受は、性別、人種、皮膚の色、言語、宗教、政治的またはその他の意見、国籍または社会的出身、国内のマイノリティとの連携、財産、出生またはその他の身分など、如何なる理由に基づく差別を受けることなく確保されなければならない。

〔以下、省略〕

第2部　第1議定書

第1条　財産権の保障

全ての自然人および法人は、所有物を平和的に享受する権利がある。何人も、公的利益のためにおよび法および国際法

の一般原理によって規定される条件に従
う以外は、当人の所有物を剥奪されるこ
とはない。
　しかしながら、先行条文は、公的利益
に従って財産の使用を規制する、または
租税その他の分担金または罰金の支払を
確保するのに必要とみなされる法を実施
する国家の権利を妨げるものではない。
第2条　教育に対する権利
　何人も教育に対する権利を否定されて
はならない。教育および教授に関すると
みなされる機能の行使において、国家
は、親自身の宗教的・哲学的信念に適合
する教育や教授を確保する親の権利を尊
重しなければならない。
第3条　自由選挙に対する権利
　自由選挙が合理的な間隔で、秘密投票
により、立法部の選択において人々の意
見の自由な表明を確保するような条件
において行われることを締約国は約束す
る。

＊［資料2］は、樋口陽一・吉田善明編
『解説　世界憲法集（第4版）』（三省
堂、2001年）
　［資料3］は、初宿正典・辻村みよ子
編『新解説世界憲法集（第3版）』（三省
堂、2014年）より。

【執筆者・訳者紹介】

50音順、◎は編者、カッコ内は執筆・翻訳箇所

愛敬　浩二　あいきょう　こうじ
　　　　　　早稲田大学法学部教授（第Ⅰ部第1章）

岩切　大地　いわきり　だいち
　　　　　　立正大学法学部教授（第Ⅰ部第5章［訳］、第Ⅱ部第5章、第Ⅲ部第8章）

植村　勝慶　うえむら　かつよし
　　　　　　國學院大學法学部教授（第Ⅲ部第2・5～7章）

江島　晶子　えじま　あきこ
　　　　　　明治大学法学部教授（第Ⅱ部イギリスにおける人権①、第Ⅱ部第9章）

大田　　肇　おおた　はじめ
　　　　　　津山工業高等専門学校総合理工学科名誉教授（第Ⅲ部第9章、第Ⅲ部イギリスにおける統治③）

河合　正雄　かわい　まさお
　　　　　　南山大学法学部准教授（第Ⅱ部第4・7章）

◎倉持　孝司　くらもち　たかし
　　　　　　南山大学法務研究科教授（第Ⅰ部第4章）

◎小松　　浩　こまつ　ひろし
　　　　　　立命館大学法学部教授（第Ⅰ部第2章、第Ⅲ部第1・10章）

杉山　有沙　すぎやま　ありさ
　　　　　　帝京大学法学部講師（第Ⅱ部第3章、第Ⅱ部イギリスにおける人権③）

成澤　孝人　なりさわ　たかと
　　　　　　信州大学経法学部教授（第Ⅲ部イギリスにおける統治①、第Ⅲ部第3・4章）

Chris Himsworth　クリス・ヒムズワース
　　　　　　エディンバラ大学法学部名誉教授（第Ⅰ部第6章）

John McEldowney　ジョン・マケルダウニィ
　　　　　　ウォーリック大学法学部教授（第Ⅰ部第3章、第Ⅲ部イギリスにおける統治②）

松井　幸夫　まつい　ゆきお
　　　　　　関西学院大学名誉教授（第Ⅰ部第6章［訳］）

松原　幸恵　まつばら　ゆきえ
　　　　　　山口大学教育学部准教授（第Ⅱ部第1・2章、第Ⅲ部イギリスにおける統治②［訳］）

宮内　紀子　みやうち　のりこ
　　　　　　九州産業大学基礎教育センター准教授（第Ⅱ部イギリスにおける人権②、第Ⅱ部第8章、第Ⅱ部イギリスにおける人権⑤［訳］）

村上　　玲　むらかみ　れい
　　　　　　名古屋学院大学法学部准教授（第Ⅰ部第3章［訳］、第Ⅱ部イギリスにおける人権④、第Ⅱ部第6章、）

柳井　健一　やない　けんいち
　　　　　　関西学院大学法学部教授（第Ⅱ部第1・4・5・8章コラム、第Ⅲ部第2・4～6章コラム）

Keith Ewing　キース・ユーイング
　　　　　　ロンドン大学キングズ・カレッジ法学部教授
　　　　　　（第Ⅰ部第5章、第Ⅱ部イギリスにおける人権⑤）

憲法のいま―日本・イギリス―
【補訂版】

2015年9月20日	初版発行	定価はカバーに表示してあります
2021年9月20日	補訂版第1刷発行	
2023年9月20日	補訂版第3刷発行	

編著者　　倉　持　孝　司
　　　　　小　松　　　浩

発行者　　竹　内　基　雄

発行所　　株式会社　敬　文　堂

〒162-0041 東京都新宿区早稲田鶴巻町538
電話(03)3203-6161㈹ FAX(03)3204-0161
振替 00130-0-23737
http://www.keibundo.com

©2021 T. Kuramochi, H. Komatsu　　　Printed in Japan

印刷・製本／信毎書籍印刷株式会社
落丁・乱丁本は、お取替えいたします。
ISBN978-4-7670-0245-3　C3032